AUTOPSIE DE L'ASSASSIN

Pour vous tenir informé des prochaines publications de Mareuil Éditions, rendez-vous sur : www.mareuil-editions.com

Daniel Soucaze

AUTOPSIE DE L'ASSASSIN

Patrice Alègre,
Pierrot le fou et les autres,
récit d'un directeur d'enquêtes

Mareuil
Éditions

J'écris pour qu'on ne puisse pas ensevelir les morts sous le silence et les assassiner ainsi une deuxième fois. J'écris pour qu'ils revivent un jour.

Max Gallo, *Le pacte des assassins*

PRÉFACE

On connaît souvent mieux les criminels que les gendarmes et policiers qui les arrêtent ou les magistrats qui les jugent.

Avant de recevoir le manuscrit de Daniel Soucaze, je ne le connaissais pas. Beaucoup moins que les Hautes-Pyrénées de son enfance et de ses racines.

Comme beaucoup d'enquêteurs, de proches des victimes ou des mis en cause, des professionnels de l'enquête comme du processus pénal, il aime la rigueur d'*Au bout de l'enquête*, une émission du service public qui se veut être le *C dans l'air* du crime.

En raison de ce qui précède, il a voulu que je vous présente son ouvrage.

Dans son livre, il se raconte autant qu'il décrit ses affaires, ses doutes, ses erreurs, ses succès. Il raconte aussi le « petit judiciaire », celui traité par les brigades et les commissariats, 95 % environ de l'activité pénale de proximité.

Il raconte Laure, Valérie, Frédérique, Christine, et tant d'autres.

De grandes affaires parmi celles dont on ne parle que peu ou plus.

Il nous raconte les enquêtes du monde d'avant, la volonté, la persévérance face aux moyens technologiques encore peu développés, la place essentielle du facteur humain dans toute enquête criminelle.

Il procède aussi, c'est la rançon de la précision, à quelques mises au point que le lecteur appréciera.

Voici donc un livre éclairant, utile, personnel.

Pour celles et ceux qui veulent comprendre ce qui se passe et qu'on ne voit pas toujours, la cuisine des enquêtes et pas seulement le service finalisé à table.

Alain BAUER
Professeur de criminologie
au Conservatoire national des arts et métiers.

PRÉAMBULE

« L'aventure, c'est le trésor
que l'on découvre chaque matin. »
Jacques Brel

Été 2015. 9 heures. Je me trouve en Bigorre où naît l'Adour, au cœur des Pyrénées, là où sont mes racines. Assis sur un rocher, je profite d'une pause sur le sentier qui me guide vers La Montagnette. À mes pieds somnole le lac d'Arizes, d'un bleu turquoise. Progressivement, le soleil enveloppe la face est du pic du Midi qui se dresse, majestueux. Je savoure intensément ce silence, ce moment de paix, alors qu'à quelques mètres de moi, j'aperçois un petit être en mouvement, un lagopède alpin, qui n'a pas décelé ma présence. C'est presque un événement, tant cette espèce se montre discrète, voire timide. Je sais que l'instant que je partage avec cet animal est rare. C'est pour cela que j'aime la montagne. Jacques Brel avait raison : « L'aventure, c'est le trésor que l'on découvre chaque matin. »

Mais ce matin, c'est mon téléphone qui va forcer l'aventure : « Bonjour, vous êtes bien Daniel Soucaze ?

— Oui. »

Cette voix de femme ne m'est pas familière. L'inconnue reste énigmatique : « Vous ne reconnaissez pas ma voix ? C'est normal, la dernière fois que nous nous sommes rencontrés, j'étais encore une enfant. Vous étiez gendarme à la section de recherches de Toulouse. Aujourd'hui, j'aimerais vous connaître. »

Alors seulement, je comprends qui est cette interlocutrice mystérieuse. Soudainement, son intrusion me transporte vers d'autres temps, d'autres lieux, d'autres aventures, que j'associe maintenant sans ambiguïté à mon parcours professionnel. Cette initiative insolite a quelque chose de déroutant, elle me confronte brutalement à la réalité du temps qui passe : la jeune femme n'avait que 8 ans lorsque j'ai fait sa connaissance. J'étais alors jeune officier de police judiciaire au sein de la gendarmerie nationale. Son appel me réexpédie au cœur des enquêtes criminelles que je dirigeais dans les années 1990. Sans s'en rendre compte, cette enfant à la frimousse agréable et innocente m'avait aidé à mieux appréhender le monde dans lequel je pénétrais, celui de ces hommes *a priori* ordinaires qui, un jour, se sont transformés en assassins. L'inconnue qui a brutalement interrompu ce moment privilégié avec le lagopède des alpages a raccroché. Nous avons convenu de nous rencontrer, dès que possible. Je cherche le petit être, complice matinal de ce dialogue inattendu. Il en a profité pour disparaître. De nouveau seul, je laisse errer mon regard dans les eaux tout à coup ternes de ce lac que je croyais d'azur.

Je reprends malgré tout ma progression, le pas un peu plus lourd. Je porte désormais un poids supplémentaire : l'attente de cette jeune femme, qui tente un retour impossible vers son passé, mais ne peut y parvenir seule. Sans doute sa famille n'a-t-elle que partiellement levé le voile, elle ne dispose donc que de quelques souvenirs parcellaires.

Enfin, la pente s'adoucit et mon pas s'allonge. Ma démarche est de nouveau déterminée. Je viens de comprendre que je ne peux plus rester égoïstement dépositaire des clés convoitées par cette jeune femme. Je dois les partager avec elle. Je lui dois la vérité.

Aujourd'hui, elle a peu ou prou l'âge qu'avaient toutes ces victimes innocentes. Parmi elles, deux visages me tourmentent particulièrement. Celui de Laure, parce qu'elle fut au cœur de ma première enquête criminelle. On s'était débarrassé de son corps dans un fossé, après lui avoir fait subir le pire. Celui de Martine, disparue alors que je faisais mes premiers pas en gendarmerie. On n'a jamais retrouvé ses restes. Après quasiment quatre décennies d'enquête, d'échecs en rebondissements, dont j'ai été le témoin et souvent l'acteur, l'espoir de découvrir la vérité renaît enfin aujourd'hui pour sa famille.

De Laure à Martine, mon itinéraire de directeur d'enquête s'est poursuivi dans le sang d'autres victimes, trop nombreuses, et dans les larmes de leurs proches, avec son lot de galères, de tourments, de réussites aussi.

Au fond de moi, ma décision est prise. Un jour, je ferai le récit de cet itinéraire mouvementé. Pour cette jeune femme qui a fait tout son possible, à partir de ses souvenirs d'enfant, pour me retrouver et me questionner sur ces enquêtes qui la concernent indirectement. Pour ceux, nombreux, à qui l'on a arraché un être cher et qui ne connaissent pas encore la vérité. Puissent-ils persévérer dans la lutte qu'ils mènent. Un jour, la réalité apparaîtra. Pour « ces victimes raisonnables… couvertes du noir crachat des ténèbres », célébrées par Paul Éluard, enfin.

Au fil de mes enquêtes, j'ai découvert leurs souffrances, les supplices indicibles qu'elles ont endurés. J'ai entendu leurs cris de terreur et de détresse. Leur mort m'a beaucoup appris sur l'être humain. Elles ne sont plus là mais j'ai l'impression de les connaître. Elles m'ont aussi donné l'occasion de vivre d'extraordinaires aventures humaines.

Là où elles sont, qu'elles sachent que j'ai fait tout mon possible pour qu'on ne les oublie pas. Jusqu'à écrire le récit de leurs souffrances ultimes. Pour mieux rappeler à leurs bourreaux, à ces lâches assassins, l'indicible cruauté de leurs actes pour qu'ils ne dorment plus en paix. Jamais.

Comme le lagopède des Pyrénées, ce montagnard par excellence, j'ai toujours préféré la discrétion aux effusions. Entreprendre ce récit est donc pour moi une épreuve, d'autant que je considérais jusque-là que l'histoire qui s'est nouée entre toutes ces victimes et l'enquêteur que j'étais nous était finalement personnelle.

Pour toutes ces familles éplorées, puisse cet ouvrage être perçu comme un encouragement à la persévérance, au combat pour la vérité. J'ai aussi l'espoir qu'il permette à cette jeune inconnue de mieux savoir qui elle est.

1

AU COMMENCEMENT

« Un homme arrive novice
à chaque âge de sa vie. »
Antoine de Saint-Exupéry

Après d'honnêtes études secondaires, je me lassai vite d'un parcours universitaire entrepris dans la complexité du contexte familial, mes parents devant encore assumer la charge de la scolarité de mes frère et sœur, dans des conditions économiques de plus en plus délicates. Accédant à l'âge adulte, j'allais donc, à mon corps défendant, devenir moi-même un acteur de « l'exode rural ».

À l'époque, il y avait une formalité obligatoire à accomplir : le service militaire, et c'est la gendarmerie qui m'adopta pour la durée légale d'un an. Rapidement, je décidai d'embrasser une carrière au sein de l'institution. J'ignorais encore que le pacte allait finalement durer presque quatre décennies et me conduire vers des aventures exaltantes.

Classé en bonne position à la sortie de l'école de formation des sous-officiers, je rejoignis directement la gendarmerie départementale. L'écueil que je souhaitais éviter était l'autre « subdivision d'arme », la gendarmerie mobile, dont les missions se rapprochent de celles des CRS. J'avais revêtu l'uniforme de la gendarmerie. J'étais désormais conscient que le danger pouvait me guetter à tout moment, mais je m'apprêtais à servir mon pays, tout simplement.

C'est chez les Indriens, dans le plat pays berrichon, que je réalisai mes premiers pas de gendarme, plus précisément au sein du peloton de surveillance et d'intervention de la gendarmerie (PSIG) de Châteauroux. Cette unité d'une vingtaine de militaires, dont la zone d'action était le département de l'Indre, venait d'être créée. Sa première vocation était, comme son nom l'indique, de sillonner la voie publique à l'affût de toute infraction ou trouble à l'ordre public.

Nous en étions aux balbutiements de l'équivalent en gendarmerie de ce que nos camarades de la police nationale nomment les brigades anticriminalités (BAC). J'avais donc toutes les raisons de penser que le jeune sous-officier motivé que j'étais allait trouver satisfaction à servir dans cette unité « de mouvement ». Hélas, j'allais rapidement découvrir l'envers du décor, le revers de la médaille : « Châteauroux-Déols », l'appellation communément donnée à l'aéroport installé sur une ancienne base occupée par les Américains, de 1951 à 1967. « Châteauroux-Air Station » – titre officiel donné à cette base par l'US Air Force – allait compter jusqu'à 7 000 familles et employer près de 8 000 Français dans l'administration ou la manutention. Mais en 1966, l'Histoire, ou plus précisément le général de Gaulle, en décida autrement. Retour « à la maison » pour les soldats de l'*Oncle Sam* et à la vie d'avant pour les ouvriers berrichons.

Plus tard, dans les années 1980, Châteauroux-Déols fut choisi pour accueillir les gros-porteurs qui livraient des armes à l'Irak, lors du conflit avec son voisin iranien, jusqu'en 1988.

Pour la seconde fois de son existence, l'ancienne base était donc devenue un site sensible, qui nécessitait une surveillance vingt-quatre heures sur vingt-quatre. C'est la mission qui échut à l'unité dans laquelle j'avais été engagé. Quelle désillusion ! Je n'étais pas fait pour la guerre d'attente ! À 20 ans, je n'avais aucune envie de gérer quotidiennement les mêmes scènes, avec pour seule distraction les lapins s'égayant nuitamment sur un aéroport désert, à la lumière des phares de nos voitures. Mon âme de chien de chasse m'orientait vers d'autres ambitions.

J'aurais probablement quitté la grande muette si je n'avais pas fait la connaissance d'un personnage atypique qui allait, contre toute attente, me laisser espérer des lendemains meilleurs.

Adolphe, de son vrai prénom, était mon commandant d'unité. Corse jusqu'au bout des ongles, il n'avait perdu de ses origines ni l'accent, ni le tempérament et menait sa barque avec autorité mais jamais sans humanité. Il était de ces chefs qui ont compris que l'autorité repose d'abord sur la raison.

Un événement dramatique allait marquer mon séjour dans l'Indre. Le 31 août 1985 à minuit, alors que je m'apprêtais à prendre le train pour rejoindre pour quelques jours de repos mes Pyrénées natales, un appel téléphonique de mon patron corse contrariait brutalement mon agenda : « Rendez-vous dans les meilleurs délais au bureau. Il se passe quelque chose de très grave. » J'enfilai la tenue d'intervention en une fraction de seconde et m'empressai d'obéir aux ordres. Aussitôt embarqué dans un véhicule poussé dans ses derniers retranchements par l'urgence de la situation, je me retrouvai en quelques minutes à peine aux abords d'une voie ferrée, à quelques encablures seulement au sud de Châteauroux, précisément à Argenton-sur-Creuse.

Durant le trajet, le « patron » m'avait informé que nous nous rendions sur les lieux d'un accident impliquant deux trains. Il n'en savait probablement guère plus lui-même, mais son expérience le poussa à me mettre en garde : « Préparez-vous à voir le pire. » En effet, le pire nous attendait ! Dix des quatorze voitures avaient déraillé. Deux d'entre elles (la 17 et la 18, je m'en souviens encore !), bondées de voyageurs, s'étaient couchées sur les rails, empiétant sur l'autre voie, avant d'être coupées en deux par un train postal circulant en sens inverse.

C'est donc l'horreur du sang, des lambeaux de chair plaqués sur les vitres qui avaient résisté au choc et des corps déchiquetés, que je découvris, à la lueur des baladeuses. Encore aujourd'hui, je perçois le vacarme assourdissant des groupes électrogènes qui nous alimentaient en électricité.

Je me souviens aussi de cette maman en état de sidération qui serrait dans ses bras son bébé de 18 mois, mort, étouffé sous l'effet du choc. Elle ne cessait de l'embrasser. Hélas, ma nuit de cauchemar n'était pas terminée. Dois-je en parler ? Trente-cinq ans plus tard, je me pose encore la question ! Mais, soucieux d'être fidèle à la réalité, comment pourrais-je ne pas évoquer cette main, figée dans ma mémoire, cette main, que je ramassai sur le bord de la voie ? Aucune autre solution que de la placer dans un sachet, avant de la remettre aux experts en médecine légale. Il était évidemment impossible de retrouver, dans ce fatras de ferraille et de débris, parmi les gémissements des blessés parfois agonisants, le corps auquel elle appartenait. Cette main je la vois encore. Elle me hante toujours.

Deux jours après le drame, je reçus en effet un appel téléphonique d'une maman éplorée. Jeannette habitait dans le village où j'étais né. Elle m'apprenait, de sa voix tremblante, que sa fille âgée de 35 ans était au nombre des victimes de l'accident. Ce samedi soir, elle avait quitté Paris pour rejoindre son fils, en vacances chez ses grands-parents.

Après une nuit dans le train, Arlette devait retrouver son enfant. À Beaudéan, village de ma jeunesse, un petit garçon de 7 ans pleurait désormais sa maman, qu'il ne reverrait jamais.

Jusqu'à sa mort, à chaque occasion qui s'offrait à moi, je me rendais chez Jeannette. Mes visites débutaient toujours par le même rite. Jeannette me serrait dans ses bras. Peut-être était-ce pour elle une manière de conjurer la fatalité. Puisqu'elle ne pouvait plus embrasser sa fille, elle m'étreignait. J'étais peut-être le dernier à avoir eu un contact physique avec son enfant morte. Nous n'en parlions pas, mais c'était possible. Nos rencontres se sont poursuivies, jusqu'au jour où Jeannette a elle-même rejoint l'au-delà.

Je n'ai jamais évoqué avec elle cette main égarée. Mais je ne peux pas m'empêcher, encore aujourd'hui, d'imaginer que j'ai peut-être effleuré, en cette nuit d'horreur, la main perdue de cette maman disparue que son enfant de 7 ans pleurait désormais à chaudes larmes.

Le drame d'Argenton-sur-Creuse avait fait quarante-trois victimes et de très nombreux blessés.

Quelque temps après cet épisode dramatique, je quittai le peloton de surveillance et d'intervention pour rejoindre une brigade territoriale. Je savais que c'était un passage obligatoire dans une carrière de gendarme, lorsque l'on se destine à faire de la PJ.

Aussitôt arrivé dans cette nouvelle unité, je terminai ma formation d'officier de police judiciaire et passai avec succès l'examen qui la clôturait, ce qui me permit de gagner définitivement mon indépendance dans l'exercice des missions d'ordre judiciaire.

Les renards à deux pattes

Je n'envisage pas, à ce stade de mon récit, d'imposer au lecteur la litanie des événements auxquels j'ai dû faire face lorsque mes fonctions de gendarme me conduisirent à exercer au cœur des territoires. Servir en « territoriale » pour un gendarme, quel que soit son grade, c'est s'acquitter de sa mission au plus près des citoyens, toutes classes sociales confondues, en se trouvant souvent exposé aux récriminations de toutes sortes de gens insatisfaits. Cela fait partie des travers du métier.

Laissant libre cours à ma curiosité, je découvris dans les archives d'unités, où j'eus l'honneur de servir, deux documents qui me semblent, derrière leur apparente naïveté, illustrer à merveille cette réalité.

Le premier est une lettre adressée au patron des gendarmes des Landes. Mont-de-Marsan, préfecture du département, n'est pas seulement connue pour son équipe de rugby, ses corridas et ses foies gras. Elle est aussi le siège d'une importante base aérienne. Il est important de le mentionner avant de débuter la lecture de ce témoignage authentique.

Je précise que je me suis attaché à rester fidèle en tous points à la syntaxe de son auteur, préférant ainsi prévenir les yeux sensibles du lecteur !

Mon Colonel, je prents ma plume par raport à vos avions à rédaction qui épouvante les palombes de ma cabane, que sa devient une calamitait.

Mon fils ma dit « cet pas la paine de lui écrire, il s'en fout de tes palombes, comme de sa première chemise ».

Mais je sais que les colonels, cet pas couillon, car en 1950, j'été ordonnance du colonel, qui été dur ave les tipes mes pas avec moi.

Alors hier, j'avait 15 palombes sur le sol et un avion à rédaction est passait comme un fout à 120 à l'heure au moins, dans une pétarade comme si ce cassait la gueule.

Mon Colonel, Je sais que vous pouvait pas tout voir du burot étant, mai il font les fout dans le ciel, esprèt sur les palombières. Vous serait bien genty, si vous les fêtes arété quelque jours vous allés économisait de l'essence ou du fouil… et je vous porterait une paire de jolies palombes et un litre du bon armagnac d'avant 14.

Et notre écrivain de conclure :

Merci aussi Mon Colonel de passait un savon à vos chaufeur car quant vous les voyait pas il font les couillont.

Le première classe LABORDE vous salut à si pas. Merci beaucoup.

Signé : LABORDE

Le ton était donné !

Un peu plus tard, alors que j'exerçais dans un poste à responsabilité, je recevais moi-même une missive dont j'ai conservé non seulement le contenu, mais également le style et l'orthographe de son rédacteur. Ce coup-ci, c'était « pour moi » !

Mon commandant.

Par la présente, je viens vous demander de régler un problème que j'ai avec ma mairie. Je suis allé il y a quelques jours pour signaler la disparition de mes poules et cela n'est pas la première fois que cela arrive.

J'ai était très mal reçu par l'adjoint [le Maire avait délégué !], qui m'a envoyer promene (et je suis poli) et a répondu que cela ne faisais pas parti de leur problème, comme cela ne fait pas partie des problèmes de la gendarmerie.

Je m'adresse à vous pour savoir comment faire.

Je suppose que c'est des renards… mais, dans ce département, il y a aussi des renards à 2 pattes.

Étant donné que la forêt n'est pas entretenue, je compte sur votre solicitude pour me dire à qui m'adresser à part vous.

Veuillez s'il vous plaît me donner les adresses, pour la volaille… ainsi que pour la forêt, pour que tout cela s'arrête.

L'affaire se corsait !

J'avais été peu troublé par la requête du « soldat LABORDE ». Après tout, c'était l'affaire du colonel ! Qui plus est, ce dernier avait probablement disparu des radars de la gendarmerie depuis fort longtemps ! Cette affaire ne me concernait donc plus !

En revanche, j'étais quelque peu déstabilisé par la double sollicitation du deuxième requérant, qui m'apprenait que… dans les mairies du département, on ne faisait rien… « ni pour enrayer les vols de poules, ni pour nettoyer la forêt » et qui me confirmait l'existence, sur ce territoire, d'une étrange créature, le « renard à deux pattes ». Qui plus est, j'étais sommé de fournir au requérant les bonnes adresses, à la fois « pour les vols de poules » et « pour l'encombrement de la forêt ». Ma « feuille de route » était donc clairement fixée !

Tradition et modernité

Au-delà de leur apparente naïveté, que je me plais à livrer aujourd'hui avec malice, ces deux lettres recelaient de vrais éléments de réflexion. Paradoxalement, elles me replongeaient dans les profondeurs de l'histoire de la gendarmerie, en même temps qu'elles me confrontaient aux exigences de la modernité, vers la gendarmerie de nos anciens, celle des palombes, parfois de l'armagnac, remis au gré des rencontres aux « gens d'armes ». C'était la gendarmerie que le général d'armée Rolland Gilles, qui présida à ses destinées de 2008 à 2010, décrivait magnifiquement en ces termes :

– celle où le gendarme était, avant tout, « l'homme d'un terroir » ;
– celle où le gendarme était « le serviteur des braves gens » ;
– celle où « le gendarme, soldat de la loi, en était le gardien intraitable et respecté ».

Simultanément, ces lettres me versaient subtilement dans les contraintes de la modernité :

– celles d'une société qui revendique, y compris en secteur rural ;
– celles d'un environnement précaire ;
– celles d'une population de plus en plus hostile… aux gendarmes, mais plus largement aux services publics ;
– celles de citoyens exigeants… on veut tout, tout de suite… la bonne adresse pour nettoyer la forêt… et la personne compétente pour localiser le « renard à deux pattes ».

Pendant toutes ces années passées au plus près de nos concitoyens, j'ai effectivement eu la conviction d'être « le gendarme d'un terroir ». J'en garde le souvenir de moments intenses, qui se bousculent pêle-mêle dans ma tête.

En traversant ces épisodes, j'étais aux prises avec les conséquences de la modernité *versus* la gendarmerie : une délinquance qui se fait de plus en plus maligne, très mobile, de mieux en mieux organisée et désormais dépourvue de « code d'honneur », en l'occurrence capable du pire pour se tirer des mauvaises affaires. Fort heureusement, j'ai traversé toutes ces années sans que les hommes et les femmes qui m'accompagnaient n'aient eu à le payer au prix fort.

Les « renards à deux pattes » croisés durant ces années-là avaient sans doute conservé une once d'humanité. La suite de mon aventure au sein de la gendarmerie nationale allait m'amener à en côtoyer d'autres, hors normes ceux-là.

Bienvenue au « village »

En gendarmerie, la police judiciaire, c'est l'affaire de tous. Certes, les prérogatives des agents de police judiciaire (APJ), qualification technique dont vous disposez dès la fin de l'école de formation, sont limitées. Le Code de procédure pénale précise qu'ils « secondent » les officiers de police judiciaire (OPJ). C'est ainsi que la loi répartit les rôles de chacun.

Pour être affecté dans une unité dont la vocation unique consiste à conduire des enquêtes judiciaires[1] il faut obligatoirement « être officier de police judiciaire ».

J'étais donc déjà titulaire de cette qualification à mon arrivée à la section de recherches de la gendarmerie de Midi-Pyrénées, à Toulouse, quasiment à ma date anniversaire, en avril 1990. Du haut de mes 28 ans, j'allais rester

1. Brigade de recherches pour l'échelon départemental, section de recherches pour le niveau régional ou office central pour le degré national.

pendant quelques années le « benjamin » de cette troupe d'enquêteurs. Mon surnom était tout trouvé : le « gamin ».

J'arrivais dans un univers qui m'était étranger et m'impressionnait beaucoup, une gigantesque métropole de plusieurs centaines de milliers d'habitants !

Kouider

Le « village », c'est pourtant avec ce qualificatif que mon premier patron désigna la capitale occitane lorsque je me présentai à lui pour la première fois en ce printemps 1990. « Vous verrez, jeune homme, Toulouse est un village. » Ces propos se voulaient apaisants dans la bouche de Kouider, cet homme parvenu au crépuscule de sa brillante carrière. C'est ainsi que le désignaient avec une certaine affection ses collaborateurs, sa « bande », comme il disait. Bien entendu, lorsque nous nous adressions à lui, nous lui donnions du « Mon colonel », respectant ainsi la terminologie militaire attribuée à son grade. Mais en petit comité, c'était Kouider. Il me pardonnerait sans doute aujourd'hui de me laisser aller encore une fois à cette familiarité affectueuse.

En ce début des années 1990, Kouider commandait donc la section de recherches de la région Midi-Pyrénées. Nous étions une trentaine d'officiers de police judiciaire, répartis en groupes d'enquêteurs spécialisés en fonction des grands thèmes de criminalité. J'avais été rattaché au groupe chargé de traiter les homicides volontaires. Un rêve prenait tournure. Je m'y sentais bien. J'avais l'impression que cela correspondait à ma « vocation ». Je ne me voyais pas enquêtant sur des affaires de trafic de stupéfiants ou de vols à main armée, même s'il m'est arrivé de prêter main-forte aux camarades qui en étaient chargés. Je ne m'explique pas cette préférence naturelle, si ce n'est que j'étais sans doute inconsciemment animé par un profond respect pour la personne humaine. Il m'était donc viscéralement insupportable de laisser ces « crimes de sang » impunis.

À mon arrivée au sein de l'équipe d'enquêteurs, pas plus étoffée qu'un « commando », j'étais très intimidé, presque paralysé. J'étais le plus jeune des OPJ et je rejoignais déjà ce qui se faisait de mieux en gendarmerie pour traquer les criminels.

Ma première « opération de PJ » aurait d'ailleurs pu stopper net mon aventure dans le milieu restreint des investigations criminelles…

À l'issue d'une perquisition dans un quartier troublé de Toulouse, on dirait aujourd'hui un quartier sensible, je m'aperçus que j'avais oublié ma mallette chez le délinquant dont nous venions de visiter le domicile. Elle ne contenait pas d'arme individuelle, arme que je portais toujours sur moi, mais des documents couverts par le secret de l'enquête judiciaire, ce qui nous condamna à un retour express chez notre « cible » du jour. Fort heureusement, je retrouvai mon bien, sans qu'aucune fouille n'y ait été réalisée. Sur le chemin du retour vers l'unité, un sentiment de honte m'envahit. Nico, le camarade plus ancien, qui m'accompagnait et qui fut mon premier « binôme », le perçut probablement et conclut l'incident rapidement : « Pas grave, petit, tu paieras l'apéro ce soir. » La mésaventure serait donc oubliée dès le soir même et Kouider ne sut jamais rien de cet aléa. Progressivement, je relativisai l'incident. Notamment lorsque je fus le témoin d'une bévue commise à son corps défendant, par un gendarme d'une unité spécialisée. Alors qu'il s'équipait parmi ses camarades, en vue de mener l'assaut contre un forcené, l'infortuné militaire fit partir un coup de feu. Fort heureusement personne ne fut atteint et l'opération fut un succès. L'histoire ne dit pas si l'auteur de l'incident fut invité à faire acte de contrition en offrant un verre à ses camarades.

Passé ces premières émotions de débutant, je me sentis de plus en plus à mon aise au sein de ce « commando » d'enquêteurs. Nombre de mes camarades me servaient d'exemple, dans la manière d'appréhender les investigations comme dans la façon d'aborder victimes, témoins et suspects. Comme c'est fréquemment le cas, j'ai vraisemblablement été inconsciemment façonné par le premier d'entre eux, le « patron ».

A priori, nous n'avions rien en commun, mais quelque chose nous rapprochait. Kouider était un pied-noir né à Sidi Bel Abès, dans l'Oranais. Comme moi issu d'une famille d'agriculteurs, rien sans doute ne le prédestinait à une carrière de gendarme et encore moins à une destinée d'officier. Il termina son parcours à la tête de la section de recherches de Toulouse, avec le grade de lieutenant-colonel. Bourreau de travail et autodidacte, il ne se privait jamais de parfaire ses connaissances juridiques, jusqu'à obtenir brillamment un doctorat en droit. Devenu avocat, il fut inscrit au barreau de Toulouse. Je me reconnaissais dans ses origines modestes. Me restait, venant moi aussi de « nulle part », à tracer ma voie. Sans doute la sienne allait-elle me guider.

Pas à pas, j'apprivoisai ce « village » qu'était donc encore Toulouse voici trois décennies, à en croire le patron. Cela ne se fit pas sans peine et surtout sans quelques naufrages topographiques ! À l'époque, pas de système de navigation, les cartes Michelin étaient nos compagnes de route. Pas davantage de téléphone portable et les transmissions radio dont nous disposions n'étaient pas le must, ni en matière de discrétion, ni en termes d'efficacité. Mais, étant les seuls gendarmes agissant en tenue civile, ce que la hiérarchie tolérait à peine à cette époque, nous avions conscience de bénéficier d'une grande liberté de manœuvre. Le boss nous faisait confiance. La suite lui donnera raison. Mais il fallait lui montrer « de quoi nous étions capables » en matière d'investigations criminelles. C'était la contrepartie. Rapidement, il m'apparut que Toulouse avait quelque chose d'un « village maudit ». J'allais être désormais plongé dans un autre univers, celui de la violence et des crimes.

Kouider avait beaucoup d'humour. Son village n'était qu'une fable, visant à reléguer au rang d'anecdotes de sordides affaires criminelles. Manière élégante de me souhaiter la bienvenue.

2

LA TRISTESSE N'A PAS DE FIN

À peine avais-je posé mon cartable de jeune enquêteur sur mon bureau, en ce début de printemps 1990, que « Bob », mon chef de groupe, se sépara à mon profit d'un lourd carton rempli de documents dactylographiés. Vétéran de la guerre d'Algérie, Bob ne s'embarrassait guère d'amabilités. Tout au plus m'ordonna-t-il, à sa manière, de prendre connaissance des centaines d'auditions que contenait le colis : « Tiens, petit, tu lis ça. Et quand tu auras terminé, tu me diras ce que tu en penses. » C'était sans appel. Mais ma formation militaire m'aida aussitôt à traduire. Je devais me mettre à la tâche, sans délai. J'étais loin d'imaginer ce qui m'attendait !

Aussi méthodiquement que possible, j'extrayais de cet énigmatique colis chacun des documents qu'il recelait. À commencer par un volumineux dossier photographique. On y distinguait, tel un pantin désarticulé, le corps d'une jeune fille. Visiblement, on s'en était débarrassé dans un fossé, sur le bord d'une route. La légende indiquait le lieu de découverte de cette jeune créature défunte : commune de Bonrepos-Riquet (Haute-Garonne).

Par le truchement de ces quelques photographies, je découvrais la première scène criminelle de ma carrière d'enquêteur spécialisé. J'étais frustré ; pour aussi bien réalisés qu'ils fussent, ces clichés ne pouvaient pas refléter fidèlement toute la réalité du site. Le hasard de la date de mon affectation m'avait privé du transport sur les lieux où reposait le corps de cette enfant.

Laure Martinet avait été retrouvée le 27 janvier 1990. Je n'avais rejoint les rangs de la section de recherches que quelques semaines plus tard. J'étais donc à jamais privé de cette atmosphère ô combien précieuse dont s'imprègnent les enquêteurs lorsqu'ils découvrent une scène de crime. Je devais me contenter d'une perception visuelle partielle, grâce aux photos. Cependant, cette impression de « pantin désarticulé » me taraudait. N'ayant trouvé dans les actes de procédure que je dévorais aucune réponse à ma préoccupation, je me hasardai à faire part de mes doutes à mon chef de groupe : « Bob, je n'ai pas d'expérience, mais la position de ce corps me trouble. Vous qui étiez sur les lieux le jour même de la découverte du corps, est-ce que vous n'avez pas eu la même impression ? »

Bob était concentré sur la lecture d'une autre affaire criminelle. En effet, parfois, nous n'intervenions pas tout de suite dans les enquêtes, notamment lorsque leur caractère criminel n'avait été décelé par personne. Certaines étaient jusque-là considérées comme des suicides ou des décès accidentels. Dans ces situations, il n'y avait pas d'autre choix que de recommencer l'enquête à zéro, en s'imprégnant de ce qui avait été rédigé par les enquêteurs initialement saisis.

Quelque peu taciturne, Bob n'en était pas moins un vrai pro. Il n'aurait, notamment, jamais confié un dossier à un enquêteur sans avoir pris soin de l'analyser lui-même préalablement, jusque dans les moindres détails. Je compris que je le dérangeais. Il consentit toutefois à un début d'explication qui, à défaut de m'éclairer, allait me décontenancer. J'entends encore aujourd'hui sa réponse : « Le corps a été bougé. » Je devais logiquement en conclure que l'auteur du meurtre avait déplacé le cadavre. Bob me recadra aussitôt : « Non, petit. Ce sont les pompiers qui l'ont déplacé ! »

Voilà comment j'appris que les secours, arrivés sur la scène de crime avant les gendarmes, s'étaient saisis du cadavre de Laure, pour le déposer dans le véhicule de secours, avant que les primo-intervenants de la gendarmerie, constatant la méprise, n'ordonnent la remise en place du corps dans la position supposée de sa découverte initiale !

Durant une fraction de seconde, je me résolus à penser que je faisais l'objet d'un bizutage, une sorte de test malsain imaginé par l'enquêteur expérimenté. Hélas, il n'en était rien, Bob ne trichait pas. J'étais abasourdi.

Cette première enquête criminelle, que je prenais « en cours de route », s'annonçait décidément sous les plus mauvais auspices. Ma première enquête, dont je dévorais un à un les premiers actes établis par mes camarades avant mon arrivée, se présentait mal !

C'était Laure

Laure Martinet est née le 23 août 1970. En janvier 1990, elle est donc âgée de 19 ans. Elle mène des études universitaires en langues appliquées et en économie. Comme beaucoup de jeunes de son âge, elle a la bougeotte et supporte mal son relatif isolement au sein du cocon familial, installé à Saint-Geniès-Bellevue, une petite bourgade du nord de Toulouse. Son papa est conducteur de taxi et sa maman, sans emploi. Ils ont également donné naissance à Pascal, à peine plus jeune que sa sœur. La jeune fille rejoint fréquemment ses amis dans la Ville Rose, souvent en « auto-stop ». Toulouse reste un « grand village », comme dit mon patron. On n'a donc pas peur, à cette époque, d'y faire de mauvaises rencontres.

Laure est une jeune femme frêle et élancée, elle a quelque chose de léger, de fragile. Ses cheveux bruns recouvrent ses épaules et chutent jusqu'à mi-dos. Elle a le look pour devenir mannequin de mode. Andy, un jeune peintre d'origine allemande, s'est épris de cette beauté. Ils poursuivent une relation amoureuse d'adolescents qu'ils ne sont plus tout à fait. Laure n'a pas mis ses parents dans la confidence. Officiellement, lorsqu'elle rejoint son amoureux, elle va « chez son amie Marion ».

Dans la soirée du mercredi 24 janvier 1990, elle retrouve son petit ami dans l'appartement qu'il loue, quartier des Izards à Toulouse. Ils font l'amour. Ils sont heureux. Mais vers 23 h 30, elle doit partir. Elle est majeure, mais ses parents ne lui ont accordé que la permission de minuit. Il est temps de rentrer. Soucieux du bien-être de son amour de jeunesse, Andy décide d'accompagner Laure. Ils quittent à pied ce quartier de Toulouse aujourd'hui devenu sensible, mais encore assez paisible à l'époque. Ils empruntent le chemin de Lanusse, en direction de la route d'Albi, où Laure a l'intention de faire du stop pour poursuivre sa route. À 23 h 50, c'est l'heure du dernier baiser à la lueur des lampadaires. Les deux amoureux se séparent. Andy observe son « amour » s'éloigner d'un pas rapide. Il est rassuré, Laure est chaudement vêtue d'un pull-over bleu foncé et d'une épaisse veste en jean, elle n'aura pas le temps d'avoir froid sur le trajet du retour chez ses parents. Elle presse le pas. Elle sait qu'elle sera un peu en retard et qu'elle se fera rabrouer par son père, le lendemain. Mais elle a l'habitude…

Le jeudi 25 janvier 1990, le papa de Laure est furieux de cette nouvelle facétie de sa fille. Voici vingt-quatre heures qu'elle n'a pas donné signe de vie. Vers 22 heures, il décide de signaler la disparition de sa fille à la gendarmerie locale. Laure est majeure. Les gendarmes se veulent rassurants à l'égard du papa inquiet ; elle doit avoir décidé de prolonger son séjour chez un amoureux.

Ils recueillent cependant les éléments d'identité indispensables et demandent une photographie de la jeune fille, au cas où.

Poursuivant la lecture des très nombreuses pièces de procédure découvertes dans le « colis de Bob », je m'efforce de trouver des indices. « Des yeux neufs, dans une enquête judiciaire, c'est toujours utile », me souffle Bob, probablement pour m'encourager. Je découvre notamment que Laure et Andy, avant de se séparer, ont été importunés alors qu'ils passaient devant le bar *La Voie 12*, par deux individus ivres, qui s'éloignent de l'établissement de nuit à bord d'une Volkswagen Coccinelle de couleur claire immatriculée dans le département de la Haute-Garonne. Et si ces imbéciles s'étaient mis en quête, un peu plus tard, de retrouver Laure sur son chemin de repli ? Maigre indice ! Il faudra bien identifier, localiser et entendre tous les propriétaires de Coccinelle du département ! Cette seule tâche m'apparaît immense. Elle sera pourtant menée à bien dans les mois qui suivront. Ainsi serons-nous amenés à procéder à la vérification de deux cent quatre-vingt-seize véhicules de ce modèle immatriculés en Haute-Garonne.

« Rien de tel, pour apprendre le métier », me disait Bob, du haut de ses trois décennies d'expérience. Cela n'allait rien donner. En revanche, j'allais devenir au fil des semaines « expert en Coccinelle »… Et surtout forger, encore un peu plus, ma ténacité.

Je n'étais pas parvenu à identifier ces deux types excités par l'alcool. Cela me laissait plein d'amertume. La victime les avait croisés peu de temps avant sa disparition. Les employés et clients de l'établissement avaient été interrogés, mais évidemment ils n'avaient rien vu, rien entendu. Cette omerta me laissait sur ma faim ! Nous verrons plus tard que mon intuition de terrien n'était pas dénuée de bon sens.

La chambre de Laure, au rez-de-chaussée du pavillon de ses parents, près de la porte d'entrée et à proximité de l'escalier qui mène à l'étage, reste vide depuis soixante-douze heures. Les doudous que Laure a conservés de son enfance sont désormais figés. Plus tard, lorsque je serai moi-même autorisé par la famille à entrouvrir la porte de cette chambre, je serai impressionné par cette vision du temps qui s'est arrêté soudainement. C'est une constante, chez les parents qui ont perdu un enfant, que de conserver leur espace de vie intact, tel qu'ils l'ont quitté. Même après plusieurs années d'expérience, je ressentais toujours la même émotion en situation identique.

Mais reprenons les faits dans l'ordre chronologique. Nous sommes le samedi 27 janvier 1990. Il est environ 17 heures lorsque deux dames s'adonnant à la pratique du footing le long de la Garonne, à Fenouillet, découvrent le porte-documents de Laure. Il a plu abondamment durant la nuit mais bizarrement le porte-documents est sec ! Cette découverte ne laisse rien augurer de bon pour les gendarmes locaux, qui en sont aussitôt informés.

Quelques jours seulement après ma prise de service à la section de recherches, je continue d'éplucher les actes d'enquête, ce qui me permet progressivement d'intégrer le film des événements, tel qu'il ressort des investigations déjà réalisées. Mes questionnements de jeune enquêteur vont grandissant. Je suis comme coupé du monde. Peu m'importe la vie citadine du dynamique quartier Saint-Michel, qui bat son plein et que je peux entrevoir par-delà la fenêtre. Nous sommes en mai. Les terrasses des cafés et des restaurants sont bondées. Cette affaire, que je découvre un peu plus chaque jour, me taraude déjà.

Pourquoi ce porte-documents est-il intact, alors qu'il devrait être imprégné d'eau ? Est-ce à dire qu'il venait d'être déposé, lorsque les deux joggeuses l'ont découvert ? D'autant qu'un autre témoignage permet de confirmer qu'à 12 h 15, cet objet ne se trouvait pas encore à cet endroit.

Au fur et à mesure, je note mes propres interrogations et je poursuis l'analyse du dossier, sans oublier d'en rendre compte à Bob qui reste, en sa qualité de « directeur d'enquête », le seul interlocuteur de l'autorité judiciaire. Il m'écoute avec bienveillance, en vieux briscard qui « en a vu d'autres ».

Les gendarmes de la brigade territoriale compétente n'ont pas terminé leur travail de constatations sur les lieux de découverte du porte-documents de Laure qu'un nouvel élément apparaît, en cette fin d'après-midi du samedi 27 janvier 1990. Deux promeneurs signalent à la brigade de gendarmerie de Verfeil, toujours en Haute-Garonne, la découverte du corps dénudé d'une jeune femme, dans un fossé. Lorsque les enquêteurs de la section de recherches recueillent leurs témoignages, les infortunés passants précisent qu'ils avaient déjà aperçu le corps, le jeudi 25 janvier 1990 dans l'après-midi ! Convaincus qu'il s'agissait d'un « mannequin », ils n'avaient pas jugé bon d'alerter les forces de l'ordre. Ce n'est qu'au cours de la promenade suivante, quarante-huit heures après, qu'ils appellent la gendarmerie ! Comment ces braves gens ont-ils pu prendre le corps de Laure pour une poupée désarticulée ?

J'allais progressivement découvrir que les enquêtes criminelles sont parfois, hélas, parsemées de ce type de réaction.

On croit avoir observé quelque chose, qui ne correspond en rien à la réalité.

Je cherche, dans le dossier que je lis dans les locaux de la section de recherches place Saint-Michel, une explication à cette malheureuse confusion. Je la trouve en partie dans la description du corps, telle qu'elle est faite par le médecin légiste. Dans une enquête de meurtre, en effet, un médecin spécialisé se déplace sur les lieux de découverte du corps, pour procéder à des constatations médico-légales, qui viennent en complément de l'étude approfondie de la scène, réalisée par les spécialistes de la police technique et scientifique. En gendarmerie, on les appelle les TIC (techniciens en identification criminelle), aisément reconnaissables à leurs combinaisons blanches.

Voici donc comment relate ce qu'il observe le médecin légiste, qui s'est déplacé jusque dans ce fossé où a été découverte Laure le 27 janvier 1990 :

Le corps de la victime était étendu sur le dos, dans un fossé d'un mètre de profondeur. Le bras droit était légèrement replié, la main posée sur le bas-ventre. Le bras gauche était relevé dans l'alignement des épaules, la main à hauteur du visage. La jambe droite reposant sur le sol faisait un angle droit de 90° vers l'extérieur et la jambe gauche était relevée, le pied reposant sur le sol. Les pieds étaient vêtus de chaussettes noires, alors que le reste du corps était complètement dévêtu. Sur le cou apparaissait une trace rouge violacée et de nombreuses égratignures et traces étaient visibles sur le corps.

Nos deux promeneurs ont, dans un premier temps, perçu la vision d'une « marionnette désarticulée », leur intellect ne leur permettant pas de reconnaître instantanément un corps humain. N'en croyant pas leurs yeux ils ont, probablement inconsciemment, évacué de leur perception des choses la trace rouge violacée qui marquait le cou de la victime. Quoi qu'il en soit, la lecture du rapport d'autopsie allait m'éloigner définitivement de la chimère de ces deux témoins.

Les données apparaissant dans le rapport d'expertise médico-légale sont en effet explicites. Elles établissent que le décès de Laure est en rapport avec une « anoxie cérébrale consécutive à une strangulation par compression cervicale antérieure médiane ».

Elles notent, d'autre part, la « rupture de la rate », ainsi que l'existence de lésions « vaginales et anales dues à des pénétrations sexuelles, qui ne pouvaient avoir été provoquées par une simple pénétration phallique ». En d'autres termes, l'introduction d'un objet doit être envisagée.

Je sais aussi que l'auteur a souillé le corps de Laure, mais à l'époque, la recherche d'ADN en est à ses balbutiements.

Aux parents éplorés qui attendaient leur fille, les enquêteurs n'ont donc pu restituer qu'un « mannequin désarticulé » et les socquettes noires que l'auteur de ces faits ignobles a daigné laisser sur ce corps torturé.

La lecture de ces lignes et l'analyse des clichés photographiques suffisent à me motiver jusqu'au plus profond de moi-même. Je fais secrètement le serment de mettre un jour hors d'état de nuire l'auteur de ces actes indicibles. Au fil de nos rencontres, j'apprends progressivement à mieux connaître le papa de la victime et, ainsi, à sortir du dossier dans ce qu'il a de technique, pour investir l'environnement immédiat de Laure. Je n'ose guère rêver, si ce n'est en secret, du jour où j'appellerai cet homme d'une dignité exemplaire pour lui annoncer l'identification de celui qui lui a enlevé à jamais sa fille. La maman, quant à elle, semble détruite, au point qu'elle décidera quelques années plus tard de rejoindre Laure en mettant fin à ses jours !

C'est aussi « ça » les affaires criminelles de sang. Il y a les victimes elles-mêmes, et puis les victimes collatérales.

Si le travail de titan réalisé sur les Volkswagen Coccinelle se révèle infructueux, les investigations menées pas à pas vont cependant me permettre d'affiner la chronologie des événements, tels qu'ils s'étaient présentés à Laure durant cette nuit tragique du 24 au 25 janvier 1990.

Nous avions laissé Laure alors qu'elle quittait Andy vers 23 h 50 et s'apprêtait à faire de l'auto-stop, route d'Albi, pour rentrer chez elle, les bus de ville ne circulant plus à cette heure tardive.

C'est précisément d'un chauffeur de camion roulant cette nuit-là sur cet axe que provient un témoignage important. Il dit avoir aperçu une jeune fille, marchant d'un pas pressé sur le bord de la route, vers 0 h 30. La description qu'il en donne ne laisse aucune place au doute. C'est bien Laure qu'il a observée cette nuit-là. Elle paraît affolée, se retournant sans arrêt. Elle stoppe même une voiture, échangeant brièvement avec son conducteur, avant de poursuivre son chemin « un peu dépitée », selon le témoin. Le chauffeur du camion comprend que Laure est apeurée, « comme si elle venait d'avoir un problème », déclare-t-il aux enquêteurs. Craignant de l'inquiéter encore davantage, il n'intervient pas.

Parmi ses amis, Laure avait une confidente, Isabelle. La jeune fille vit encore chez sa mère, Mme Royat, fatiguée et sous traitement médical. Leur domicile se trouve quasiment sur l'itinéraire que doit emprunter Laure pour rentrer chez elle. Lorsqu'elle est sollicitée par les enquêteurs, Mme Royat révèle que vers 1 heure, le 25 janvier 1990, elle croit avoir entendu un appel émanant de la rue et disant : « Madame Royat, c'est Laure. » Mme Royat sort, fait le tour de la maison mais ne voit rien. Elle observe tout de même que le portail situé à l'arrière de l'habitation est retrouvé ouvert.

Plusieurs semaines après ce premier témoignage recueilli sitôt après le meurtre, je décide d'auditionner de nouveau Mme Royat.

Bob, en sa qualité de directeur d'enquête, m'accompagne. Je ne perçois nullement sa présence comme un flicage ; au contraire, elle me rassure. Nous agissons désormais dans le cadre d'une commission rogatoire délivrée par le juge d'instruction chargé du dossier. À l'époque, cette configuration juridique valait quasiment carte blanche aux enquêteurs, à charge tout de même pour eux de restituer au juge tous les actes établis. En droit français, la procédure pénale est écrite, sauf au procès.

Nous voilà donc en compagnie de Mme Royat. Nous revenons sur la nuit agitée qu'elle décrivait peu de temps après le crime. Souhaitant mettre tous mes atouts de mon côté, je m'emploie à déployer le plus possible d'empathie dans les échanges engagés avec le témoin. Telle sera souvent la règle que je m'imposerai.

Mme Royat confirme la teneur de sa première déposition, y ajoutant des précisions importantes, impliquant qu'il y avait au moins deux personnes en compagnie de Laure à ce moment-là. Laure aurait crié : « Ils sont déchaînés, si vous ouvrez, ils mettront le feu à votre maison », puis : « Papa, maman, ils m'emmènent... Ce sont les voisins. » Je me concentre sur l'échange avec Mme Royat. Malgré l'intensité du dialogue et la gravité des éléments nouveaux, je parviens furtivement à lire la surprise dans le regard de Bob. Je crois que c'est à cet instant précis que j'ai gagné à ses yeux mes galons d'enquêteur. Je viens de lui prouver que « j'ai le niveau » pour faire partie du commando, pour être de la bande ! Je suis fier, mais cela ne réduit en rien l'immensité de la tâche.

Le bilan partiel est somme toute assez maigre. Nous savons juste que le chauffeur du camion est la dernière personne digne de confiance à avoir vu Laure vivante et que Mme Royat est la dernière à avoir entendu sa voix, environ vingt minutes plus tard. Quant à la teneur exacte des propos entendus, elle demeure incertaine, à l'égal de l'état de santé psychique de Mme Royat.

Dans le véhicule qui nous ramène vers les locaux de la section de recherches, Bob et moi-même, nous nous torturons l'esprit autour d'un mot : « voisins ». Si les propos rapportés par Mme Royat sont crédibles, de quels voisins s'agit-il ? Des voisins d'Andy, cité des Izards à Toulouse ? Des voisins de Mme Royat à L'Union ? Ou encore des voisins de Laure à Saint-Geniès-Bellevue, domicile de ses parents ?

C'est, si j'ose dire, un « classique » des enquêtes criminelles : on croit avoir fait un pas de géant vers la vérité. En réalité, nous venons de réaliser un fragile pas de fourmi !

Quelques jours plus tard, ce travail de fourmi va être écrasé par le poids d'une autre affaire criminelle. Le corps d'une jeune fille vient d'être découvert à Saint-Jory, toujours au nord de Toulouse. Nous sommes en août 1990, à peine quatre mois après ma prise de fonction à la section de recherches. Je ressens tout à coup une étrange solitude intérieure. Les découvertes de ces deux corps de jeunes filles, de manière aussi rapprochée dans le temps et dans l'espace, marquent déjà mon engagement du sceau de sordides relents de « scènes de la vie quotidienne ». Ce doute ne va pas durer, mais je suis désormais convaincu que je ne suis pas au bout de mes peines.

Dans ce village évoqué par Kouider, les aventures criminelles m'apparurent d'emblée nombreuses. Aujourd'hui, alors que je m'astreins à manier la plume pour les restituer, c'est finalement apaisé que je regarde dans le rétroviseur. Cette paix m'est procurée par la certitude d'avoir essayé coûte que coûte de ne pas laisser ces victimes au bord du chemin. Au nombre d'affaires à traiter s'ajoutaient les fausses pistes, consommatrices d'énergie et néfastes pour le moral des troupes. J'aurais pu être tenté de renoncer, tant j'avais parfois l'impression d'avoir devant moi un océan à traverser à la nage. Mais c'eût été lâche. J'espère ne jamais avoir ainsi sombré.

Les scènes criminelles ne manquaient pas en effet. La nature humaine est ainsi faite que l'homme est souvent capable du meilleur, mais aussi du pire, parfois. Et ceux qui sont aptes à produire le pire, et même à le réitérer, sont plus nombreux que ne pourrait l'imaginer le commun des mortels. Mais une victime de meurtre ou d'assassinat, c'est un être unique, issu d'une mère et d'un père et entouré d'une famille. Et chacune d'entre elles mérite un engagement total.

Les officiers de police judiciaire chargés de traiter ce type de criminalité ne manquent donc ni d'activité ni de responsabilités. Rapidement, il m'apparaissait que quantité de ces victimes, dont nous étions chargés de tenter d'élucider les conditions de leur disparition, étaient des jeunes femmes. Je ne parvenais pas à me faire à cette sérialité, ne serait-ce que parce que cela empêchait de fait un travail d'enquête rigoureux et en profondeur. Ainsi, je venais tout juste de m'imprégner des éléments dont nous disposions dans le cadre du meurtre de Laure, lorsqu'une nouvelle scène tragique se présenta à nous.

La quadrature des intrigues

Le 18 août 1990, le corps de Valérie, 16 ans, est découvert dans un champ par un promeneur. Le sud de la France subissait déjà, en ce mois d'août 1990, des températures qui ne laissaient rien présager de bon sur l'évolution du réchauffement climatique. L'état du cadavre, retrouvé onze jours après sa disparition et sa mort, dissimulé sous un énorme pneu de tracteur agricole et recouvert d'un épais matelas de branchages, ne permet donc guère d'éclairer sur les circonstances du drame. Seul élément à peu près évident, il fallait bien connaître les lieux pour dissimuler le corps à cet endroit précis.

Bob, qui me sait totalement investi dans ma première affaire, me charge de poursuivre désormais tout seul les investigations relatives au meurtre de Laure Martinet. C'est sa manière de m'adouber comme directeur d'enquête, ma première direction d'enquête dans une affaire criminelle. Il me dispense ainsi d'une implication permanente dans l'enquête portant sur la mort de Valérie, engagement qui eût été fatal à la progression des investigations dans la première affaire. Je ne participerais donc aux actes de procédure de ce deuxième homicide volontaire que de manière épisodique, en appui de mes camarades. Je ne perdis cependant jamais de vue l'essentiel de l'enquête, au cas où il eût été possible de faire des rapprochements avec les conditions de la mise à mort de Laure.

Valérie Réorda était encore une enfant. Âgée de 16 ans, elle était de grande taille pour son âge. Selon son père, elle avait quitté le pavillon familial le 7 août dans l'après-midi. Une autre adolescente disait l'avoir aperçue, près du pont du canal du Midi, à l'entrée du bourg. Puis plus rien ! Et pourtant, la distance séparant son domicile du lieu de découverte du corps n'était que de trois kilomètres.

Mes camarades devaient passer au crible le secteur, en vain. La fête locale venait de se terminer lorsque la gamine disparut. Des moyens considérables furent donc déployés pour déceler une éventuelle mauvaise rencontre faite à cette occasion.

Cette affaire, sur l'évolution de laquelle je veillais, tout en poursuivant mes investigations dans le cadre du dossier de Laure, commençait à m'ouvrir les yeux sur la pluralité des faits criminels visant des jeunes femmes en Haute-Garonne. C'est ainsi que je retrouvai la trace d'une énigme sordide, qui remontait au mois de décembre 1986. Des traces de sang dans toute la cage d'escalier, jusqu'au sous-sol… C'étaient, selon un vieil article de presse que j'avais déniché, les seuls indices, fort alarmants, qui subsistaient de la disparition de Martine, une jeune femme de 24 ans, au matin du 8 décembre 1986, au 12 avenue Tolosane à Ramonville-Saint-Agne où elle résidait avec son jeune conjoint. Vers 8 h 30, elle l'avait accompagné jusqu'à un arrêt de bus. C'est en remontant dans l'appartement, au troisième étage de la résidence, qu'elle avait visiblement été agressée, puis entraînée vers le sous-sol avant de se volatiliser définitivement.

Par conscience professionnelle, j'entrepris quelques recherches rapides. On m'expliqua que le dossier avait été refermé par la justice, faute d'éléments. Ayant déjà beaucoup à faire dans l'enquête sur le meurtre de Laure, je n'insistai pas. Mais ce n'était que partie remise.

Ayant désormais éclairé de mon propre regard « neuf » le dossier et après avoir « écumé » toutes les Coccinelle du département, j'avais multiplié les hypothèses et requis quelques prélèvements sanguins sur les individus pouvant apparaître comme des suspects potentiels.

Nouvelle espérance quand, à l'été 1991, après avoir eu vent d'un incident curieux provoqué par une bande de jeunes garçons qui n'avaient rien trouvé de mieux que de mimer un viol sur une adolescente du même âge, je convoquai tout ce petit monde pour recueillir des explications précises. Ils reconnurent tous la bêtise de leur jeu, mais nièrent tout lien avec le meurtre de Laure. Les comparaisons ADN les mirent définitivement hors de cause. Je retrouverai deux d'entre eux plus tardivement au cours de ma carrière.

En parallèle, j'avais développé mes connaissances en police technique, d'abord grâce à une formation de six semaines au Centre national de police judiciaire de la gendarmerie. Le Pr Christian Doutremepuich avait ensuite tenté de mobiliser mon attention dans le domaine de l'hématologie médico-légale. Alors que j'avais fourni, me semblait-il, des prestations quelque peu hésitantes, il valida mon diplôme universitaire. Il me donna surtout, au fil des enquêtes, de nombreux et précieux avis me permettant une meilleure appréhension des affaires criminelles de sang. Ces formations devraient être obligatoires pour tout enquêteur qui se destine à s'engager dans les enquêtes criminelles, tant elles précisent la vision des choses.

Quelque temps plus tard, Christian Doutremepuich créait, à Bordeaux, le laboratoire d'hématologie médico-légale, spécialisé dans les analyses génétiques destinées à l'identification humaine. Depuis, il a donné du fil à retordre à des centaines de criminels qui, sans son professionnalisme, seraient restés impunis.

À l'inverse, il a évidemment réhabilité de nombreux innocents. Au-delà du perfectionnement technique, ces formations avaient un effet dopant sur mon engagement. Les investigations concernant la mort de Laure n'y échappèrent pas.

Elle avait quitté à pied la cité des Izards, avant d'être aperçue route d'Albi, pour réapparaître devant le domicile de Mme Royat. J'entrepris à plusieurs reprises, avec un camarade que je n'avais eu aucune peine à convaincre, de parcourir à pied, de nuit, l'itinéraire supposément emprunté par Laure. Il s'agissait de confirmer la crédibilité des témoignages eu égard aux repères horaires mis en avant, et de tenter de percevoir, en situation similaire, des éléments qui auraient pu nous échapper.

Bruno, mon camarade enquêteur, devenu un ami au fil des kilomètres de marche, ne m'en voulut jamais de lui avoir permis, au-delà des nécessités de l'enquête, de parfaire sa condition physique.

J'avais naturellement créé un lien personnel avec le papa de Laure. Je le tenais donc informé, tout en étant vigilant sur le respect du secret de l'instruction, des évolutions générales de l'enquête qui, il faut bien le reconnaître, ne progressait guère malgré les nombreuses suspicions nées au fil des mois qui s'écoulaient.

Mais, suivre pas à pas les développements de l'enquête ne pouvait que soulager partiellement sa souffrance. C'était un homme déterminé. Je l'entends encore me dire : « Le jour où je sais qui est le salaud qui a fait ça, je l'élimine. » Je ne répondais jamais à ce cri de douleur. Je me contentais d'écouter en silence.

En novembre 1991, privés depuis presque deux ans du sourire de leur fille dont ils étaient si fiers, les parents de Laure décidèrent d'offrir 300 000 francs (environ 46 000 euros) à qui permettrait de démasquer le tueur. C'était le montant de leurs économies. « Il y a peut-être des gens qui savent et qui se taisent. Ou encore un complice qui n'aurait joué qu'un rôle secondaire dans l'enlèvement de Laure », disait le père. Les malheureux attendaient près du téléphone un témoignage qui eût permis de guider vers l'arrestation du ou des meurtriers. Mais aucun des appels qu'ils reçurent n'apporta d'information décisive. « De nombreux messages de solidarité leur furent adressés, y compris des propositions de soutien financier que bien entendu, ils refusèrent. Et puis, il y eut les inévitables farfelus, qui se délectent de la douleur des autres », pouvait-on lire à l'époque dans les colonnes de *La Dépêche du Midi*. Pour trouver les réponses aux questions qui la hantaient jour et nuit, la famille de Laure devrait encore attendre… et moi aussi !

Je crus pourtant pouvoir bénéficier d'une piste sérieuse lorsque, au gré de mes contacts avec des enquêteurs d'autres sections de recherches, j'échangeai avec un officier de police judiciaire de la SR de Rennes, Jean-François Abgrall. Le 6 janvier 1992, il avait interpellé en Alsace un homme soupçonné d'un meurtre commis trois ans plus tôt sur une plage bretonne. Cet individu allait se « faire un nom » dans le milieu des grands criminels : Francis Heaulme. La violence de ses actes, ses multiples déplacements sur l'ensemble du territoire national et son implication dans une affaire de viol suivi de meurtre m'intriguaient. L'une des caractéristiques de Heaulme était qu'il se faisait souvent admettre dans des hôpitaux après avoir commis un fait criminel. Je m'intéressai donc aux entrées dans les établissements médicaux de la région toulousaine depuis 1984, année qui avait marqué les débuts de sa mobilité maladive. Je retrouvai trace de plusieurs hospitalisations à Toulouse, le 3 septembre 1988, les 7 et 8 décembre 1988, les 12 et 13 septembre 1991, ainsi qu'à Pamiers, en Ariège, le 6 décembre 1988.

Mais je ne découvris aucun élément rendant plausible une hospitalisation dans la région en janvier ou février 1990, sitôt après le meurtre de Laure. Une comparaison ADN écartera définitivement cette piste.

En avril 1992, Bob quittait la section de recherches, qu'il avait rejointe à la fin des années 1970. Après une quinzaine d'années d'enquêtes criminelles, qu'il évoquait parfois, lorsque les investigations nous obligeaient à avaler des kilomètres, il allait goûter à une retraite bien méritée. Je devenais donc officiellement le directeur d'enquête pour le meurtre de Laure. Il m'avait bien mis le pied à l'étrier. J'étais apte à voler de mes propres ailes. Dans une ultime conversation chaleureuse, il me souhaita élégamment bonne chance. Il m'en faudrait !

Deux ans après les faits, l'énigme du meurtre de Valérie n'était pas résolue. Durant une dizaine de jours, elle eut pour sépulture un pneu de tracteur ! Elle repose aujourd'hui dans le cimetière de son bourg de résidence. Sa maman, terrassée par la souffrance, s'est éloignée pour tenter de se préserver un peu. L'auteur du crime odieux qui avait mis un terme à son existence court toujours. C'est, hélas, tout ce que l'on sait.

3

CAUCHEMAR SUR « L'ÎLE DES GAUCHERS »

Dans les conversations de bistro qui évoquent des enquêtes criminelles, la sagesse populaire guide souvent vers deux mobiles : l'argent et le sexe. Je crois pouvoir confirmer qu'il ne s'agit pas que d'un songe illusoire. J'ai évoqué jusque-là des affaires caractérisées par la violence sexuelle, bien que dans le cas de Valérie Réorda, l'état du corps n'ait jamais permis aux enquêteurs de se faire un avis définitif sur la question de l'existence de tels actes. Parfois, enfin, argent et amour se confondent dans des intrigues diaboliques.

Nous sommes en 1979. Soyez rassuré, je n'ai pas encore rejoint les rangs de la gendarmerie ! Dans une chambre d'hôpital de Perpignan, une patiente poursuit son chemin de croix. Christine était jeune et belle. Elle venait de se marier. Un accident domestique, comme il s'en produit tant et tant chaque année en France (ils seraient à l'origine de plus de vingt mille décès), vient de la faucher. Elle s'accroche mais sa vie ne tient qu'à un fil. Christine est dans un coma profond. Elle n'en est donc pas consciente, mais elle est bien entourée. Jean-Luc, son mari, effondré, vient depuis deux ans lui tenir tous les jours la main, et une infirmière dévouée se montre assidue à son chevet. Hélas, Christine ne survivra pas.

Il est 18 heures ce dimanche 4 décembre 1994. À Aussonne, en Haute-Garonne, Jean-Luc bricole au sous-sol du pavillon dans lequel il s'est installé après avoir épousé Frédérique, cette infirmière dévouée qui s'occupait si bien de sa première épouse à l'hôpital de Perpignan. Il appelle sa femme : « Frédérique, viens m'aider. » Frédérique est très occupée à préparer le repas du soir pour son mari et leurs deux garçons. Pourtant, en épouse aimable et généreuse, elle descend, sans trop réfléchir. Il faut aller vite, les enfants s'impatientent. Son mari, à demi dissimulé dans le fatras qui règne au sous-sol, lui tend une paire de gants à peine humides et lui demande de tirer deux fils électriques : « Tu peux y aller, je viens de couper le compteur. »

Soudain, c'est l'accident ! Foudroyée par un violent arc électrique, Frédérique est projetée contre la porte du garage. Elle s'affaisse. Malgré la sidération qui s'empare immédiatement de lui, Jean-Luc téléphone aux pompiers : « Ma femme a eu un accident. Elle s'est électrocutée, venez vite. » La malheureuse est évacuée vers l'hôpital de Rangueil, qu'elle connaît bien puisqu'elle y travaille ! Elle est dans le coma. Elle y séjournera trois mois. Les séquelles de l'accident sont terribles : elle a subi plus de vingt interventions chirurgicales et a définitivement perdu son index gauche et son auriculaire droit, qu'il a été nécessaire d'amputer. Mais elle est sauvée.

Comme d'habitude en pareil cas, les pompiers alertent la gendarmerie locale, qui se déplace pour réaliser les constatations et procéder aux auditions. Jean-Luc, émotionnellement encore sous le choc, décrit les circonstances de l'accident. Frédérique ne peut être auditionnée que plusieurs mois plus tard, après avoir recouvré ses esprits. Malheureusement, elle ne se souvient de rien. À défaut d'éléments contraires, l'enquête a conclu à l'accident domestique, sur la base des explications données par Jean-Luc. C'est au moment où il poussait des cartons qu'une fiche électrique se serait insérée dans la prise murale, à l'extrémité opposée des câbles maintenus par son épouse.

Après un tel accident et des séquelles de cette gravité, Jean-Luc, l'aidant, est fatigué. Pendant trois mois, il s'est occupé seul des enfants. Il vient souvent au chevet de son épouse. Il lui offre même un livre : *L'Île des Gauchers*, roman d'Alexandre Jardin[1]. Dans cet archipel du Pacifique Sud ignoré des géographes, l'île des Gauchers abrite en effet une population où les droitiers ne sont plus que l'exception. Jean-Luc ne manque pas d'humour !

Qui plus est, Jean-Luc n'a pas échappé à l'adage rendu célèbre par un ancien président de la République : « Les emmerdes, ça vole toujours en escadrille. » Et des « emmerdes », il en a vécu d'autres. Agent d'assurances, il a été contraint de quitter la compagnie qu'il représentait : « Je me suis séparé de la compagnie, nous ne nous entendions plus. » Mais Jean-Luc, qui n'est pas épargné par la vie, est un battant. Il n'a pas tardé à trouver un nouvel emploi. Représentant de commerce en matériel de bricolage, il se déplace dans tout le Sud-Ouest. Par ailleurs très impliqué dans une association à vocation humanitaire, il voyage souvent en Roumanie. Cela l'aide à se protéger des aléas difficiles de la vie. Il est donc souvent absent du foyer. Il n'est plus le même homme. Avec Frédérique, les relations sont de plus en plus tendues. Le ménage ne résiste pas, le divorce sera prononcé à l'été 1996.

Fin 1995, Frédérique reçoit une convocation d'un médecin-conseil, qui doit procéder à des examens médicaux.

1. Gallimard, 1995.

Stupéfaite, elle apprend alors l'existence d'une assurance-vie, dont elle serait bénéficiaire et dont elle n'avait jamais entendu parler jusque-là. Mais c'est finalement un détail, tant la vie de couple est devenue compliquée. Cependant, elle est prise d'un doute terrifiant. Après quelques nuits blanches, elle franchit le pas et se déplace à la gendarmerie locale, où elle fait part aux militaires de ses inquiétudes. Et si tout cela, les amputations, les greffes sur les bras brûlés, les souffrances indicibles, n'était en fait que le résultat d'un machiavélique scénario ?

Compte tenu de la gravité des soupçons, le procureur de la République saisit la section de recherches de la poursuite des investigations, cette fois-ci sous l'angle criminel.

Lorsque le dossier parvient sur mon bureau, je soupire : « Je n'avais pas besoin de ça, le dossier de Laure va en souffrir ! » Singulièrement, je perçois immédiatement que cette enquête suscite parmi mes camarades plus d'entrain que mon désormais « vieux dossier » traitant du meurtre de Laure. Je ne fais pas la fine bouche. Plus nombreux nous serons et plus rapidement Frédérique connaîtra la vérité ! Nous nous mettons aussitôt à l'ouvrage. Et nous n'étions pas au bout de nos surprises. L'affaire avait en effet quelque chose d'un roman noir.

Par quelques vérifications simples et rapidement menées, il nous fut confirmé que Jean-Luc avait souscrit un contrat d'assurance-vie au nom de sa femme. Ce contrat devait être résilié le 19 février 1995, deux mois et demi après « l'accident » survenu dans le garage. Surtout, nous allions apprendre que Jean-Luc avait précédemment pris une assurance-vie au nom de sa première épouse et qu'il avait touché de l'argent après le décès de celle-ci.

Notre opinion était quasiment faite, mais il nous était impératif de bien ficeler l'affaire. Nous nous doutions en effet que nous aurions fort à faire, lorsque le jour serait venu de poser quelques questions à Jean-Luc. Ces escrocs-assassins sont toujours particulièrement intelligents et habiles. Fignolant le travail classique d'enquête, en même temps que nous avions mis en place les écoutes téléphoniques nécessaires, après l'ouverture d'une information judiciaire pour tentative d'assassinat, nous allions faire d'autres découvertes pour le moins consternantes.

Souvenons-nous de Christine, autrefois soignée à l'hôpital de Perpignan, avant qu'elle ne décède. Nous découvrons que l'accident domestique dont elle fut victime résultait d'une électrocution dans sa baignoire, alors qu'elle prenait son bain. Le sèche-cheveux qu'elle utilisait serait tombé dans l'eau, provoquant un arc électrique ! Vu de cette manière simpliste, c'était effectivement un accident domestique.

Mais, compte tenu du contexte nouveau, il convenait par exemple de s'intéresser à la longueur du fil du sèche-cheveux, ainsi qu'à la distance entre la prise à laquelle il était branché et la surface de l'eau en sa partie la plus proche de la prise. Une visite dans l'appartement où s'était produit le drame qui avait emporté Christine serait donc opportune, plus tard.

Deux épouses. Deux assurances, accompagnées des options les plus chères. Deux accidents. Bizarre ! Une jeune femme décédée et la maman de deux petits garçons, handicapée à vie. Le tableau s'assombrissait vertigineusement.

Restait à s'intéresser à la vocation humanitaire de notre « client ». Nous allions découvrir que le « bon cœur » n'était pas la seule motivation de Jean-Luc pour justifier ses fréquents déplacements en Roumanie. Il y avait en réalité rencontré Svetlana, une magnifique blonde pulpeuse plus jeune que lui. Les deux tourtereaux vivaient un amour caché dans de petits hôtels. Rapidement, la belle vient le retrouver en France. L'épouse légitime serait-elle alors devenue un peu gênante ?

Après quelques semaines d'investigations, il nous sembla, à l'issue d'une rapide réunion des enquêteurs concernés de la section de recherches, qu'il était temps d'aller mener une visite au nouveau domicile de Jean-Luc. Entre-temps, les surveillances téléphoniques nous avaient appris qu'il s'était installé dans un pavillon à Villelongue-de-la-Salanque, dans les Pyrénées-Orientales, et qu'il avait épousé Svetlana. Il nous apparaissait même qu'il y avait urgence, des fois que l'imagination sans limites de Jean-Luc ne lui donne de nouvelles idées, qui pourraient mettre la vie de la jeune Roumaine en danger ! Une date fut donc arrêtée en accord avec le juge d'instruction, pour interpeller Jean-Luc.

Entre-temps nous avions retrouvé, à Perpignan, l'appartement où s'était produit l'accident qui avait coûté la vie à Christine. Il s'était avéré très clairement que nul fil de sèche-cheveux n'était assez long pour entraîner la chute de l'appareil dans la baignoire, sauf à y ajouter une rallonge. La messe nous semblait dite. Et je ne vous cache pas que j'avais hâte de faire connaissance avec ce passionné d'argent et d'électricité !

Plus de deux ans après le drame d'Aussonne, à 6 heures du matin, heure légale pour pénétrer dans les domiciles et y procéder aux perquisitions, nous sommes devant un magnifique pavillon de Villelongue-de-la-Salanque, à quelques encablures de « la grande bleue ». L'aurore printanière est sublime. La poignée d'OPJ que nous sommes reste silencieuse, comme d'habitude en pareilles circonstances. Nous partageons pourtant tous la même excitation ; celle, indescriptible, qui précède les interpellations qui recèlent de tels enjeux.

C'est Jean-Luc qui nous ouvre la porte de son paisible cocon. Nous nous présentons succinctement : « Bonjour monsieur, section de recherches de Toulouse. » Il nous prie très courtoisement d'entrer. Visiblement, Jean-Luc est matinal, il était debout avant notre arrivée. Sa toilette semble faite. Bien apprêté, il est vêtu d'un polo Lacoste rouge et d'un pantalon de survêtement. Ses lunettes à montures rondes lui donnent un petit air d'intello.

Bien qu'en tenue décontractée, cet homme m'apparaît « classe ». Sa petite moustache finement taillée donne toutefois à son visage serein un petit côté malicieux. Il nous conduit à l'étage, où se trouve une grande mezzanine, et nous prie de nous asseoir. Il désigne à cet effet un vaste salon en cuir blanc. « Ma chérie, pourrais-tu servir un café à ces messieurs, s'il te plaît ? » Apparaît alors Svetlana. Elle sort de la salle de bains. C'est une Slave magnifique, son accent est délicieux. Si les circonstances étaient autres, elle me ferait craquer. « La beauté sauvera le monde », disait Dostoïevski. À cet instant, je crains que cette beauté ne suffise pas à sauver Jean-Luc !

Pendant que « madame » prépare le café, « monsieur » s'installe sur un vélo d'appartement placé à proximité et débute son exercice physique. Je n'en crois pas mes yeux !

Notre expérience nous permet de ne pas être décontenancés par cette situation singulière. Au contraire, nous en jouons. Sans qu'un mot soit échangé entre eux, voilà que les quatre OPJ de la SR de Toulouse s'installent dans les confortables canapés pour déguster un café délicieux et surtout, particulièrement bienvenu, après une courte nuit de sommeil.

Après quelques tours de pédales, Jean-Luc nous interrompt : « Messieurs, puis-je connaître les raisons de votre visite ? » Tout de go, je lui réponds : « Oui. C'est pour une affaire criminelle, qui certes n'a pas l'air de vous intéresser fortement. Mais nous allons devoir en parler ! » Sa réponse fuse : « Nous pourrons y venir après le petit-déjeuner si vous voulez. » Classique. Jean-Luc tente de prendre la main sur la situation. Entre-temps, Svetlana nous a servi des viennoiseries chaudes. Un délice mémorable !

Une fois terminée cette scène digne d'une pièce de théâtre, il est temps pour moi de notifier à Jean-Luc son placement en garde à vue pour des faits de tentative d'assassinat – à l'époque, la procédure pénale n'exigeait pas de le faire instantanément, dès l'interpellation effective. Il reste de marbre. Tout au plus puis-je constater la pâleur de son visage. Mais comme je le découvre, j'ignore si tel est son teint habituel.

Une perquisition est pratiquée dans son habitation, en sa présence, comme l'exige le droit. Svetlana est délicatement exfiltrée par deux d'entre nous pour être entendue dans les locaux voisins de la gendarmerie locale. J'imagine, la voyant partir confiante, qu'elle va rapidement tomber de son piédestal ! Quelque temps plus tard, j'apprendrai que la troisième épouse de Jean-Luc avait demandé le divorce. Divorcée, mais saine et sauve !

Notre client adopte, au fur et à mesure que la perquisition se poursuit, des airs moins condescendants. Il est ensuite transféré vers les locaux de la brigade de recherches (BR) de Perpignan, où l'interrogatoire va se poursuivre.

Comme souvent en pareille situation, la première journée de garde à vue se révèle assez pénible. Jean-Luc, empêtré dans des explications vaseuses, repousse l'échéance comme il peut. Mais évidemment, il perd de sa splendeur. Les heures de garde à vue, quarante-huit au maximum pour une affaire de meurtre, épuisent, malgré les temps de repos, les mis en cause comme les enquêteurs. Sauf que ces derniers peuvent généralement se relayer. C'est ce que nous avons prévu de faire.

Peu avant 5 heures du matin, quasiment à la fin de la première nuit d'audition, Jean-Luc se « met à table », comme on dit dans notre jargon. Il explique avec force détails avoir imaginé et exécuté ce scénario machiavélique : la mort programmée de sa propre femme en vue de toucher les indemnités d'assurance.

Ces escroqueries lui ont notamment permis d'ouvrir un commerce florissant sur le littoral. Il a acquis du « métier », puisque la petite maison achetée en 1983 « avec ses économies » a malencontreusement été détruite par un incendie « accidentel », une nuit où Frédérique était de garde à l'hôpital.

Jean-Luc ayant lui-même établi le contrat, l'habitation était fort heureusement « bien assurée » ! Cela devait lui permettre d'acquérir la belle demeure d'Aussonne. Le moment des aveux n'est pas forcément probant, mais il est solennel et surtout unique. C'est le moment où le mis en cause retrouve un zeste d'humanité. Lorsqu'on n'y assiste pas, c'est définitivement « raté » !

À l'issue des quarante-huit heures légales de garde à vue, Jean-Luc est déféré devant le doyen des juges d'instruction de Toulouse, Serge Lemoine, dont j'aurai l'occasion de reparler. Le magistrat le met en examen pour tentative d'assassinat et escroqueries. Nous accompagnons ensuite Jean-Luc à la maison d'arrêt, où il est placé en détention provisoire, jusqu'à son procès devant la cour d'assises de Toulouse, en 1997.

J'assisterai au procès. Jean-Luc ne manifesta aucun regret, même lorsque l'expert, ingénieur en électricité, déclara que Frédérique, qui élevait désormais seule ses deux enfants, avait échappé « par miracle » au piège tendu par son mari, après quatorze années de vie commune.

Les jurés se montrèrent implacables. La « facture » fut salée pour notre machiavélique électricien, qui écopa de vingt-cinq ans de réclusion criminelle. De port altier, il arborait toujours sa petite moustache bien lissée. Une chemise blanche et un blazer complétaient le tableau. Mais « l'artiste » avait désormais de la graine de tueur en série, il aurait même pu devenir un « petit Landru », selon les propres mots de Frédérique, si nous n'étions pas passés par là. Pour le meurtre de Christine, Jean-Luc ne fut jamais condamné. Les faits étaient légalement prescrits !

Il aurait du temps désormais pour méditer en prison sur les énigmes de l'île des Gauchers. J'aperçus au procès la belle Svetlana. Mais, sitôt son témoignage livré à la cour, elle s'éclipsa à jamais. Nous l'avions probablement préservée de sérieuses embûches.

4

LA DERNIÈRE PIZZA

Le printemps transforme la Ville Rose, qui revêt progressivement ses plus beaux atours. Le temps faisant son œuvre, les photographies de toutes ces jeunes filles disparues ou assassinées (Laure, Valérie, Patricia, Corinne...), que je conserve sur des étagères à l'arrière de mon bureau, sont désormais quelque peu poussiéreuses.

Régulièrement, je m'efforce de rencontrer les familles de ces disparues. J'estime qu'elles ont des droits sur nous, enquêteurs. À défaut de connaître les circonstances précises qui ont emporté leur fille, leur sœur, nous avons le devoir de les informer des investigations réalisées. C'est en tout cas ma conception des relations entre directeur d'enquête et familles, partagée par la plupart de mes camarades.

En ce mois de mai 1994, une nouvelle fois, je me déplace au domicile du papa de Laure. J'ai besoin de respirer régulièrement l'environnement de Laure, pour mieux me relancer. Jean-Michel est peu expansif, c'est sa nature. Il souffre en silence. Parfois, il rabroue même son épouse, lorsqu'elle s'aventure à reprocher le manque d'investissement de quelques enquêteurs. Pourtant, c'est sa propre souffrance, ô combien légitime, qui l'a fait sombrer dans le ressentiment. Je ne parviens pas à deviner « s'il y croit encore », s'il a encore l'espoir de « buter un jour le salaud qui a fait ça », comme il me le répète de nouveau. Probablement, ma présence le rassure. C'est en tout cas ce que j'en conclus lorsqu'il entrouvre délicatement la porte de la chambre de Laure, m'invitant à y pénétrer. Délicatement, je franchis le pas. Le silence pesant me donne l'impression de pénétrer dans un cénotaphe. C'est étrange. Les effets de Laure sont toujours là. Et en même temps plane son fantôme. Je fais face, mais nul commentaire ne m'apparaît opportun. Je suis dans le respect du lieu, resté figé depuis maintenant quatre ans.

Puis nous rejoignons le salon, où nous passons de nouveau en revue les éléments d'enquête. Le papa de Laure fait une fixation sur quelques pistes. C'est souvent le cas, dans ces affaires. À défaut d'avoir des idées nouvelles, on se focalise sur des hypothèses parfois invraisemblables, sans doute par crainte du néant. Parfois encore, il s'agit pour l'enquêteur d'exposer les empêchements auxquels il doit faire face. C'est précisément ce que je m'efforce de faire, ce jour-là.

Il arrive en effet que le travail d'investigation réalisé par l'enquêteur plusieurs mois, voire plusieurs années auparavant, revienne à la manière d'un boomerang polluer sa concentration. Ce fut le cas, en ce début du mois de décembre 1995. Un procès d'assises se profilait à l'horizon. Deux individus allaient devoir répondre devant la justice d'un meurtre commis deux ans plus tôt.

De multiples investigations, menées précisément dans le cadre du meurtre de Laure, mais également dans d'autres affaires criminelles, m'avaient évidemment éloigné de ce dossier. Pourtant, ayant dirigé l'enquête, j'allais devoir en rendre compte devant la cour d'assises. Il était donc temps de me replonger dans le dossier, afin de préparer mon témoignage. Encore une fois, Laure attendrait encore un peu !

Le 14 avril 1993, en début d'après-midi, une automobiliste est troublée par la présence d'une personne inanimée en bordure de route à Bragayrac, à quelques dizaines de kilomètres à l'ouest de Toulouse, en direction du département du Gers.

Les gendarmes se déplacent et découvrent le corps d'une femme dans le fossé qui longe cette route secondaire très fréquentée. Leur première impression est que la malheureuse peut avoir été percutée par un véhicule et projetée sur le bas-côté. Le cadavre repose face contre terre. Si aucun indice suspect n'est apparent, il est impossible d'évaluer la face avant. Le procureur de la République est informé.

Dans le doute, il saisit la section de recherches. Je me déplace, accompagné d'un autre enquêteur. Les techniciens en identification criminelle nous rejoignent, suivis du médecin légiste.

Si effectivement le premier examen du cadavre ne permet aucune constatation inquiétante, il en va autrement lorsque nous retournons le corps. La jeune femme a reçu plusieurs coups, au niveau du cou et au thorax, visiblement assénés à l'aide d'une arme blanche tranchante. Je confirme au procureur de la République l'hypothèse criminelle. Un substitut se déplace aussitôt pour superviser le début des investigations, pour confirmer la saisine de la section de recherches ainsi que ma désignation comme directeur d'enquête. À l'issue des constatations réalisées sur place par les TIC, le corps est évacué vers l'institut médico-légal en vue d'y être autopsié. Pendant ce temps, le champ des investigations s'élargit, selon le principe bien connu de l'escargot.

Rosa Alvès était originaire de la province portugaise de Viana do Castillo. Elle avait trouvé un emploi d'aide à domicile auprès d'une octogénaire, Victorine, chez qui elle logeait. Rosa était une femme de 39 ans sans histoire, une discrète employée de maison. Lorsque son corps fut découvert, elle était vêtue d'un tailleur et avait chaussé des bottines. Elle réservait cette tenue à ses rares sorties. Rosa avait-elle été conviée à une soirée ? Avait-elle dîné dans un restaurant ? Avait-elle eu un rendez-vous galant qui aurait mal tourné ?

Rapidement, l'enquête de voisinage menée autour de son domicile nous permettait de faire connaissance avec Hichem, 33 ans, qui avait créé une entreprise de paysagiste. Mais l'affaire n'était pas rentable et n'allait tenir que quelques mois. Hichem fut alors embauché comme jardinier et chauffeur, par Victorine. Autrement dit, Rosa et Hichem étaient voisins et collègues de travail. Par acquit de conscience, je demandai à une équipe d'enquêteurs de rendre visite à Hichem. Un constat singulier était tout de même fait au cours de cette perquisition : Hichem collectionnait des sous-vêtements féminins. En soi, cette pratique ne constitue pas une infraction pénale, d'autant que Hichem, beau trentenaire élancé et hâbleur, prétendait également « collectionner » les conquêtes. Pourquoi pas ? Rien de commun, en tout cas, avec le comportement vertueux de Rosa.

Lorsqu'une information judiciaire fut ouverte, je sollicitai une écoute téléphonique sur la ligne de notre collectionneur de petites culottes. Rapidement, les surveillances allaient permettre de découvrir une autre facette du personnage. Hichem avait de fréquents contacts avec Karim, son cousin. Ce dernier était un homme rangé, du moins en apparence. Karim était marié et père d'une enfant de 3 ans. Bien inséré dans la société, féru d'informatique, il animait un négoce d'import-export d'ordinateurs entre la France et l'Algérie. Bref, les deux cousins semblaient mener une vie quotidienne ordinaire.

Or, rapidement, les conversations entre les deux hommes allaient donner un éclairage nouveau à leurs préoccupations. Hichem ne semblait pas être le « tombeur » qu'il prétendait. Il relatait à son cousin de sérieux problèmes d'impuissance. Et Karim d'ajouter qu'il subissait lui-même ce type de difficulté. Tous deux victimes des mêmes faiblesses, les deux compères disaient avoir interrogé des « mages ». Ils avaient même organisé un voyage éclair vers leur terre d'origine, pour y consulter un marabout.

Rien ne faisait encore de ces deux hommes des suspects, mais leurs obsessions enveloppaient l'affaire d'une atmosphère pour le moins inhabituelle. Je fis part de ces informations à Kouider, le patron. Il me rabroua, prétendant que je faisais fausse route. Alors que Kouider avait l'habitude de tutoyer ses collaborateurs, il me vouvoyait soudainement. C'était chez lui un signe d'irritation. Je n'insistai pas. Je savais que Hichem, qui ne manquait pas d'air, venait régulièrement lui rendre visite. Dans le vase clos du bureau, les deux hommes devaient probablement évoquer leur terre natale, parler du pays.

Loin de moi l'idée que Hichem ait entrepris un travail d'ensorcellement auprès de mon patron. Non. Je pensais en revanche qu'une certaine confiance s'était installée entre les deux hommes. Pourtant, je pressentais que l'avenir finirait par me donner raison.

Les singulières préoccupations des deux cousins troublaient l'équipe d'enquêteurs que j'animais. Nous décidâmes de mettre les bouchées doubles et d'éplucher les comptes bancaires de la victime et des deux hommes prétendument envoûtés. Sur le décompte bancaire de Rosa, un débit nous intrigua. Il était en date du 13 avril 1993, veille de la découverte du corps. Il apparaissait que le bénéficiaire était un restaurant-pizzeria de l'hypercentre de Toulouse.

Pas nécessairement adepte de ce type de plat, il m'apparaissait cependant inévitable de faire honneur à la cuisine italienne dans les meilleurs délais. Je conviai Bruno, mon ami enquêteur, que j'avais tant sollicité pour les vérifications sur l'itinéraire emprunté par Laure le soir de sa disparition, à un dîner réparateur. Il faut savoir récompenser ses troupes… Encore une fois, il ne se fit pas prier ! Et nous voilà attablés au premier étage de la pizzeria *Vesuvio*, en cette soirée du 1er juin 1993. Dans un premier temps, nous ne dévoilâmes rien, ni de nos qualités professionnelles, ni de l'objectif de notre visite. Nous avions besoin d'observer les lieux comme les acteurs.

Devant nos pizzas, nous savions que la journée de travail était loin d'être terminée. La soirée nous permettrait sans aucun doute d'éliminer quelques calories.

Le maître des lieux nous avait fait bonne impression. Nous savions, pour l'avoir préalablement vérifié, qu'il abordait la cinquantaine. Il dirigeait visiblement son établissement en chef d'entreprise dynamique. Nos agapes terminées et l'essentiel de la clientèle ayant quitté le restaurant, le moment nous sembla venu de nous présenter à lui, ès qualités. Il ne fut nullement surpris. Brassant une clientèle fournie, ce n'était sans doute pas la première fois qu'il se faisait aborder nuitamment par des « flics » en quête d'informations !

Nous ne fûmes pas déçus. Le restaurateur comprit immédiatement l'objectif de notre démarche. Il nous proposa de patienter en buvant un café, tandis qu'il chargeait un collaborateur de mener promptement quelques recherches sur le paiement effectué par Rosa, le soir du 13 avril.

Nous n'avions pas encore terminé notre petit noir que le collaborateur était de retour, avec des renseignements de première main ! Il avait édité la copie de la note ainsi que les menus servis, ce qui *de facto* nous donnait le nombre de convives, trois en l'occurrence. Nous disposions même du numéro de la table concernée et du nom de l'employée qui avait servi les repas. Nous restait à présenter un cliché de Rosa, ainsi que les photos des deux cousins, noyées parmi d'autres clichés d'individus de sexe masculin. La serveuse pointa immédiatement son regard sur Hichem et Karim. Bingo !

Après une courte nuit, je débutai ma journée de travail par une entrevue avec Kouider, le patron. J'avais demandé à Bruno de m'accompagner. Il avait partagé avec moi toutes les tâches du dossier. Je tenais à l'associer totalement à la suite, alors que l'enquête commençait à « sentir bon ». Kouider nous reçut en vieux soldat, reconnaissant immédiatement que nous avions fait de grands pas vers le dénouement, mais en soulignant que nous n'avions aucune « bille » prouvant l'implication des deux hommes dans la mort de Rosa. Il avait raison.

Tout au plus savions-nous que l'un d'entre eux collectionnait les culottes, que les deux étaient victimes de faiblesses sexuelles et qu'ils avaient partagé une soirée à la pizzeria *Vesuvio* la veille de la découverte du corps de Rosa. Notre besace lui semblait légère, mais il acquiesça sans sourciller à notre projet d'opération.

À 5 h 45, ce mardi 8 juin 1993, je n'étais pas peu fier de « conduire la troupe » vers les deux objectifs du jour. En OPJ aguerris que nous étions, nous savions les uns et les autres trouver les mots pour détendre l'atmosphère. Je ne perdais cependant pas de vue qu'encore une fois, je n'avais pas droit à l'erreur. Après un dernier briefing, Kouider me prit à part pour un dernier conseil : « Surtout, Daniel, ne leur donne pas l'occasion de nous emmerder. » En langage décodé : « Faites en sorte que les interpellations et perquisitions se passent bien. Que l'on ne nous reproche pas de nous être montrés trop brutaux. » Ma réponse, bien qu'un peu empressée, se voulait rassurante : « Pas de souci, mon colonel, ça va bien se passer. »

Quelques minutes plus tard, nous pénétrions dans l'intimité des domiciles des deux cousins. Les perquisitions débutaient. J'avais choisi de participer à celles menées chez Hichem, le jardinier voisin de Rosa, son « frère », à qui elle avait prêté de l'argent pour le dépanner. Sitôt informé de son placement en garde à vue, Hichem simula un malaise, se vautrant sur le sol, comme inanimé. Aux quelques tapotements appuyés qu'il reçut sur le visage, il réagit fermement, ce qui fut de nature à nous rassurer immédiatement. La perquisition terminée, il fut placé sans ménagement dans notre véhicule. Nous traversâmes Toulouse, toutes sirènes hurlantes en cette heure de pointe, pour rejoindre Saint-Michel et y poursuivre l'interrogatoire.

Je revois encore le faciès de Kouider, qui attendait notre retour dans la cour de la caserne. Hichem, refusant de se lever, fut empoigné par deux solides OPJ. « Heureusement que je t'avais demandé de faire gaffe ! » me reprocha Kouider qui ignorait encore la comédie jouée par notre suspect.

Très rapidement, je fus contraint de développer des trésors de diplomatie pour le convaincre que ses enquêteurs étaient restés fidèles aux principes déontologiques ! Nous nous retrouvâmes ensuite devant un café, pour faire un premier point. Kouider était décontracté, mais déjà très lucide à l'égard de Hichem : « Cet imbécile, il s'est moqué de moi ! » Chacun d'entre nous avait peine à dissimuler un sourire. Il venait de comprendre que le jardinier d'origine algérienne avait utilisé leur terre natale commune pour, peut-être, tenter d'obtenir l'avis du patron de la SR sur les évolutions de l'enquête. Les écoutes téléphoniques nous avaient en effet convaincus que Hichem était passablement agacé de voir les enquêteurs « fouiller dans sa vie privée ».

Il était « blanc comme neige », disait-il, et il se plaignait des « persécutions » des gendarmes. Sans doute s'en était-il ouvert au patron !

Durant les quarante-huit heures de garde à vue, la défense des deux hommes fut pathétique, Hichem ne manquant pas une occasion de simuler des crises d'angoisse et d'interrompre les interrogatoires. J'ai encore aujourd'hui en mémoire la réplique de la juge d'instruction chargée du dossier qui, sans nous avoir prévenus, fit irruption dans le local où était entendu Hichem : « Allons, monsieur, un peu de dignité, relevez-vous. » Allongé à même le sol, Hichem avait encore simulé une crise d'angoisse ! Elle tourna aussitôt les talons pour me délivrer, dans un bureau voisin, l'autorisation de prolonger la garde à vue de vingt-quatre heures. Le cousin, lui, jouait le « gendre idéal » et nous prenait de haut.

Ce n'est qu'après deux jours et deux nuits qu'ils reconnurent avoir supprimé Rosa. Le marabout rencontré lors d'une escapade en Algérie les avait convaincus que, dans leur entourage, une jeune femme les avait « ensorcelés ». Elle aurait été la cause de leurs supposés troubles de l'érection !

Deux ans plus tard, devant la cour d'assises, les sorciers et marabouts s'invitaient au procès. Des voix venues « de l'au-delà » avaient ordonné aux accusés le « sacrifice » de Rosa. Ils l'avaient donc conviée au restaurant pour une « dernière pizza ». La brave fille, trop heureuse de vivre enfin un moment de bonheur, avait payé l'addition. Ensuite, Hichem avait pris le volant, son cousin Karim montant à l'arrière. À Bragayrac, Karim avait poignardé Rosa à plusieurs reprises, avec une rare violence, notamment au niveau du cou. Assise à l'avant, elle n'avait rien vu venir. Ils l'avaient ensuite jetée dans le fossé, avant d'aller dormir. Le lendemain, ils avaient abondamment nettoyé la voiture à l'eau de Javel. Nos techniciens en identification criminelle eurent toutes les peines à retrouver d'infimes traces, après avoir intégralement démonté le véhicule.

Je rendis compte au mieux de la conduite des investigations à l'audience. Me Paul Lombard tenta de me taquiner, sous-entendant habilement de possibles mauvais traitements sur la personne de Hichem durant la garde à vue. Le président de la cour d'assises s'empressa, en guise de réponse, de lire un acte que j'avais rédigé, résumant le comportement provocateur du gardé à vue. Le certificat du médecin légiste, venu visiter Hichem durant l'interrogatoire, y était joint. La réplique de Me Lombard fusa : « Je suis rassuré, monsieur le président, de constater que mon client était en bonne santé. » Fermez le ban !

Me Cohen, l'avocat de la partie civile, tenta de convaincre les jurés de la préméditation, concluant sa plaidoirie en citant Tahar Ben Jelloun : « La mort est une main qui lave sur le visage des femmes les rides de la vie. » Le prétoire était silencieux, figé.

Durant le procès, Karim, prostré, était ailleurs. Hichem finit par murmurer des remords. Sorcellerie, mensonges et lâcheté ne déstabilisèrent pas les jurés. Les deux cousins écopèrent de dix-huit ans de réclusion criminelle. Pas très cher payé à mes yeux ! Cela signifie qu'ils ont aujourd'hui retrouvé une place dans la société, après avoir purgé leur peine. Rosa a été tuée sauvagement à coups de couteau, un soir d'avril 1993. Sa dernière pizza était un traquenard.

L'avocat des proches de Rosa, au cours de l'audience, avait lancé à la cour, en portugais, une magnifique formule qui, paraît-il, se chante au Brésil à l'heure du carnaval : « La tristesse n'a pas de fin, le bonheur oui ! »

Il n'y aura plus de bonheur pour les parents de Rosa, et il y aura une tristesse sans fin pour la famille de Laure. Son assassin court toujours.

5

TOUCH AND GO AU LEVANT

L'enquête relative au viol et au meurtre de Laure Martinet n'avançait pas. Sans compter que nous étions simultanément saisis de multiples affaires criminelles.

Je me souviens aujourd'hui de Corinne Lazzari, disparue le 2 mars 1992, alors qu'elle circulait sur la RN 117 à Labarthe-Inard, quelques dizaines de kilomètres au sud-ouest de Toulouse. Aide-soignante à Muret, elle était allée rendre visite à ses parents, près de Montréjeau. Au crépuscule, alors qu'elle rentrait à son domicile, elle était tombée en panne de carburant. Une jeune femme chez qui elle était venue demander un peu de gasoil avait vu monter Corinne dans une Peugeot qui s'était fondue dans la nuit. Cette panne d'essence allait sceller le sort de Corinne. Elle avait 29 ans.

Je pense également à Patricia Gelis, 29 ans, retrouvée morte dans la Garonne le 6 décembre 1992. Elle avait disparu le 5 octobre précédent, alors que son ex-mari venait lui remettre leur petit garçon de 2 ans. On ne connaîtra probablement jamais la vérité sur les circonstances de sa disparition. Là encore, l'état du corps, qui avait longuement séjourné dans l'eau, ne nous aida guère.

Ces affaires et d'autres mobilisaient toute mon énergie. Les circonstances me semblaient exiger que je prenne un peu de recul.

Le 21 septembre 1993, non sans avoir prévenu le père de Laure, je m'envolai pour le Liban, dans le cadre d'une mission de l'ONU. La descente vers l'aéroport me permit de découvrir Beyrouth, tuméfiée par une quinzaine d'années d'un conflit fratricide, la célèbre place des Martyrs, la bien nommée, ainsi que la zone portuaire, qui a fait la une de l'actualité à la faveur des deux puissantes explosions liées à une accumulation de nitrate d'ammonium. À peine trois années s'étaient écoulées depuis que les accords de Taëf, en Arabie saoudite, avaient mis un terme à quinze années d'un conflit fratricide. Nous étions les premiers membres de la Finul à atterrir à Beyrouth depuis 1983, année du tristement célèbre attentat perpétré contre les parachutistes français à l'hôtel *Drakkar*, qui avait coûté la vie à cinquante-huit d'entre eux. J'ignorais pourquoi, mais j'avais besoin de ce soudain dépaysement.

Un interminable voyage sur des routes cabossées nous amena ensuite, *via* Tyr, jusqu'à notre point de destination. Naqoura, à l'extrême sud du pays, à la frontière avec l'État hébreu, nous tendait les bras. J'étais immédiatement séduit par l'accueil que nous réserva la population.

Dès lors que des forces armées sont envoyées par la France sur des théâtres d'opérations extérieures, des gendarmes les accompagnent systématiquement. Il s'agit de veiller, sur un sol étranger, au respect des règles républicaines par les militaires français. J'étais donc chargé, avec un camarade également officier de police judiciaire, de poursuivre sur le sol libanais les missions de renseignement et de police judiciaire qui nous auraient incombé sur le territoire national. Sans qu'il soit opportun de la détailler, je peux dire que la mission fut exaltante.

Des liens forts, presque fraternels, se tissèrent rapidement avec les Libanais, sans distinction de confessions. Je me souviens de Moufid Youssef, de Ghenimah Al sayed, d'Anna et de Naïda Milidji, tous de confession musulmane, de Rima aussi, la belle employée d'une bijouterie voisine, chrétienne.

Je tentai d'aller aussi souvent qu'il m'était permis au plus profond des territoires, je m'y sentais à l'aise. Il y avait dans ces endroits déshérités quelque chose qui me parlait. Il arrivait alors que mes songes rejoignent mes souvenirs d'enfance, Antonio, le berger, M. et Mme Pène, les instituteurs, Jean, le vétéran de la Grande Guerre, tous ceux qui avaient, les premiers, ouvert mes yeux d'enfant sur le monde, sans oublier les miens, bien entendu.

L'atmosphère était singulière : les chars Merkava de Tsahal sillonnaient le Liban-Sud et les ballets d'hélicoptères ternissaient le ciel de Naqoura. Il n'y avait pas de place pour le doute, nous étions encore en zone de conflit. Comme toutes les guerres, celle-ci avait été sale, faisant cent cinquante mille morts, dix-sept mille disparus et des centaines de milliers d'exilés et de déplacés. Chez les Libanais que je croisais, le silence prévalait sur les ressentiments nés de ce passé violent.

Les langues ne se déliaient que lorsqu'il s'agissait de parler de la France, cette « grande sœur » respectée de tous, sans distinction de confessions. J'avoue qu'à l'heure où montaient les couleurs sur la place d'armes, *La Marseillaise* faisait bouillir le sang dans mes veines comme elle n'a jamais produit cet effet nulle part ailleurs.

À la faveur de mes temps de repos, j'en profitai pour faire quelques escapades en Palestine et en Israël. J'y découvris les terres originelles du christianisme et des sites qui m'entraînaient, grâce à un regard dans le rétroviseur, vers les sites évoqués dans les catéchèses de mon enfance : Bethléem, Nazareth et bien sûr Jérusalem.

À 13 heures, le 28 mars 1994, l'Airbus qui allait me ramener en France venait de décoller. À travers le hublot, j'apercevais encore Beyrouth plongeant dans la Méditerranée et, au second plan, les sommets enneigés du Mont-Liban. Avec cette image, c'était une parcelle de vie, aussi courte fût-elle, que je laissais derrière moi ; des souvenirs, des amis, presque des frères et aussi l'envie de les revoir.

À mon retour en France, la surprise ne fut pas celle que j'escomptais. À l'aéroport, personne pour m'attendre. Volatilisée, l'élue de mon cœur, une jeune femme rencontrée deux ans auparavant, à la faveur d'une enquête criminelle. Elle était l'amie de Patricia Gelis, retrouvée morte dans la Garonne. Elle était venue me rejoindre en Israël, où nous avions partagé quelques jours en amoureux. Elle avait ensuite regagné la France, mais elle n'avait pas eu la patience d'attendre mon retour. Cette contrariété m'ouvrait brutalement les yeux sur les désillusions collatérales auxquelles s'exposent parfois tous ces soldats qui partent loin de chez eux défendre les intérêts de la Nation, au péril de leur vie.

Je ne regrettais rien. Certains choisissent de faire une retraite dans un monastère pour se ressourcer avant de se relancer. Cette mission au Liban allait m'aider, j'en étais sûr, à garder ma clairvoyance au fil des intrigues qui allaient se présenter. J'étais également convaincu qu'elle me servirait à garder mon sang froid, lorsque la meute des commentateurs s'emballerait en refaisant les enquêtes criminelles.

Je crois pouvoir dire que la suite allait me donner raison. J'aime beaucoup cet adage libanais : « La patience aplanit les montagnes. » À croire que le Liban m'a donné un peu de sagesse.

6

QUAND LE PETIT ÉCRAN S'EN MÊLE

Souvenons-nous de Valérie, découverte sous un pneu de tracteur, alors qu'elle n'était âgée que de 16 ans. Je n'avais à ce moment-là que quelques mois de métier à la section de recherches et, souhaitant mieux m'informer sur les disparitions non élucidées de jeunes femmes, j'allais puiser quelques éléments complémentaires dans de vieux articles de presse, notamment un papier évoquant des traces de sang dans la cage d'escalier d'un immeuble résidentiel de Ramonville. De macabres indices découverts par les enquêteurs après la disparition de Martine Escadeillas, une jeune femme de 24 ans, le 8 décembre 1986. Elle avait été agressée, et probablement frappée mortellement, après avoir accompagné son jeune conjoint jusqu'à un arrêt de bus. Mais son corps n'avait pas été retrouvé et l'enquête avait été clôturée par la justice trois ans après, en 1989, faute d'éléments. Cette affaire allait se rappeler à moi de manière tout à fait inattendue.

Un après-midi d'hiver, début janvier 1995, je me replonge, laborieusement après la trêve des confiseurs, dans les dossiers criminels qui s'entassent sur nos bureaux d'enquêteurs du groupe « homicides ». Un « visiteur », qui arpente le couloir, passe la tête par la porte entrebâillée, visiblement à la recherche d'un interlocuteur. M'apercevant, il m'interpelle : « Bonjour, je m'appelle Olivier. Je suis journaliste. Je travaille pour TF1 et je cherche un gyrophare. » Interloqué par l'apostrophe, quelques secondes me sont nécessaires avant de réagir : « Bonjour monsieur. Je ne comprends pas. Si on vous a volé votre gyrophare, il faut déposer plainte, mais vous n'êtes pas à la bonne adresse ! » Néanmoins, devinant un malentendu, j'invite l'intrus à s'avancer, ce qui nous permet de nous tirer de ce dialogue de sourds qui débutait. Et le visiteur de poursuivre : « Non, je vous explique. Je travaille pour TF1. Nous avons un tournage à réaliser dans les environs de Toulouse. Nous voudrions simuler la présence d'un véhicule des forces de l'ordre, mais nous n'avons pas de gyrophare. Nous serait-il possible d'en emprunter un ? On vous le ramène ce soir. » L'homme ne manque pas d'audace ! Je lui propose d'aller solliciter le patron, ce qu'il fait aussitôt. Je retourne à ma tâche, sans vérifier si Olivier, le « chasseur de gyrophare », repart bredouille ou pas.

Vers 19 heures, je perçois des bavardages provenant du couloir où je découvre le chasseur de gyrophare. Une escouade de trois ou quatre individus l'accompagne. M'apercevant, Olivier me remercie chaleureusement. Il a obtenu l'objet tant convoité et a pu procéder au tournage. Comme je me montre curieux et qu'Olivier me semble passionné par l'affaire qu'il couvre, la conversation se poursuit dans la salle de repos de la section de recherches.

C'est ainsi, au hasard d'une rencontre provoquée par un journaliste en quête d'un gyrophare, que je fis connaissance avec cette équipe de TF1. Mais ce fut surtout l'occasion de découvrir son guide d'un jour, René, que j'avais pris pour un pigiste. Il m'expliqua la raison de ce reportage : « Ma femme, Nicole, me dit-il, avait une sœur prénommée Martine, disparue en 1986 à Ramonville.

Elle a probablement été assassinée, mais on n'a jamais retrouvé son corps. C'était il y a neuf ans, déjà ! »

René, comme les reporters qui l'accompagnaient, m'apparut immédiatement sympathique. Je me fis expliquer par le menu les éléments de l'affaire dont ils disposaient. La conversation se poursuivit fort tard, à tel point que nous décidâmes d'aller prolonger ce moment de convivialité autour d'une bonne table. Lorsque nous nous quittâmes, à une heure avancée, cette affaire m'apparaissait digne d'un roman noir.

Parcourant à pied les quelques rues centrales de Toulouse qui me séparaient de mon domicile, mon pas se fit progressivement plus lourd. Certes, une émission de télévision allait évoquer les faits. J'avais compris la motivation des journalistes. Mais comment faire rouvrir ce dossier par la justice ? C'était une autre paire de manches. Martine Escadeillas allait, pour la première fois, me priver de sommeil cette nuit-là. À l'image de Laure, elle devait me faire connaître bien d'autres nuits blanches.

Au début des années 1990, deux émissions prennent progressivement une place significative dans le microcosme médiatique : *Perdu de vue* et *Témoin n° 1*. Dans la première, on est dans l'émotion, pas dans le judiciaire, encore moins dans le criminel. La seconde, également diffusée en prime time, a pour vocation d'aider les services d'enquête à résoudre des affaires criminelles, en lançant des appels à témoins en direct, avec l'accord préalable des enquêteurs, des magistrats et surtout des familles. Chaque dossier traité à l'antenne a donné lieu, préalablement, à une reconstitution des faits en images, ainsi qu'à une véritable enquête parallèle menée par des journalistes. Les éventuels témoins appellent le standard téléphonique de l'émission, sans passer à l'antenne. Les éléments ainsi obtenus sont ensuite consignés par les journalistes, puis transmis au service d'enquête.

Le reality-show s'empare du petit écran. Nous, enquêteurs, n'en sommes pas dupes. Mais *Témoin n° 1* a, vu sous le prisme de l'enquête judiciaire, un intérêt certain. D'autant que les producteurs et animateurs, Jacques Pradel et Patrick Meney, sont tenus au secret de l'enquête ainsi qu'au respect de la présomption d'innocence. Et ils s'imposent scrupuleusement ces contraintes.

Pour René, l'occasion est trop belle de tenter par ce moyen de susciter des témoignages, après la disparition inexpliquée de sa belle-sœur, en espérant provoquer l'ouverture d'une nouvelle enquête judiciaire.

À la tête d'une exploitation agricole florissante, René avait donc quitté seul sa propriété pour « monter à Paris », armé de son seul culot et de la rage qui le portait de connaître un jour le responsable de la disparition de sa belle-sœur, ainsi que le sort que celui-ci avait réservé à la malheureuse.

C'était Martine

Martine est née dans un petit village situé dans le canton de Rieumes, au sud-ouest de Toulouse. En 1986, elle est âgée de 24 ans. À l'heure où j'écris ces lignes, elle aurait donc 62 ans. Nous avions le même âge, à un jour près. C'est un petit bout de femme. Elle pèse 50 kg, et mesure 1 m 60. Elle est sérieuse dans sa vie personnelle, comme dans son travail de secrétaire-comptable, métier qu'elle exerce au sein d'une société spécialisée dans la construction de maisons individuelles.

Son père, âgé de 72 ans au moment de sa disparition, a été maire de la commune. Sa maman est âgée de 68 ans, en 1986. Tous deux décéderont sans connaître la vérité sur le destin de leur fille.

Martine vit à Ramonville, à proximité immédiate de Toulouse, avec son conjoint Thierry, chauffeur-livreur. Selon leurs proches, ils sont particulièrement épris l'un de l'autre. Martine envisage le mariage et la maternité. Son conjoint semble moins pressé. Amateur de football, il partage ce sport avec ses amis, au premier rang desquels Joël, dont il est très proche. Ils partagent aussi la passion de la mécanique. Bref, un couple *a priori* sans histoire. Martine et Thierry se préparent sereinement à une vie heureuse.

Martine est méticuleuse, n'aimant pas renvoyer au lendemain ce qu'elle peut faire le jour même. En ce début décembre 1986, elle a déjà fait l'essentiel de ses achats de Noël. Le cadeau que le père Noël doit remettre à Pascal, son petit neveu âgé de 6 ans, fils de Nicole et René, est déjà emballé. C'est un jeu de société, le célèbre *Docteur Maboul.* Dissimulé dans un placard de l'appartement de Ramonville, *Docteur Maboul* attend donc sagement encore quelques semaines, avant d'être livré à son destinataire.

Le 8 décembre, Martine doit reprendre le travail, après une semaine d'interruption motivée par des irritations de la peau, une sorte d'urticaire, selon le médecin de famille. La voiture de Thierry étant en panne, elle doit conduire son conjoint jusqu'au premier arrêt de bus, afin qu'il se rende à son travail. À 7 h 40, la petite Renault 5 blanche quitte le parking situé à l'arrière de la résidence, pour aller déposer Thierry à quelques centaines de mètres, puis la jeune femme rebrousse chemin, pour garer de nouveau sa voiture à l'endroit habituel.

Martine prend son petit-déjeuner, sans oublier de nettoyer la table de la cuisine. Très organisée, elle a pour habitude de se doucher pendant que Thierry avale sa tartine de pain beurré et son café. Ne lui reste donc plus qu'à se maquiller. Elle enfile autour de son cou son collier de perles auquel elle tient tant. Ses bas noirs à motifs et sa longue jupe noire chutant jusqu'à mi-mollet feront l'affaire, en ce jour de reprise. Le temps étant très humide, elle protège son cou de son foulard vert et blanc, avant de revêtir son manteau à losanges gris et blancs. Une fois chaussés ses escarpins noirs en daim, elle est prête, très élégante, comme toujours. Elle s'empare de son tube de Dermophil indien, qu'elle glisse systématiquement dans une poche. Ne lui reste plus qu'à verrouiller à double tour la porte d'entrée de l'appartement, avant de filer au travail. Il est 8 h 30. Martine devrait arriver à l'heure.

En début d'après-midi, Nicole tente de joindre sa sœur sur son lieu d'emploi. On lui répond qu'elle ne s'y est pas présentée. Ses collègues ne s'en sont pas inquiétés immédiatement. Dans la matinée, ils ont tout de même averti les parents de Martine, pensant qu'elle poursuit un nouvel arrêt pour maladie à leur domicile. Plagnole, son village natal, est son refuge lorsqu'elle est fatiguée. Très vite, l'ensemble de la famille est avisé que la jeune femme n'a pas repris son poste, contrairement à ce qui était prévu.

Vers 15 h 30, Simone, une autre sœur de la jeune secrétaire, décide de se rendre à Ramonville. Arrivée devant la grille verrouillée, qui interdit tout accès à la cour intérieure de la résidence, elle aperçoit la Renault 5 blanche garée à l'endroit habituel.

Accédant au bâtiment par l'entrée située côté rue, elle grimpe à toute vitesse jusqu'au troisième étage, ne s'apercevant même pas que les interrupteurs sont tachés de sang. La porte de l'appartement est verrouillée. Cherchant à examiner la voiture de Martine, elle croise une femme de ménage, à qui elle demande par où elle peut passer. Celle-ci se montre agacée. Elle se dit débordée de travail, occupée qu'elle est à nettoyer d'importantes flaques de sang, notamment en bas de la cage d'escalier. Simone panique. Elle imagine le pire. Au rez-de-chaussée, un bar anime le quartier. Le gérant de l'établissement, qui aperçoit Simone en pleurs, lui propose de la conduire à la gendarmerie.

Lorsque les deux premiers officiers de police judiciaire de la brigade de gendarmerie locale arrivent sur place, la nuit est tombée sur les lieux du drame. Ils s'éclairent à l'aide de lampes torches. Ils n'en croient pas leurs yeux. Au sous-sol, une grande flaque de sang s'étale dans un recoin, sous l'escalier. L'un des murs de ce réduit est également maculé de sang ainsi que le plafond, où apparaissent des taches rougeâtres visiblement projetées. Sur le sol bétonné gisent un tube de Dermophil indien et quelques perles arrachées d'un collier, ainsi qu'une dynamo de vélo. Curieusement, l'éclairage du sous-sol ne fonctionne plus. Poursuivant leur progression dans la zone où sont alignées les caves, de part et d'autre d'un long couloir, ils font de nouvelles découvertes : des traces de sang et des cheveux sur des portes.

Dans la cave n° 14, celle attribuée au logement de Martine et Thierry, à peu près au milieu du couloir, sur la gauche en venant de l'entrée, une autre flaque de sang complète ce tableau macabre.

Côté cour, des taches de sang sont alignées sous la terrasse du bar *Le Santa-Fé*, comme si Martine, passablement ensanglantée, avait été évacuée vers un véhicule qui l'attendait à cet endroit.

Les deux représentants de la maréchaussée sont immédiatement incommodés par des odeurs désagréables : celle du grésil, au sous-sol, et une odeur plus irritante, au fur et à mesure qu'ils progressent vers les étages, la même que celle diffusée par leurs conteneurs lacrymogènes de dotation. Étrange atmosphère s'il en est. Mais Martine reste introuvable. Et les habitants de la résidence se font discrets en cette soirée hivernale pluvieuse.

Les deux gendarmes croisent toutefois l'occupante de l'appartement situé à la verticale de celui de la victime, à l'étage supérieur. Apostrophée par les enquêteurs, elle affirme n'avoir « rien vu, ni rien entendu » et avoir passé la journée à recevoir des patients, dans son cabinet. Elle est en effet médecin généraliste. Aussitôt qu'ils ont tourné les talons, ils perçoivent quelques notes de piano à travers la porte. « Quand la musique arrive, le mal n'attend pas ! » disait le maréchal marocain Mohamed Méziane. Les gendarmes poursuivent donc leur porte à porte effréné.

Seule une vieille dame, qui réside au même étage que Martine, a le courage de dire aux enquêteurs qu'elle a entendu des « cris horribles, le matin, vers 9 heures ». Handicapée, elle n'a pas pu intervenir. Croisant la femme de ménage en début d'après-midi, elle a tenté de la dissuader de nettoyer les traces de sang, lui conseillant même d'appeler les gendarmes. En vain. Sa sagesse n'a pas été assez persuasive ! « Tiens, se disent les militaires, la médecin n'a rien entendu ? Surprenant ! »

La première moisson de renseignements, recueillie à chaud, est donc bien maigre pour les premiers intervenants, qui sont rapidement renforcés par des militaires de la brigade des recherches, puis de la section de recherches de Toulouse. Un substitut du procureur de la République ainsi que deux médecins légistes complètent le dispositif.

D'autres membres de la famille de Martine et de Thierry, de nombreux amis du jeune couple ainsi que des journalistes de la presse écrite locale viennent se greffer aux

« officiels ». Cela fait beaucoup de monde, pour garantir des opérations de police technique et scientifique rigoureuses !

Malheureusement, les critères de prise en compte des scènes criminelles ne répondent pas encore aux standards actuels. Malgré tout, j'aurais l'occasion de m'apercevoir quelques années plus tard que mes prédécesseurs avaient accompli du bon travail dans l'ensemble. Ils avaient, notamment, figé sur des clichés photographiques des éléments qui allaient s'avérer déterminants pour la suite de l'enquête.

Le père Noël ne fut pas en mesure, cette année-là, d'apporter à Pascal, le petit neveu chéri de Martine, le cadeau qu'elle lui avait réservé.

Le Docteur Maboul *au cœur de l'enquête*

De la même manière que Jean-Michel Martinet, le papa de Laure, a conservé intacts quelques souvenirs dans la chambre de sa fille, la famille de Martine Escadeillas a gardé précieusement dans son emballage d'origine, tel un talisman, le jeu de société *Docteur Maboul*. Il devient en l'espèce une manière de prolonger la mémoire de Martine. Ses proches ne disposent, trente-huit ans après sa disparition, d'aucune sépulture, d'aucun lieu de mémoire où aller se recueillir. L'enquête a cependant assez rapidement démontré que la jeune femme n'est plus de ce monde.

Le 8 décembre 1986, le travail des gendarmes se poursuit très tardivement. La soirée est essentiellement consacrée aux opérations de constatation. Dès le lendemain matin, ils peuvent formaliser les rares témoignages qui leur sont parvenus depuis ces « cris horribles » perçus par la vieille dame qui occupe l'appartement jouxtant celui de Martine, entre 8 h 30 et 9 heures.

La femme de ménage, horrifiée par la scène vécue la veille, est invitée à préciser ce qu'elle a vu en accomplissant sa tâche. Silène, tel était son prénom, avait tenté de tout nettoyer plutôt que de faire appel à la gendarmerie. L'état des lieux découvert par les enquêteurs à leur arrivée sur place n'était donc pas celui laissé par l'auteur. La scène de crime avait été modifiée, comme on dirait aujourd'hui.

En fait, Silène est très consciencieuse. Lorsqu'elle arrive, ce lundi 8 décembre 1986 vers 13 h 30 au 12 avenue Tolosane, à Ramonville, comme elle le fait trois fois par semaine, elle comprend immédiatement que quelque chose d'anormal s'est déroulé dans cette cage d'escalier qu'elle est chargée d'entretenir. Elle appelle donc le cabinet qui l'emploie et rend compte de ce qu'elle voit. Hélas, il lui est demandé de poursuivre sa tâche. En employée modèle, elle s'exécute. Heureusement, Silène est dotée d'un excellent sens de l'observation. Elle sera donc en mesure de restituer aux enquêteurs ce qui a été modifié, ainsi que ce qui ne l'a pas été. Elle signale, notamment, avoir trouvé du sang à la verticale du robinet d'arrivée d'eau situé dans le local à poubelles. Quelqu'un y avait donc lavé ses mains ensanglantées !

« On voit de tout dans les résidences que nous nettoyons, du vomi, parfois du sang, et puis j'avais rencontré quelques personnes de l'immeuble et personne n'avait rien dit », tel fut l'aveu stupéfiant de la femme de ménage le lendemain des faits. Terrible, parce qu'il confirmait le passage de plusieurs personnes dans la résidence depuis l'arrivée de Silène à 13 h 30, *a fortiori* d'autres encore avaient constaté la présence de sang depuis 8 h 30 le matin. Or, personne n'avait jugé opportun d'alerter les forces de l'ordre ! Au moins Silène avait-elle averti son employeur !

Le témoignage de la femme de ménage était très important, mais elle n'avait rien vu de l'agression, puisqu'elle était arrivée six heures après les faits.

À ce stade de l'enquête, plus de vingt-quatre heures après que Martine s'est volatilisée, aucun témoin visuel des faits ne s'est manifesté. Alors, les gendarmes reprennent l'enquête de voisinage à zéro. Ils établissent un croquis de la résidence, étage par étage, pour situer chacun des occupants. Ils sont têtus ces gendarmes ! Il n'était pas encore 9 heures quand Martine a été agressée. Tous les résidents n'étaient pas encore partis travailler. Il n'est pas possible que personne n'ait rien vu.

Commençant par les appartements du rez-de-chaussée, au plus près de ce qui apparaissait déjà comme l'épicentre de la scène criminelle, ils sonnent à toutes les portes et entendent tous les habitants, un à un.

Les questions se font pressantes : « Depuis quand résidez-vous ici ? Quelle est votre profession ? À quelle heure êtes-vous parti au travail le 8 décembre ? Avez-vous pris l'ascenseur ou emprunté les escaliers ? Avez-vous traversé le sous-sol ? La lumière était-elle allumée ? Avez-vous croisé quelqu'un ? Pouvez-vous en donner la description ? Avez-vous le souvenir d'une odeur particulière ? La grille d'accès à la cour intérieure était-elle fermée, verrouillée ? Avez-vous aperçu quelqu'un devant l'immeuble, côté rue ? » Et à ces questionnements s'ajoutent d'autres interrogations, induites par les réponses des témoins.

À l'issue des investigations menées au rez-de-chaussée, les résultats sont peu encourageants. Une podologue, qui a installé son cabinet à cet endroit, est bien arrivée vers 9 heures, mais elle n'a rien vu, ni le sang sur les interrupteurs, ni celui souillant les marches de l'escalier, entre le sous-sol et son office. Elle n'a rien senti non plus. À croire qu'elle était enfermée dans une vraie bulle stérile, ce matin-là !

Les enquêteurs poursuivent leurs investigations, tant pis si cela doit durer une semaine. Au deuxième étage, appartement n° 8, ils font la connaissance de Gisèle, une jeune inspectrice de police qui termine sa formation. Elle est en stage à l'hôtel de police de Toulouse, avant de rejoindre sa première affectation en région parisienne. Il lui est bien arrivé que l'on vienne sonner chez elle, à des heures improbables. Mais le jour des faits, elle avait filé de très bonne heure au commissariat. Elle ne pouvait donc guère aider les enquêteurs. À ne pas perdre de vue, en tout cas, cette présence « amie » dans la résidence.

Quarante-huit heures après la disparition de Martine, les gendarmes n'ont pas encore pu revoir la médecin qui demeure au-dessus du logement de Thierry et Martine. Ils ne sont guère impatients, puisqu'elle n'a rien vu. En ce 10 décembre 1986, peut-être auront-ils enfin une chance de la rencontrer ? C'est mercredi, les enfants ne vont pas à l'école ; peut-être va-t-elle rester chez elle, pour s'occuper d'eux ?

Lorsque la porte de l'appartement n° 19 s'ouvre, au dernier étage de l'immeuble, c'est bien Élise qui les reçoit. Le mercredi, elle n'accueille pas sa patientèle, se consacrant à sa famille. Les deux militaires installent leur « batteuse », surnom donné à cette machine à écrire manuelle qui nous permettait d'entendre directement les témoins, quel que soit le lieu. Elle était rustique, mais moins lourde que celles utilisées dans nos bureaux.

C'est la table du salon qui leur est désignée pour servir de support. Élise semble quelque peu stressée. Il est encore tôt. Sans doute craint-elle que les crépitements de la vieille Olympia ne réveillent prématurément ses jeunes enfants.

Après avoir recueilli son identité complète, les enquêteurs lancent l'échange et retranscrivent les premiers propos du témoin : « Le lundi 8 décembre 1986, vers 8 h 30, alors que je me trouvais à mon domicile, j'ai entendu des cris, très nettement. » Les deux enquêteurs, qui ont du métier, ont du mal à dissimuler leur sidération. Voilà que cette femme, qui n'avait rien vu, rien entendu, quarante-huit heures plus tôt, débute une narration digne d'un roman policier, le bien nommé.

Ils la laissent poursuivre : « Je suis sortie de l'appartement et je me suis penchée par-dessus la rampe de l'escalier, pour voir ce qu'il se passait. La lumière de la cage d'escalier était éteinte, mais grâce au puits de jour situé au plafond, j'ai vu, au niveau du troisième étage, un homme accroupi et, au-dessous de lui, des jambes qui dépassaient. C'étaient les jambes d'une femme car elles étaient vêtues de collants noirs. »

Sans état d'âme apparent, elle précise : « La fille criait ceci d'une voix pâteuse : "Je savais que vous étiez de la police." À ce moment-là, mon fils aîné, curieux, est venu me rejoindre.

Il s'est immédiatement mis à tousser. Je l'ai raccompagné dans sa chambre. Puis je suis retournée sur le palier. Je ne voyais plus rien, mais j'entendais la fille qui disait : "Attendez-moi, attendez-moi !"

— Qu'avez-vous fait ensuite ? interroge l'un des enquêteurs.

— J'ai fini de préparer les enfants pour les amener à l'école et nous sommes partis. Nous avons pris l'ascenseur et, au rez-de-chaussée, nous sommes sortis côté rue [...]. À ce moment-là, la pédicure est arrivée.

— Pouvez-vous décrire l'homme que vous avez donc vu de dos ?

— Cet homme présentait une calvitie centrale, mais ses cheveux étaient mi-longs. Il m'a paru petit et pas très costaud, je lui donne environ 45 à 50 ans.

— Pourquoi votre fils a-t-il toussé lorsqu'il vous a retrouvée sur le palier ?

— C'est à cause de l'odeur, une odeur un peu aigre, comme celle du vinaigre, qui irritait la gorge.

— Pourquoi n'avoir pas alerté quelqu'un ?

— Je pensais qu'il s'agissait d'une dispute de couple ou d'une crise de nerfs de la part de la femme. »

Interloqués, les gendarmes mettent fin à l'audition. Il est urgent d'alerter leurs collègues sur la tournure nouvelle que prend l'enquête. Après avoir pris congé d'Élise, l'un d'eux grommelle, en descendant les escaliers : « Une doctoresse, qui raconte une scène pareille, en imaginant que c'est la fille qui en est responsable ! Mais le viol ou le meurtre, ça ne lui traverse pas l'esprit ? Et quand bien même il y aurait confusion, elle n'a pas l'impression d'être dans une situation de non-assistance à personne en danger, ce toubib ? »

Et le deuxième de répondre : « Si elle élabore les diagnostics comme elle a perçu le drame, je ne suis pas près d'aller consulter chez elle ! Bon, maintenant, c'est un flic que nous devons rechercher ! Décidément, c'est "Docteur Maboul et le flic", cette affaire ! »

Quarante-huit heures se sont déjà écoulées, depuis que Martine a disparu. À peine deux jours d'enquête et une piste pour le moins singulière apparaît déjà ! Une réunion s'impose à la gendarmerie de Ramonville. Elle sera dirigée par un officier de police judiciaire de la section de recherches de Toulouse, mais l'adjudant-chef qui commande la brigade locale implique tous ses collaborateurs. Cet homme a du cœur et Martine pourrait être sa fille, il en fait donc une affaire personnelle. Tout est passé au crible, analysé dans les moindres détails : la situation générale des lieux, la scène de crime, les témoignages déjà obtenus et les hypothèses de travail.

L'hélicoptère est mis à contribution pour réaliser des clichés en troisième dimension. Les enquêteurs figent le site pour l'éternité sur les pellicules de leurs appareils photographiques argentiques. L'album photo qu'ils réalisent restitue le décor général du drame. Aujourd'hui, il nous apparaît très vintage : la couleur orange domine, des Citroën Diane et 2 CV se mêlent aux Renault 12 et Peugeot 304.

Sur le parking arrière de la résidence, on distingue la Renault 5 blanche de Martine, à côté d'une Renault 4L et d'une Renault 16. C'était l'époque des 4L et des Deuche tandis que la Renault 5, à la mode, emballait les jeunes.

Les enquêteurs évoquent ensuite le logement de la victime. D'immenses plantes vertes décorent le vestibule, c'est un peu de campagne à la ville. Avant de partir au travail, Martine n'a pas eu le temps de ranger la planche à repasser, dont une partie est humide : après le drame, l'un des premiers visiteurs a renversé par mégarde le fer à repasser, dont le réservoir d'eau s'est vidé. Dans le salon, le volumineux téléviseur occupe une place disproportionnée. Il est massif, mais désormais égayé par la couleur. Dans l'évier de la cuisine, Martine a déposé son bol. Les gants de protection en caoutchouc sont délicatement posés sur le rebord. La nappe blanche à motifs rouges couvrant la table est impeccable.

Aucun indice ne laisse penser qu'une lutte a pu avoir lieu dans le logement. En somme, cet appartement ne parle pas aux enquêteurs, sauf pour restituer la vie rangée de Martine.

En revanche, cette première réunion des enquêteurs fait apparaître des éléments qui, à défaut d'être déterminants, se révèlent incontournables. Les deux premiers intervenants de la gendarmerie dessinent un scénario criminel : « Il y a eu utilisation de gaz lacrymogène au troisième étage. Ensuite, il y a eu des coups violents en bas de l'escalier. Puis l'auteur peut avoir pris le temps de neutraliser l'éclairage du sous-sol, de manière à être certain que Martine, passablement ensanglantée, ne soit pas visible dans le recoin où elle avait été déposée. Ensuite, l'agresseur transporte Martine dans sa cave, ce qui lui permet d'aller chercher un véhicule pour évacuer le corps. »

Ainsi imaginé, le cheminement criminel reste cohérent avec la piste d'une dispute qui aurait mal tourné. La thèse avancée par la doctoresse en médecine qui, de son perchoir du quatrième étage, assiste impassible à l'agression reste donc d'actualité. Souvenons-nous, elle parlait de « dispute de couple ». En revanche, cette perspective perd tout son sens, lorsque la doctoresse affirme que Martine s'adresse à un « policier » : « Je savais que vous étiez de la police » ou « Je savais que vous n'étiez pas de la police. »

Quelques jours après les faits, les enquêteurs disposent donc d'une ébauche de scénario et de deux certitudes : l'auteur a un rapport avec la police et il connaît vraisemblablement les lieux, puisqu'il dépose Martine dans sa cave, pendant qu'il va chercher un moyen de transport ! Les gendarmes sont confiants. Toutes les situations criminelles n'offrent pas d'emblée des perspectives aussi encourageantes.

Ne leur reste qu'à chercher un flic, policier, gendarme, policier municipal ou, pourquoi pas, agent de sécurité, qui serait âgé de 40 à 50 ans et présenterait une calvitie prononcée, conformément à la description qui est faite de l'agresseur par un témoin au-dessus de tout soupçon, pensent-ils, puisque médecin de son état.

« Cette enquête ne devrait pas faire un pli », telle est la conclusion qui prévaut à l'issue de cette première réunion de travail.

« Le tango a dû être inventé par un indécis[1] »

« Le 24 décembre 1986 à 14 heures 30, Monsieur Laflaquière, substitut du procureur de la République de Toulouse, nous donne connaissance des résultats de l'analyse des traces de sang prélevées sur les lieux de la disparition. Il s'avère que tous les prélèvements appartiennent au même groupe sanguin "A, rhésus positif" et que le sang découvert dans la cave peut correspondre à celui d'une personne décédée. » Telles sont les premières phrases de la conclusion du procès-verbal de synthèse rédigé par le directeur d'enquête en cette veille de Noël 1986. Cet officier de police judiciaire poursuit : « Ce magistrat nous ayant fait savoir qu'il requérait l'ouverture d'une information judiciaire, nous clôturons aussitôt notre procédure en l'état. » Ce jargon typiquement procédural signifiait en réalité trois choses. Tout d'abord, que les connaissances scientifiques de l'époque ne permettaient guère d'aller au-delà de la comparaison des groupes sanguins. Ici, on apprend que le sang retrouvé à Ramonville est de groupe A+, ce qui correspondait effectivement aux caractéristiques figurant sur la « carte de groupe sanguin » saisie par les enquêteurs

1. Chanson de Félix Leclerc, extrait de « Le Calepin d'un flâneur ».

dans l'appartement de Martine. Cet aperçu en dit long sur le chemin parcouru depuis par la science. On n'était pas en mesure à l'époque d'extraire « l'ADN » de la victime.

Ensuite, l'enquêteur affirme en quelque sorte que le sang accumulé sur le sol de la cave de Martine pourrait s'être écoulé d'un cadavre. Martine était-elle donc déjà morte à ce moment-là ? Enfin, le magistrat du parquet tire des conséquences de ces affirmations : il y a toutes les raisons de penser que le sang retrouvé sur les lieux du crime est bien celui de Martine et qu'elle est décédée. Cela lui permet d'envisager l'ouverture d'une information confiée à un juge d'instruction pour « homicide volontaire » ou « assassinat » – meurtre ayant comme circonstance aggravante la préméditation.

Nous ne sommes pas forcément tous des spécialistes du langage judiciaire. Cependant, chacun comprendra aisément que les mots utilisés à l'époque par le magistrat apparaissent aujourd'hui archaïques. Ce respectable serviteur de la justice n'y est pour rien. Ce sont trois décennies d'évolution des connaissances techniques qui démodent son expression ; il déroulait en Deuche le jargon scientifique de l'époque, là où aujourd'hui sur des sujets identiques, on utilise une Ferrari.

Quoi qu'il en soit, à compter de ce jour-là, Martine n'est plus une disparue mais la victime d'un assassinat.

Dans la famille, un homme se démène autant qu'il le peut pour encourager les enquêteurs, allant parfois jusqu'à les presser d'agir. Il faut que les gendarmes sachent que la famille ne lâchera pas l'affaire tant que n'aura pas été retrouvée Martine, et son assassin identifié. Cet homme, c'est René, le beau-frère de la victime. Sept ans les séparaient. Il considérait Martine non seulement comme sa belle-sœur, mais aussi comme une petite sœur. Durant les trois premières semaines d'enquête, il se montre omniprésent, apportant aux gendarmes toutes les informations qu'il peut glaner ici ou là. Hélas, il s'avère que ce sont souvent des ragots.

N'importe, il souhaite que tout soit vérifié : les renseignements issus des nombreux voyants de toute nature qui relancent quotidiennement la famille, comme ceux émanant d'appels souvent anonymes destinés à des élus ou organes de presse. Le 18 décembre 1986, une femme appelle à plusieurs reprises la station Sud Radio, ainsi que le maire d'une commune importante de l'agglomération toulousaine. Un membre humain serait abandonné dans un sac poubelle, devant le grand centre commercial de la commune.

Les gendarmes, transformés en éboueurs, fouillent les conteneurs poubelles un à un, sans succès. Les radiesthésistes les font cavaler pleins gaz, de vérification en perquisition, à bord de leurs 4L. Quand il le peut, René les accompagne. Il a besoin de savoir d'où provient cette rôdeuse odeur de mort qui a frappé sa « petite sœur » ! Nous verrons qu'il ne lâchera jamais prise…

Les gendarmes cherchaient un flic présentant une calvitie, qui aurait pu être en contact avec Martine. Ils n'allaient pas tarder à en trouver un.

Alain V. est représentant de commerce en matériaux de couverture pour les toitures. Le 11 décembre 1986, il rejoint son domicile pour la pause déjeuner, lorsque la propriétaire du petit appartement qu'il habite lui apprend que les gendarmes le cherchent. Qu'à cela ne tienne, son repas de mi-journée attendra. Il se présente à la brigade de gendarmerie locale, où il attend patiemment l'arrivée des enquêteurs toulousains chargés du dossier de Martine. Alain V. n'est pas inquiet. Étant lui-même ancien policier, l'échange à venir avec les enquêteurs de la gendarmerie ne l'angoisse pas, même s'il se demande bien pourquoi il est sollicité. D'allure bonhomme, à peine âgé de 36 ans, sa calvitie précoce le vieillit un peu. Il paraît même être bien installé dans la quarantaine. Quoi qu'il en soit, il est à mille lieues d'imaginer que son passé « en bleu » va le rattraper incessamment.

Dès 13 heures, il est placé en garde à vue par les gendarmes. On lui explique que c'est dans le cadre de l'assassinat dont a vraisemblablement été victime Martine Escadeillas. L'ancien policier n'en croit pas ses oreilles. Outre son passé de flic et sa calvitie prononcée, d'autres éléments vont le desservir.

Alain V. est l'un des amis du directeur de la société qui emploie Martine. Il a donc eu l'occasion de faire connaissance avec la jeune femme, au cours d'une soirée. Ce sont les gendarmes qui lui apprennent qu'elle a disparu. Il a beau expliquer que le jour des faits, il est arrivé à son travail entre 8 h 30 et 8 h 40, précisément au moment où le crime était commis, il comprend désormais qu'il est dans le viseur des enquêteurs. Il reste toutefois raisonnablement serein. Sa compagne, chez qui il a passé la nuit à Montauban, confirmera qu'il l'a quittée vers 8 heures. Il est donc matériellement quasi impossible qu'il se soit trouvé à Ramonville au moment où les cris de Martine ont été entendus. Pour tenter de se tirer de ce mauvais pas, il détaille inlassablement son emploi du temps pour la journée du 8 décembre.

Lorsqu'il a quitté la police nationale pour se rapprocher de sa famille après cinq ans de service, c'est un peu une deuxième famille qu'Alain V. a quittée. Son père était fonctionnaire au ministère de l'Intérieur et son frère est également policier. Il a en outre gardé des contacts étroits avec des personnels de l'institution.

Mais aujourd'hui, il se trouve mis en cause dans une terrible affaire d'assassinat, parce qu'il ressemble en tous points à l'homme qui, si l'on en croit le témoignage d'une médecin, a agressé Martine quelques jours plus tôt. Il s'échine pourtant à expliquer aux gendarmes que sa calvitie, sa carrure de rugbyman et son ancienne profession ne font pas de lui un assassin ! Rien ne semble les convaincre, mais il campe fermement sur sa vérité.

Sa situation se complique davantage, lorsque les gendarmes entreprennent de perquisitionner sa voiture, encore une Renault 5 ! Ils y découvrent le roman de Michel Lebrun, intitulé *Caveau de famille – Un crime parfait, parfaitement impuni.* Il a beau assurer qu'il aime les romans policiers, voilà qui n'est pas de nature à détendre l'atmosphère.

L'homme est définitivement déstabilisé lorsque les enquêteurs mettent la main sur une mallette dissimulée sous un siège. Elle contient trente billets de 200 francs. Cette détention n'est pas interdite par la loi. Sauf que les gendarmes déterminent immédiatement qu'il s'agit de fausses coupures. Voilà qui change tout ! Les faux billets sont aussitôt saisis et placés sous scellés. Ils feront l'objet d'une enquête distincte, puisqu'ils n'ont rien à voir avec le meurtre de Martine. C'est le Code de procédure pénale qui en dispose ainsi et c'est le procureur de la République qui décidera du service (de police ou de gendarmerie) chargé des investigations.

Pendant que la garde à vue se poursuit, d'autres équipes d'enquêteurs entendent les proches d'Alain V. Sa compagne montalbanaise confirme avoir passé la nuit précédant les faits en sa compagnie. Les témoignages qui suivent sont moins à son avantage.

Monique, avec qui il a eu une liaison éphémère, décrit un homme nerveux et très coléreux. Patricia, une ancienne jeune fille au pair qu'il avait employée, avant d'avoir une liaison avec elle, verse au dossier une histoire d'une tout autre dimension : « Il m'a proposé de gagner rapidement beaucoup d'argent par le biais de la prostitution et de la drogue. Il avait notamment un ami à Béziers, que l'on surnommait Mickey, un proxénète. Ce type d'environ 40 ans, mince, dégarni sur le dessus du crâne, brassait beaucoup d'argent liquide. »

Même l'ex-épouse d'Alain V. insiste sur les défauts du père de ses enfants. C'est à ses yeux « un homme instable, immature, qui accumule les crédits ». Pire encore : « Il affectionne les jeunes filles, toutes les liaisons que je lui connais ont de 23 à 26 ans. »

Ainsi habillé de vilenies, notre homme endosse un costume de coupable parfait. Ne reste plus qu'à présenter une photo de l'arrière de son crâne dégarni à la doctoresse et l'affaire devrait être bouclée ! Fort heureusement pour lui, notre médecin ne peut pas être catégorique : le crâne qui lui est désigné présente effectivement une calvitie, mais celle-ci est quelque peu en forme de « V » alors que celle de l'agresseur était plus « arrondie » !

Alain V. vient donc de sauver sa tête, grâce à l'esthétique de sa calvitie ! La chance semble enfin tourner en sa faveur. Une fois de plus, force est donc de constater que l'habit ne fait pas le moine ! Après quarante-huit heures de garde à vue, aucune charge n'est retenue contre lui dans l'enquête sur l'assassinat de Martine. La justice a fait montre de la sagesse que l'on attend d'elle. Alain V. est théoriquement libre. Hélas pour lui, dès qu'il franchit le portail de la caserne de gendarmerie, d'autres enquêteurs viennent le « cueillir ». Des policiers du service régional de police judiciaire (SRPJ). Ils ont été chargés par le procureur de la République de l'enquête concernant la provenance et l'usage des faux billets découverts dans la Renault 5 d'Alain V. Elle permet aux enquêteurs, de la police nationale ce coup-ci, de placer en garde à vue pour une nouvelle période de quarante-huit heures leur ancien collègue.

Les gendarmes, qui pensaient tenir leur coupable, sont déçus. Cet ancien flic présentant une calvitie, trapu, au comportement de quadra dragueur, colérique à ses heures, connaissant Martine, réunissait tous les critères nés du témoignage capital de la doctoresse. Sauf qu'il ne connaissait visiblement pas les lieux. En tout cas, cela n'avait pas pu être démontré. Il fallait donc se rendre à l'évidence, il n'était pas l'auteur de l'assassinat de Martine.

Cependant, tout n'est pas à recommencer à zéro. Les ex-compagnes de l'ancien policier reconverti dans les faux billets ont orienté les enquêteurs vers d'autres pistes possibles. En particulier celle de Mickey, le proxénète « balancé » par l'ancienne fille au pair et maîtresse d'Alain V. Mickey aussi présente une calvitie. Il n'a rien à voir avec la police mais il est tout à fait capable, pour enlever une fille, de lui avoir préalablement fait croire qu'il est « de la police ». Mickey a établi le « siège social » de son entreprise de proxénétisme à Béziers. Mais il apparaît rapidement aux gendarmes que son affaire est florissante et s'étend au-delà du territoire national.

La prostitution n'a aucune frontière, ni géographique, ni de langue. Lancés aux trousses de Mickey, les gendarmes vont se retrouver au-delà des Pyrénées, à Barcelone. C'est ainsi que peu à peu s'installe dans leurs réflexions l'hypothèse d'une rocambolesque affaire organisée par des proxénètes. Martine, magnifique jeune femme, aurait en fait été « corrigée », puis enlevée et soumise aux fourches caudines de la pègre barcelonaise. Les premiers témoignages, rapportés « en off » par des intermédiaires du « milieu », semblent pouvoir accréditer cette thèse.

Certes, les enquêteurs sont saisis d'un assassinat, mais il leur semble inimaginable d'évacuer des témoignages recueillis dans les bas-fonds des Rambles de la capitale catalane sans vérifier leur crédibilité. Et puis, espérer qu'elle soit encore vivante est réconfortant pour tous, pour les enquêteurs, pour ses amis et pour sa famille. Un formidable espoir s'empare soudainement de tous.

Le 3 mars 1988, Serge Lemoine, juge d'instruction chargé du dossier, délivre une commission rogatoire internationale, le sésame qui permet aux enquêteurs de se déplacer officiellement en Espagne, mandatés par la justice française. La mission est ainsi fixée : « J'ai l'honneur de prier Monsieur le magistrat du Royaume d'Espagne désigné pour l'exécution de la présente commission rogatoire d'agréer l'assurance de ma haute considération et de bien vouloir faire procéder à une enquête aux fins de retrouver Mademoiselle Martine Escadeillas, née le 28 mars 1962 à Plagnole (31), déterminer son adresse exacte, procéder à son audition sur les circonstances de sa disparition de France le 8 décembre 1986, de sa venue en Espagne et sur ses conditions de vie en Espagne depuis son arrivée. Notamment si les faits se sont déroulés de sa propre volonté ou si elle a été contrainte… Les officiers de police judiciaire français seront porteurs de l'album photographique comportant plusieurs photos de Martine. »

Telle est la mission confiée à la justice espagnole, dont les enquêteurs désignés par elle seront assistés par les officiers de police judiciaire toulousains, au moins pour l'exposé détaillé de la mission et les actes essentiels.

C'est ainsi que le « service de la police judiciaire » de la *Guardia Civil* de Barcelone passe au peigne fin les clubs de la rue Robadors, des Rambles et des Quartiers Hauts de Barcelone, présentant des clichés de Martine aux gérants, employés, serveurs des divers établissements, ainsi qu'aux « prostituées en qui on pouvait avoir une certaine confiance ». Des informations laissent entendre que Martine pourrait se prostituer dans une localité de la Costa Brava.

Les recherches se poursuivent à Gérone, Tordera, Blanes, Palamos. À Lloret-Del-Mar, au club *Paco's 2000*, un employé croit reconnaître la disparue, qui aurait travaillé à cet endroit « en octobre ou novembre 1987 ». Carolina, une ressortissante polonaise, prétend avoir vu Martine sur les Rambles de Barcelone, « alors que jouait un ensemble de musiciens de rue, en janvier 1988 ». Martine lui aurait dit qu'elle était de Toulouse et qu'elle « sortait avec le batteur du groupe ».

L'espoir renaît alors chez les gendarmes, tandis que la famille retrouve, avec ces informations, des raisons d'espérer ; Martine serait bel et bien vivante, à Barcelone.

Hélas, les illusions seront de courte durée. Le 20 octobre 1988, les autorités espagnoles font parvenir à la justice française un télégramme les informant que Carolina, la prostituée polonaise œuvrant sur les Rambles à Barcelone s'est de nouveau manifestée. Elle est revenue sur ses déclarations initiales et prétend avoir faussement orienté les enquêteurs.

La dure réalité, c'est que l'information judiciaire vise bel et bien des faits d'assassinat, cette qualification reposant sur des éléments tangibles, notamment les quantités importantes de sang retrouvées à Ramonville après la disparition de Martine.

De la même manière, les constatations initiales des gendarmes rendent incontournables les traces de sang sur les interrupteurs, les escaliers, au sous-sol et dans la cave. Quant au témoignage de la médecin, il est important, mais il n'est qu'une appréciation portée sur une situation observée furtivement. À ce moment-là, personne n'ose imaginer qu'il puisse être aussi fragile, que les « convictions » de Carolina, la prostituée, dont l'inspiration évoluait au rythme incertain du dernier tango.

Quoi qu'il en soit, l'assassinat de Martine reste « un crime parfait, parfaitement impuni ». Après trois années d'investigations tous azimuts en France et en Espagne, l'autorité judiciaire ordonne le 27 novembre 1989 un « non-lieu ». Aux yeux de la justice, il n'y a donc plus de dossier en cours dans cette affaire.

Pour René et la famille, Martine meurt une seconde fois. Au son des bandonéons, sa mémoire vient d'être souillée par une absurde *tormenta* espagnole à talons aiguilles.

7

LE COULOIR DE LA MORT

Un jour de février 1995, à l'heure de l'apéro et des tapas sur les Rambles, une *cerveza*[1] bien fraîche nous attend. Ce n'est pas encore le printemps, mais il fait doux à Barcelone. La terrasse sur laquelle nous sommes installés grouille de monde. Grégoire, mon collègue hispanophone de la section de recherches, apprécie comme moi cette pause. Nous avons quitté Toulouse en voiture au milieu de la nuit, pour arriver dans la capitale catalane encore endormie.

Olivier nous accompagne. Devant sa bière, il est songeur, son regard trahit même une certaine déception. Préparant activement l'émission *Témoin n° 1* qui sera consacrée à la mystérieuse disparition de Martine, il a souhaité coûte que coûte venir à Barcelone. Il connaît dans leurs grandes lignes les investigations autrefois réalisées en Espagne par les premiers enquêteurs saisis de l'enquête. Il croit encore un peu à cette hypothèse, qui l'a quelque peu hypnotisé, comme Carolina avait magnétisé les enquêteurs voici quelques années. Accomplissant très méticuleusement son travail de journaliste-enquêteur, il est même parvenu à avoir un tuyau : un contact serait prêt à donner des informations concernant Martine.

Persuadé que le tuyau est bon, il a souhaité que des enquêteurs l'accompagnent, au cas où. Il a sauté dans un

1. Bière.

avion jusqu'à Toulouse, puis loué un véhicule. La section de recherches de la gendarmerie n'est encore officiellement saisie de rien. Toutefois, après le fameux dîner en ville qui m'avait permis de mieux faire connaissance avec René et son escouade de journalistes en quête de gyrophare, je me suis attaché à dévorer les principales feuilles des investigations menées par mes prédécesseurs, entre 1986 et 1989. Déjà passionné par le dossier, j'ai répondu favorablement à la proposition d'Olivier. Si le patron m'y autorise, je l'accompagnerai en off. Et le successeur de Kouider m'a donné son accord de principe, oralement bien sûr. Officiellement, je suis en repos lorsque j'embarque dans le véhicule loué par TF1, en partance pour Barcelone. Je ne me fais guère d'illusion sur le résultat du rendez-vous pris par Olivier avec un type dont je ne connais rien. Mais j'ai besoin d'inhaler l'ambiance barcelonaise, avant de passer à des choses plus sérieuses.

Si Olivier est songeur devant sa bière une fois les investigations terminées, c'est qu'effectivement, elles n'ont rien donné. Je m'étais muni de divers clichés de Martine. À l'heure convenue, nous avions rencontré un type, dans la cage d'escalier d'un immeuble qui ne m'inspirait guère confiance. Grégoire assurait la traduction. Je tentai d'extorquer quelques renseignements à notre interlocuteur. Pas plus rassurant que le lieu de la rencontre, cet individu m'apparut rapidement burlesque. Contrairement à ce qu'il avait annoncé à Olivier au cours des conversations téléphoniques qu'ils avaient échangées, force était de constater qu'il n'avait jamais vu l'ombre de Martine. J'avais hâte de prendre congé. Nous avons mis fin rapidement à cet entretien inutile. Laissant ensuite libre cours à mes songes, cela m'amusait de l'imaginer en proxénète aguerri. Cet homme aurait pu être Mickey, le souteneur traqué par mes prédécesseurs, s'il s'était exprimé en français !

La séquence tapas s'y prêtant, Grégoire et moi, nous nous attachâmes à taquiner copieusement notre journaliste apprenti enquêteur, sur le thème « À chacun son métier, à toi le reality-show, à nous les enquêtes ». Il était en fait très concentré sur la préparation de l'émission *Témoin n° 1* dont il était désormais acquis qu'il ne pourrait l'enrichir d'aucun scoop obtenu sur les Rambles, à Barcelone.

Le 15 février 1995, un fax provenant de TF1 informe le procureur de la République de Toulouse que Jacques Pradel envisage d'évoquer l'affaire Martine Escadeillas dans son émission du 20 février suivant. Le document précise que le responsable « fera adresser au procureur toutes intentions de témoignages qui pourraient parvenir directement lors de l'émission ». Ce à quoi le parquet répond : « Cette affaire a fait l'objet comme vous le savez d'une ordonnance de non-lieu, en sorte qu'il n'y a plus de dossier en cours. Aussi bien l'émission concernant cette affaire se déroulera sous votre seule responsabilité. Cependant, mon parquet acceptera bien entendu de recevoir de votre part toutes informations qui pourraient lui parvenir. »

Ayant eu connaissance de cet échange, je me dis que nous sommes encore loin de la réouverture de l'enquête, tant le procureur me semblait redoubler de prudence !

Le 20 février 1995, neuf ans après les faits, je découvrais donc l'assassinat de Martine comme tout un chacun, *via* le prisme du petit écran. À ceci près que j'en avais préalablement assimilé les contours essentiels. Comme plusieurs millions de Français, j'espérais qu'un anonyme se manifeste, pour enfin redonner vie à cette enquête oubliée !

Dès le lendemain, Olivier m'adressa par fax la quinzaine de notes issues des témoignages parvenus à TF1 pendant l'émission. Il ne manqua pas d'ajouter malicieusement : « J'ai fait mon métier, bonne chance », en réponse à notre échange de Barcelone ! Une rapide évaluation des documents me permit de comprendre instantanément qu'une fois encore, le métier n'allait pas être de tout repos, la teneur des renseignements obtenus par le média me semblant décevante. Quelques jours plus tard, le procureur de la République de Toulouse saisissait cependant la section de recherches d'une demande d'enquête officielle, ayant pour objectif de vérifier la fiabilité des témoignages. Ce fut pour moi un véritable soulagement. Ce n'était qu'un début, mais les choses n'allaient désormais plus dépendre des journalistes. C'était comme si je tenais le destin de l'enquête entre mes seules mains.

Je m'attelai aussitôt à décortiquer les témoignages recueillis par TF1. Un homme disait avoir reconnu lors de l'émission le portrait d'une jeune femme croisée rue Blondel à Paris, parmi des filles de joie. Il avait bien mémorisé son visage, « car elle ressemblait à la veuve du comédien Jean Poiret ». Après Barcelone, voilà que l'enfant de Plagnole faisait le trottoir à Paris ! Un autre, prothésiste dentaire de profession, avait appelé pendant l'émission *Témoin n° 1* pour « balancer » un type qu'il disait avoir déjà croisé au bar *Le Santa-Fé*, au rez-de-chaussée du lieu de résidence de Martine et Thierry. Cet homme était « bizarre, il venait souvent au laboratoire récupérer des polissoirs usagés ».

Dans l'audition recueillie par les gendarmes en 1986, Silène, qui avait « fait le ménage » avant l'arrivée des enquêteurs, disait qu'elle nettoyait souvent du « vomi ». Les témoignages que je traitais désormais me semblaient relever du même niveau de régurgitation. J'avais l'impression de perdre mon temps. J'en profitai pour faire connaissance avec Thierry, dont j'avais appris qu'il avait été approché par les journalistes de TF1. Je lui demandai s'il avait regardé l'émission et je fus surpris d'apprendre que tel n'était pas le cas : « Après la disparition de Martine, j'ai trop souffert pour que je puisse regarder une telle émission, même près de dix ans plus tard. » Je n'insistai pas, comprenant que le deuil n'était pas fait. Il fallait lui éviter de nouvelles larmes.

Même si la mission qui m'était confiée par le procureur de la République ne le prévoyait pas encore, j'effectuai un premier déplacement sur les lieux de la disparition de Martine à Ramonville. Sur place, je fus frappé de constater que subsistaient de nombreuses traces constitutives de la scène criminelle. Les neuf années qui nous séparaient déjà de la date des faits n'avaient pas eu raison, notamment, de nombreuses traces de sang rougeâtres, encore visibles, en particulier sur les murs ou sur les portes en bois des caves. C'était impressionnant. Ce que je découvrais me transportait une décennie plus tôt.

Francis Hébrard, mon camarade, technicien en identification criminelle (TIC) qui m'accompagnait, sut assez rapidement faire parler toutes ces traces. Il m'aida à élaborer progressivement le film probable du meurtre de Martine. Car il s'agissait bien d'un crime, d'un homicide volontaire et non d'une dispute de couple, ou je ne sais de quel départ volontaire vers de lointaines démarches chaloupées et suggestives. Nous venions, à la faveur de quelques constatations bien appuyées et de quelques analyses prolongées en commun, de nous débarrasser définitivement des ragots en talons aiguilles. C'était, en soi, une première réponse aux légitimes et nombreux questionnements des proches de Martine. Dans une enquête criminelle, « fermer une porte » est déjà une victoire. Nous débarquions dans l'enquête avec une décennie de retard, il valait donc mieux repartir sur des bases fiables. Nous étions cependant convaincus qu'au fil de nos investigations, de telles thèses grotesques risquaient de refaire surface. Mais désormais notre conviction était ferme. C'est à compter de cette date qu'une réelle amitié de frères d'armes s'est construite entre Francis et moi-même. Plus tard, elle sera renforcée par d'autres combats communs que je tenterai, cher lecteur, de vous faire partager. Parfois aussi, les aléas de la vie nous éloignèrent, inutile de nous attarder sur ceux-là.

Considérant les progrès prodigieux déjà réalisés par la science depuis la disparition de Martine Escadeillas, je proposai au procureur de la République de procéder à une nouvelle analyse du dossier dans son volet PTS (police technique et scientifique) et de reprendre également la partie classique des investigations. Dans ce domaine, la lecture que j'avais faite du témoignage de la « doctoresse du quatrième étage » me tourmentait déjà. La partie technique, elle, était essentiellement confiée à Francis.

Le 4 mars 1996, presque un an après l'émission *Témoin n° 1*, le procureur de la République, sans doute convaincu par nos propositions, relançait réellement le dossier, en sollicitant l'ouverture d'une nouvelle information judiciaire pour « charges nouvelles ». L'enquête renaissait donc une première fois de ses cendres, si j'ose dire. Je retrouvai le juge Serge Lemoine, désigné pour mener l'instruction. Lors de mes passages au palais de justice, j'évoquais habituellement avec lui les difficultés de l'enquête faisant suite au viol et au meurtre de Laure Martinet. Désormais, nous allions également travailler main dans la main sur l'assassinat de Martine. J'en étais heureux, non seulement parce que la confiance s'était déjà, me semblait-il, installée entre nous, mais aussi parce qu'il avait dirigé la première information judiciaire, de 1986 à 1989. Il connaissait donc le dossier de fond par cœur. Il convint avec moi que le « chantier » dont nous héritions, quasiment dix ans après les faits, à la faveur de cette émission de télévision, était titanesque : une victime à jamais disparue, volatilisée même ; plus de scène de crime et, nous allions le découvrir, plus de scellés, détruits par la justice, et enfin, des témoignages déroutants et déjà soumis à l'épreuve du temps. Pourtant, nous n'avions pas d'autre alternative que de fouiller ces trois thèmes.

Le nouveau portrait que nous dressons de Martine, à force d'auditions des proches, de ses amis et de ses collègues de travail, varie peu de celui établi par nos prédécesseurs dès 1986. Durant les semaines qui avaient précédé le drame, la jeune femme souffrait « d'une fatigue importante et d'une urticaire », comme l'avait indiqué de sa plume son médecin traitant. Une décennie après, il ne nous fut pas possible de déterminer si l'épuisement était la cause de l'irritation de la peau ou inversement. Ses nuits étaient émaillées de cauchemars violents et inhabituels jusque-là. Martine n'était pas dans son meilleur état de forme ; il se passait visiblement quelque chose dans sa vie. Mais voilà, elle était une jeune fille discrète, certainement très pudique, et elle n'avait rien laissé filtrer de ses préoccupations auprès de ses proches, emportant ses secrets avec elle.

Lorsque j'avais découvert, quelques mois après le meurtre de Laure en janvier 1990, les premières pages de l'enquête, j'avais perçu comme un handicap le fait d'avoir été privé de l'atmosphère de la scène de crime.

Pour Martine, lorsque, avec dix ans de retard, j'entre dans l'arène, cette résidence de Ramonville où s'était noué le drame, je suis immédiatement saisi. Ce que je découvre correspond fidèlement à ce que j'ai observé sur les clichés photographiques réalisés par mes prédécesseurs. Bien évidemment, les interrupteurs et les escaliers souillés par le sang de la victime ont été nettoyés.

En revanche, la structure du bâtiment, les peintures, les papiers peints, le revêtement plastifié de la main courante de la cage d'escalier sont intacts, comme si le temps s'était arrêté au moment où Martine s'était volatilisée. Bien que désormais rompu aux scènes criminelles de tout type, je suis saisi par l'atmosphère qui règne dans ce qui fut le dernier lieu de vie de la disparue.

Je cours jusqu'au dernier étage, le quatrième. Je devine, derrière la porte n° 19, le bruit provoqué par les talons des chaussures d'Élise, la médecin qui frappent le plancher de son appartement au rythme de ses déplacements. Mon esprit s'évade. Furtivement, je crois percevoir, au loin, l'ultime concerto pour piano de Mozart. Je me ressaisis aussitôt et me penche par-dessus la balustrade, longuement, pour tenter d'appréhender ce que la témoin centrale du dossier avait pu observer en ce 8 décembre 1986. Je tente d'imaginer la scène, les cris, les mouvements, l'odeur de gaz lacrymogène que je connais si bien.

Je fais une deuxième halte au troisième étage, devant l'appartement n° 14. C'est en fait sur ce palier que tout a commencé. Pour Martine, c'était le début de la fin. Mon regard se dirige vers le haut, vers le poste d'observation de la médecin. C'est à la fois à portée de main et finalement si loin, puisque les « cris horribles » de Martine n'ont pas suffi à alerter.

Je poursuis mon cheminement vers le bas. En somme, c'est le début du chemin de croix de la victime. Je visualise les taches ensanglantées sur les interrupteurs, progressivement de plus en plus nombreuses. J'arrive au rez-de-chaussée. Pourquoi ne s'est-elle pas enfuie vers la porte qui donne accès à la rue ?

Là, devant elle, à trois ou quatre enjambées, la liberté lui tendait pourtant les bras. Était-elle déjà à demi inconsciente ou bien fermement maintenue par un individu en furie ?

Seules quelques marches me séparent du sous-sol. Martine, craintive, n'y allait jamais. Je revois les photos prises par mes camarades : du sang sur les marches, sur les contremarches, encore des taches de sang sur le mur, sur ma gauche. En bas, des paillassons déposés précipitamment, comme pour cacher de larges flaques de sang. Peut-être aussi, pour dissimuler l'indicible : est-ce à cet endroit que Martine a reçu les coups qui l'ont tuée ?

Tout de suite à droite, un petit réduit. Martine y a été déposée. Ce recoin, trop petit pour servir de débarras, a momentanément servi de « cercueil » à la malheureuse, comme son sens exceptionnel de l'observation le fait si justement dire à Francis. Dans le prolongement de ce recoin se trouve le garage à cycles, par lequel elle a visiblement été évacuée.

Je marque encore un temps d'arrêt. En face de moi, la porte d'accès au couloir des caves m'invite à poursuivre le cheminement criminel. Je m'y engage. Immédiatement sur ma droite, à environ un mètre du sol, une large et circulaire trace rougeâtre. Je ne comprends pas tout de suite la signification de cet indice, bruni par les dix années qui viennent de s'écouler. C'est certainement le sang de Martine que j'ai là, devant mes yeux. Plus tard, je le ferai tout de même vérifier par le professeur d'hématologie Doutremepuich.

Il fut quelque peu surpris de recevoir dans son laboratoire un morceau de béton de plusieurs centaines de kilos. La tache de sang de quarante centimètres étant indissociable du mur porteur qui la supportait, il avait donc été nécessaire de requérir un maçon pour découper le support à l'aide d'une tronçonneuse à béton, avant de reboucher le trou.

Les caves sont nombreuses, de part et d'autre de ce couloir, plusieurs dizaines. Sur ma gauche, certaines sont ouvertes. Celle où Martine a été déposée dans un deuxième temps, la sienne, est sur la gauche, à peu près au milieu du couloir. La porte qui précède celle de la cave de la victime est largement souillée de traces rougeâtres frottées. L'auteur a appuyé là le corps de sa proie pour ouvrir la « bonne » cave, celle de Martine, qui était donc fermée.

Il savait ainsi qu'il pouvait poursuivre son œuvre funeste. Personne ne viendrait voir si la jeune femme avait terminé son insoutenable agonie, puisqu'elle était dans sa propre cave. Elle était désormais seule ; son bourreau avait encore à faire. Il devait aller récupérer une voiture. Ne restait plus à ce petit être abandonné dans une mare de sang et de cheveux mêlés qu'à exhaler ses derniers râles. Le tueur n'aurait plus, ensuite, qu'à venir terminer sereinement le travail et emporter la dépouille encore sanguinolente. Il pourrait compter avec certitude sur la quiétude de la résidence. Effectivement, seule une mémé inerte avait « entendu la castagne ». Pendant ce temps, les autres regardaient ailleurs !

Je fais demi-tour, parcourant lentement le couloir en sens inverse. Je m'arrête de nouveau devant cette large trace de sang séché. Dans ce sens de circulation, je comprends mieux : l'agresseur a de nouveau appuyé la tête ensanglantée de la victime, pour ouvrir la porte lui permettant de quitter ce couloir maudit.

Ainsi se termine mon parcours dans ce couloir de la mort. Rester seul dans ce sous-sol me devient soudainement insupportable, tant j'ai l'impression de revivre les derniers instants de Martine. J'en oublie d'aller dans le local à conteneurs poubelles, où se trouve une arrivée d'eau, visiblement connue de l'auteur, puisque la femme de ménage y avait découvert des taches de sang. Rarement une scène de crime m'aura ainsi troublé, tant le fantôme de Martine rôde encore, tant ses cris se heurtent encore aux parois.

Depuis, je suis retourné sur place à maintes reprises avec mon ami Francis, en vue d'affiner encore et encore notre analyse. Ensemble, nous avons tenté de rejouer le plus fidèlement possible la scène, compte tenu des éléments dont nous disposions, y compris à la date anniversaire, le 8 décembre, pour bénéficier de conditions d'éclairage similaires à ce qu'elles étaient vraisemblablement le jour des faits. C'est d'ailleurs ce qui nous a rapidement procuré quelques doutes sur la fiabilité du témoignage de la médecin.

Dans les affaires criminelles, l'enquêteur se trouve souvent à la croisée de deux voies. Celle que je viens d'évoquer, c'est-à-dire les constatations, les photographies, les films, y compris en 3D aujourd'hui. Ce sont des données neutres, objectives. Les témoignages humains sont souvent plus complexes à appréhender. On est là dans la subjectivité.

Dix ans après les faits, je me confrontais moi-même à plusieurs reprises aux déclarations de la médecin, devenue malgré elle le témoin central de cette affaire. Au-delà de mon appréciation personnelle sur la réaction qu'elle avait eue ou plutôt qu'elle n'avait pas manifestée, au moment où retentissaient les cris de Martine, j'éprouvais le besoin de m'assurer que son témoignage pouvait être, ou non, pris en compte dans sa totalité.

Une mise en situation, dirigée par Francis le 8 décembre 1996, dix ans jour pour jour après les faits, allait nous laisser dubitatifs. Nous étions sur place dès 7 heures pour figer les mouvements et les conditions d'éclairage dans la cage d'escalier. À 8 h 30, l'un de nos camarades prit place, dans la même position, à l'endroit précis où était supposé se trouver l'agresseur dix ans plus tôt. Les conditions d'éclairage étaient celles indiquées par le témoin, c'est-à-dire limitées à la pénétration de la lumière extérieure, qui perçait par le puits de jour fixé sur la toiture de l'immeuble. La médecin déclarait en effet qu'elle n'avait pas allumé l'éclairage artificiel.

Nous nous plaçâmes au point d'observation désigné par la doctoresse. La conclusion était quasiment sans appel. Seule une silhouette était perceptible à l'étage en dessous. Il nous était impossible de distinguer la calvitie pourtant bien réelle de notre collègue, mannequin d'un jour.

Il nous fut en revanche impossible de trancher sur la partie « auditive » du témoignage, la médecin confirmant avoir entendu Martine utiliser le mot « police ».

Ce témoignage a quelque chose de déroutant. Pour le directeur d'enquête que j'étais à l'époque, il était devenu un fardeau qui nous interdisait de négliger cette piste du policier. En somme, à l'énigme complexe que constituait en lui-même le meurtre de Martine, suivi de la disparition de son corps, s'ajoutait l'intrigue qui résultait de ce témoignage pour le moins singulier.

Parfois, des décennies sont nécessaires pour percer les énigmes. Certains policiers concèdent qu'à ce jeu-là les gendarmes sont plus patients et tenaces. Pour Martine, comme pour Laure, ma détermination restait intacte. Il paraît que l'endurance est la clé de la réussite !

8

LE CAUCHEMAR N'EST PAS FINI

Dans son ouvrage *L'équilibre est un courage*[1], le général d'armée Pierre de Villiers, évoquant les bienfaits du temps qui passe, écrit cette phrase : « La jeunesse est le temps d'étudier la sagesse ; la vieillesse le temps de la pratiquer. La liberté est aussi une forme de cadeau de l'âge. »

Dix ans après le meurtre de Martine, j'étais encore bien jeune, mais le bon sens paysan dont j'avais hérité m'incita à faire une pause, tant les circonstances de la disparition de la jeune femme étaient « extraordinaires ». De contretemps fâcheux en témoignages déroutants, cette enquête forçait l'humilité, la réflexion.

Quelqu'un l'avait attendue devant son domicile, sur le palier, à quelques mètres de la porte d'accès à son logement. L'agresseur l'avait jetée au sol, avant de se placer à califourchon sur elle. Il l'avait ensuite frappée, alors qu'elle tentait de s'enfuir, avant de cogner et de cogner encore à mort. Puis il l'avait abandonnée, comme un petit oiseau en perdition, agonisante, sur le sol de sa cave. Il s'était lavé les mains, un peu, pour ensuite aller chercher un moyen de transport qui servirait de corbillard à sa victime.

1. Fayard, 2020.

Elle avait crié et appelé au secours, autant que ses cordes vocales le lui avaient permis. Puis elle avait râlé, longuement, avant de s'éteindre.

L'auteur avait procédé par étapes : l'effet de surprise, l'agression, les coups violents, une première dissimulation du corps dans un recoin ténébreux, puis la deuxième dans la cave, la neutralisation de l'éclairage.

Tout cela ne s'était pas produit en cinq minutes, en pleine nuit ! Non, le crime s'était prolongé dans le temps, débutant dès l'aube pour s'achever plus tardivement dans la journée. Pour qu'un crime soit parfait, il faut prendre son temps ! Il faut du sang-froid ! Et aussi un peu de chance.

Fort de cette analyse et à défaut d'avoir encore acquis la sagesse nécessaire chère au général Pierre de Villiers, je décidai de me donner un peu de liberté. C'était plus facile !

Je revins donc aux sources de l'affaire. Ayant la quasi-certitude d'avoir assez correctement analysé l'aspect technique du dossier ; ayant compris qu'il serait difficile d'affiner davantage le témoignage de la médecin du quatrième étage, je me replongeai dans les premières auditions recueillies dans cette affaire, en 1986. Je rencontrai également les enquêteurs incontournables de l'enquête initiale. Il s'agissait non pas de rechercher des conseils, mais de humer l'atmosphère de l'époque. Je consultai surtout Robert, qui avait dirigé la garde à vue de l'ancien flic empêtré dans une affaire de faux billets. Robert avait de l'humour. L'œil pétillant, il avait l'expression malicieuse. Et je le sentais un brin « jaloux » ; la ténacité du « gamin » que j'étais à ses yeux l'intriguait. Il ne connut pas la suite. Il était devenu officier de gendarmerie, mais une sale maladie le foudroya alors qu'il était dans la force de l'âge. Ces lignes sont pour moi une manière de lui rendre hommage. Directeur d'enquête de 1986 à 1989, il était du premier voyage en Espagne, alors même que je n'avais pas encore débuté mon parcours d'enquêteur. Il avait accompli un travail considérable, qui ne lui avait pas permis de percer le mystère. Les échanges avec ces « anciens » ne firent guère progresser mon enquête. N'importe, c'était une manière de continuer à étudier la sagesse…

Parcourant plusieurs fois les auditions recueillies en 1986, je m'attardai sur un témoignage, celui d'une infirmière. Après un week-end de garde, elle est en repos le 8 décembre 1986. Hyperactive, Charlène prête main-forte à son mari, le gérant du bar *Le Santa-Fé*, à Ramonville. Elle est arrivée très tôt pour servir les premiers petits noirs aux clients qui partent travailler. Peu avant 8 heures, elle entend du vacarme provenant de la rue. Elle sort du bar. C'était un chien qui avait renversé un conteneur poubelle. Plus de peur que de mal. L'animal errant ne retient guère son attention. Après qu'elle l'a fermement invité à poursuivre ses aventures ailleurs, il s'éloigne, penaud !

En revanche, Charlène est intriguée par la présence d'un homme, debout devant l'interphone qui permet de solliciter l'accès à la résidence de Martine. Elle a l'impression que cet individu l'observe. Peut-être attend-il tout simplement une réponse après avoir demandé l'ouverture de la porte. Il a probablement été intrigué par les mots de Charlène, lorsqu'elle s'adressait au chien. Du fait de sa probable « déformation professionnelle », elle note cependant un détail : « Il a une attitude déhanchée », puis retourne à sa tâche. Les clients les plus matinaux attendent leur café.

Je continue de feuilleter les investigations dirigées par Robert en 1986. Elles confirment que Martine et Thierry avaient beaucoup d'amis, des jeunes de moins de 30 ans. Leurs auditions figurent au dossier, comme à chaque fois, en pareil cas. Je retiens celle de Joël Bourgeon, dont j'ai déjà parlé. Il n'a pas encore 24 ans, en 1986. Il est si proche de Thierry que parfois ils font ensemble quelques escapades nocturnes dans une discothèque de la région toulousaine, le *Fil Maure*, ce qui ne plaît guère à Martine. À la demande des gendarmes, Joël détaille son emploi du temps de ce premier week-end de décembre 1986. Il a passé la nuit du vendredi au samedi en boîte de nuit en compagnie de Thierry, avant de rentrer au domicile de sa mère, où il est resté jusqu'au dimanche. Le dimanche matin, il a appelé « à Plagnole », où Thierry avait rejoint Martine, qui se trouvait donc chez ses parents depuis le début de son arrêt maladie. C'est Martine qu'il a au téléphone. Elle lui propose de passer dans l'après-midi, boire un café. Après avoir partagé le repas de midi avec sa mère à Toulouse, il emprunte sa voiture et retrouve ses amis à Plagnole. Le dimanche après-midi, Joël part se promener à pied, autour du lac de Peyssies. Thierry, Martine et une partie de sa famille l'accompagnent. Il fait beau, c'est un bel après-midi de fin d'automne. Il rentre ensuite à Toulouse.

Le lundi 8 décembre 1986, Joël se lève tôt, à 6 heures, pour rejoindre le lycée Déodat-de-Séverac à Toulouse, où il vient d'être titularisé comme agent d'entretien.

C'est le mardi matin, en lisant le journal, qu'il apprend la disparition de Martine. Lorsque les enquêteurs lui demandent s'il connaît la résidence *Le Santa-Fé*, il n'hésite pas une seconde : « Oui, je connais bien. J'aime bien la mécanique et comme il n'y a pas de parking chez ma mère, je bricole en bas de chez Thierry. Je connais même leur cave, puisque Thierry y stocke ses outils. »

Visiblement, le jeune homme brun, présentant une chevelure bien fournie et coiffé soigneusement, apparaît « bien dans ses baskets », serein. Après deux heures d'audition,

Robert le laisse filer. Pas de calvitie, aucun rapport avec la police. À quoi bon perdre du temps, se dit l'enquêteur !

Je relis plusieurs fois cette audition, ressassant probablement les mêmes questionnements que mon prédécesseur. Joël connaît parfaitement la résidence. Il me semble très proche du jeune couple, puisqu'il détient même le numéro de téléphone des parents de Martine. Mais, après tout, il a pu tout simplement le trouver dans l'annuaire, puisqu'ils ne sont pas sur liste rouge !

Et puis il ne correspond pas du tout à la description faite de l'agresseur par la médecin : pas de calvitie, trop jeune, rien à voir avec la police. Thierry, que je sollicite, n'en dit que du bien. Je décide cependant de passer au crible tous ces jeunes qui gravitaient autour du couple, à commencer par les frères de Thierry et leurs petites copines. J'insiste davantage auprès de Patricia, conjointe d'Alexandre, l'un des frères de Thierry. Je sais qu'elle était très proche de Martine. Elle me confirme qu'elle la considérait comme sa sœur et qu'elle l'avait trouvée anxieuse durant la semaine qui avait précédé les faits.

Elle passe ensuite en revue tous ces jeunes, s'attardant un peu sur Mamar, puis sur Joël Bourgeon, dont elle précise qu'il n'est plus à Toulouse. Il est tombé amoureux de la cousine de Patricia, qu'il est parti rejoindre à Lyon.

Patricia m'indique ensuite qu'environ un an après la disparition de Martine, elle avait consulté un voyant à Paris, qui lui avait assuré que « Martine n'était pas morte, que le sang retrouvé sur place n'était pas le sien et qu'elle était dans la prostitution ». Je la laisse poursuivre son récit un moment : « Je me suis alors rendue rue Saint-Denis et j'y ai vu une fille me paraissant correspondre en tous points, sauf au niveau du nez, au physique de Martine. Nos regards se sont croisés. J'ai pris mon appareil photo. Lorsque j'ai relevé la tête, la fille avait disparu. »

Je ne donne à voir aucune réaction à Patricia, qui ne s'aperçoit de rien. Mais je m'évade. Me revoilà encore une fois parmi les filles de joie et leurs talons aiguilles, qui claquent sur les trottoirs. Ce n'est plus Barcelone. Nous voilà maintenant « dans un coin du vieux Montmartre », comme le chante si bien Zaz[1] :

« Dans ma rue tous les soirs j'me promène, on m'entend sangloter et dans la nuit, quand le vent jette au ciel sa rengaine, tout mon corps est glacé par la pluie. Et j'en peux plus, j'attends sans cesse que le bon Dieu vienne, pour m'inviter à me réchauffer tout près de Lui. Dans ma rue y a des anges qui m'emmènent, pour toujours mon cauchemar est fini. »

Je laisse poliment Patricia terminer son récit sur les filles de joie, mais je ne l'entends plus. Je comprends qu'elle est encore très touchée par la perte de son amie, mais aussi que ce n'est pas grâce à elle que je vais cheminer vers la vérité ! Non, « le cauchemar n'est pas fini ».

1. Dans l'album intitulé *Dans ma rue.*

9

CARTE POSTALE DU « PETIT DE JULIENNE »

Face à de telles variations d'adrénaline, il arrivait de temps en temps que d'autres péripéties du métier nous servent d'exutoire. Après l'escapade au Levant, voici la deuxième « carte postale » de mon parcours narratif.

Comme tous les officiers de police judiciaire de la SR, les enquêteurs du groupe « homicides » n'échappaient pas à l'obligation des astreintes, celles qui nous amenaient, de jour comme de nuit et une semaine durant, à répondre à tous les appels se rapportant à des affaires sensibles. Ils pouvaient provenir d'autres unités de gendarmerie de la région ou de magistrats des différents parquets de notre zone de compétence. Et lorsque les circonstances l'exigeaient, il fallait sans délai se transporter sur les lieux du crime.

Les aléas de ces « permanences » nous confrontaient à tous types de sujets criminels : cambriolages avec usage d'armes, séquestrations, grosses saisies de produits stupéfiants ou braquages de banques.

Je suis donc de permanence ce 16 juillet 1996, lorsqu'un premier vol à main armée est commis au préjudice de l'agence postale de Montberon, une commune située au nord de Toulouse. Deux jours plus tard, c'est une banque, la Caisse d'épargne, qui subit le même sort, à quelques encablures, dans la commune de Verfeil.

Dans les deux cas, l'agresseur est arrivé et reparti à pied. Il est armé d'un pistolet automatique et porte des gants en latex. Sa casquette, enfoncée jusqu'aux yeux, dissimule mal son visage émacié, ce qui permet à notre spécialiste d'établir un portrait-robot.

À la faveur des vérifications auprès des sociétés de location de véhicules de la région de Toulouse, nous nous attardons sur un dossier, dont la facturation est au nom d'une certaine Julienne P., une dame alors âgée de 60 ans. Son âge n'est pas en cause. Ce qui retient en revanche notre attention, c'est que le fils de Julienne purge une peine de treize ans de réclusion criminelle, pour vols avec port d'arme et association de malfaiteurs en vue de la préparation d'un crime. À 29 ans, Yann présente déjà un CV à faire pâlir de vieux routiers du crime !

Comme toute maman, Julienne adore son fils. D'une intelligence au-dessus de la moyenne, il apprend aisément à l'école. Puis il goûte aux premiers joints, aux premiers rails de coke. Exit les études auxquelles le petit semble promis. Cette saleté de cocaïne coûte cher, de plus en plus cher. Il faut trouver une solution. Ce sont ses copains qui la lui soufflent : les braquages. Yann est courageux, c'est donc lui qui montera aux bracos. Eux s'occuperont de la logistique : voitures, armes et même les objectifs. C'est facile à faire, un braquage. Yann, addict à la coke, devient vite accroc aux braquages.

« C'est un garçon gentil, Yann », me dit sa mère lorsque je la rencontre pour la première fois. En détention, il est d'un comportement exemplaire. Le 11 juillet 1996, il est heureux de quitter la maison centrale pour quelques jours d'une permission que l'administration pénitentiaire lui a accordée eu égard à son attitude modèle. C'est évidemment sa maman qui l'attend à la sortie du pénitencier.

Yann a accepté que Marco, un codétenu, fasse partie du voyage jusqu'à Toulouse. Heureuse de retrouver son gamin, Julienne, en maman attentionnée, a préparé un bon repas pour son fils. Marco est invité.

Ce moment de convivialité donne des ailes à Marco. À la fin du repas, il demande à Julienne si elle peut louer une petite voiture. La permission sera de courte durée. Après plusieurs années de détention, les deux jeunes compères ont envie de profiter de ces quelques jours au grand air.

Julienne, qui en a vu d'autres, fait promettre aux deux trentenaires de « ne pas faire de bêtises ». Marco tient aussitôt à la rassurer : « Si je ne tenais pas parole, je n'oserais plus vous regarder dans les yeux. » Voilà la maman confiante. Marco est corse et pour un Corse, la parole donnée, c'est sacré.

Et Marco tient sa promesse. Il ne fera pas de bêtises. Mais il a le sens de la nuance et surtout, son permis de conduire, dont Yann a été dépossédé. Durant ces quelques jours de vacances, c'est donc lui qui conduit la petite Peugeot 106 de location. Je le trouverai très courageux lorsqu'il sera invité à s'expliquer sur l'agenda de sa permission : « Le 16 juillet vers 10 heures, Yann m'a dit “il faut qu'on monte à la campagne, j'ai des sous à récupérer chez des mecs”. Arrivés à Montberon, Yann m'a demandé de m'arrêter sur une petite place. Je l'ai attendu cinq minutes. À son retour, il a rangé le calibre dans la boîte à gants. À notre retour à Toulouse, il m'a donné 3 000 francs. » En somme, dans le métier de braqueur, c'est comme dans celui de footballeur, heureusement que parfois, la « main de Dieu » intervient ! Yann, c'était la *mano de Dios*. À écouter Marco, il n'était pour rien dans cette affaire, mais il avait quand même accepté ces 3 000 francs tombés du ciel !

Pour le vol à main armée commis à Verfeil deux jours après celui de Montberon, Marco me sert le même scénario. Décidément, Dieu est ambidextre !

Marco peut donc continuer de regarder Julienne dans les yeux. De son point de vue, « il n'a pas fait de bêtise ». Pour autant, il ne finit pas les vacances dans la maison de Julienne. Un matin, alors qu'il s'est endormi sur le canapé du salon, un peu éméché après une virée en discothèque, Julienne s'aperçoit qu'il a enfilé par erreur un caleçon appartenant à Yann. C'est rédhibitoire. On ne touche pas aux vêtements de son « petit ». Elle le met dehors.

Yann ne fait pas trop de difficultés pour reconnaître sa participation aux deux braquages. Il y ajoute même un troisième fait commis, déjà à Montberon, le 2 janvier de la même année. En revanche, il refuse de révéler où il a caché le pistolet automatique et les quelques poignées de billets qu'il n'a pas eu le temps de dépenser. Des braquages de pieds nickelés, mais le garçon a ses principes ! Je conserve de ce face-à-face un bon souvenir. Chacun à sa place, nous nous étions respectés.

Devant la cour d'assises chargée de juger les deux hommes, je ne fis aucun cadeau à Marco. Pour Yann, je restai factuel, sans en rajouter. La cour les condamna à la même peine, situant au même niveau les « bêtises » de Yann et celles de Marco.

Une sorte de confiance mutuelle s'était installée entre Julienne et moi. J'étais à peine plus âgé que son fils. Après le procès, nous nous rencontrerons souvent, dans un bar où nous avions nos habitudes, pour refaire le monde devant un café noir. Ce rituel se poursuivra jusqu'à ce que je quitte la section de recherches. Julienne me donnait des nouvelles de Yann, qui avait visiblement apprécié la justesse de mon témoignage devant la cour.

Plus de vingt ans après, alors que je m'apprêtais à quitter définitivement les rangs de la gendarmerie nationale, j'appris par hasard que des enquêteurs devaient aller auditionner Yann dans une maison centrale. Sans chercher à connaître les motifs de ces investigations, je leur demandai de transmettre mes salutations au détenu.

Dès le lendemain, j'obtins le retour de ma démarche : « Yann a été très sensible à votre clin d'œil. Il vous adresse ses meilleurs souvenirs. » C'était sa carte postale.

Vingt-trois ans après les vols à main armée de Montberon, il était donc toujours incarcéré, avec quelques rides et probablement aussi quelques braquages en plus à son actif. Il avait néanmoins poursuivi des études en détention. Quel gâchis !

Je pensai durant quelques secondes à Julienne, sa maman que j'aimerais revoir. Nous parlerions de nous. Et de son petit, comme avant.

10

FRANCK, COMPAGNON DE DÉROUTE

« Papa, maman, ils m'emmènent... » Tels sont les derniers appels terrifiés que Laure aurait criés, au milieu de la nuit du 24 au 25 janvier 1990, devant le domicile de son amie Isabelle, à L'Union. Ces mots désespérés d'une enfant qui s'en remet à son papa et à sa maman, pourtant absents, sont guidés par le dernier réflexe, la dernière angoisse. Ils signent le moment ultime où la victime comprend probablement que sa dernière heure est arrivée. Puis, plus rien, si ce n'est le silence de la nuit hivernale. Pourtant, Laure Martinet a sans doute crié, encore et encore, pour tenter de se défaire des griffes de l'agresseur. En vain.

Septembre 1996. Voilà six longues années que je me bats pour savoir qui est ce tueur. Mais je dois me rendre à l'évidence, je ne suis pas capable de dire à Jean-Michel qui est « le salaud qui a fait ça ». Une dernière fois, je le rencontre, pour lui annoncer la difficile nouvelle : en accord avec le juge d'instruction, j'envisage de clôturer l'enquête. Je tente d'apaiser sa déception : « Si des éléments nouveaux nous parvenaient, je solliciterais immédiatement auprès du procureur de la République une nouvelle ouverture d'information judiciaire. » Jean-Michel baisse les yeux : « C'est foutu. On ne saura jamais qui est ce salaud. »

Mon dossier sous le bras, je me présente dans le cabinet du juge d'instruction. Je suis seul. Le magistrat perçoit probablement le poids de cette solitude. Alors il parle, beaucoup, probablement pour tenter d'amoindrir ma déception. Il passe en revue une dernière fois les pistes de travail qui n'ont abouti à rien. Nous nous séparons sur une franche poignée de main. Je viens de perdre une bataille et pas n'importe laquelle ; ma première affaire criminelle se solde par un échec ! Envolé le rêve d'appeler un jour Jean-Michel, pour lui annoncer qui a massacré sa fille. Ne me reste plus qu'à faire le deuil de ce dossier. Je me surprends à souhaiter qu'intervienne rapidement une nouvelle affaire importante, nécessitant une remise en question complète. Je n'aurai pas à patienter longtemps.

Juillet 1997. Je goûte à quelques jours de vacances dans mes Pyrénées natales, lorsque je reçois un appel téléphonique de Joël, l'un de mes camarades de la section de recherches. Je suis assez surpris. D'abord parce que généralement nous respectons la tranquillité de nos camarades qui profitent d'un peu de quiétude durant l'été. Ensuite, parce que Joël ne traite pas la même délinquance que moi, il est un spécialiste des affaires économiques et financières, autrement dit de la « délinquance en col blanc ». Il en vient rapidement au motif de sa démarche : « Un corps vient d'être découvert en Ariège. Et un magistrat du parquet de Toulouse est passé me voir pour me parler de cette affaire. » Je ne comprends pas trop ce que ce représentant toulousain du ministère de la Justice vient faire dans cette nouvelle affaire criminelle, dont il n'est pas saisi. Et Joël de préciser que le magistrat connaît un homme qui pourrait sans doute détenir des informations sur l'auteur du meurtre commis en Ariège. Rien que cela !

Je connais le professionnalisme de Joël. S'il me dérange pendant ces vacances estivales, c'est qu'il y a quelque chose de très sérieux derrière ces affirmations. Mes questionnements sont trop prégnants. Je décide de rentrer à Toulouse pour en savoir plus.

Le 1er juillet 1997, un télex de la *Guardia Civil* (nos frères d'armes espagnols) tombe sur un téléscripteur de la brigade de recherches départementale de l'Ariège, à la gendarmerie de Foix. À Campeillos, dans le sud de la péninsule Ibérique, près d'Alicante, les gendarmes espagnols viennent de découvrir une Citroën BX abandonnée sur un chemin de terre. Malgré l'absence de plaque d'immatriculation, les enquêteurs espagnols parviennent à identifier la propriétaire de cette voiture, une certaine Mireille Normand, dont le domicile est situé à Verdun, un petit village d'environ deux cents âmes, blotti au pied des Pyrénées ariégeoises, à quelques encablures de la principauté d'Andorre.

Cette découverte intrigue les gendarmes de la brigade de recherches de Foix. Fin juin, ils ont reçu un appel du frère de Mireille. Alain habite au Havre et ne peut pas se déplacer dans l'urgence. Or, depuis quelques jours, il ne parvient pas à joindre sa sœur. Le 20 juin 1997 en fin de matinée, Alain l'avait appelée. Un homme prénommé Franck avait répondu et expliqué que Mireille n'était pas encore rentrée. Depuis, plus rien.

L'Ariège compte nombre de ce qu'il convient d'appeler des « communautés post-soixante-huitardes ». Les éléments fournis aux gendarmes par Alain laissent à penser que sa sœur s'est peut-être absentée de son domicile pour aller passer quelques jours parmi ses amis de bohème. Avec eux, il lui arrive de fumer un joint et de boire un verre, parfois plus. Généreuse et confiante, elle se sent bien dans ces milieux où il est encore « interdit d'interdire ». Les gendarmes locaux ne s'inquiètent donc pas outre mesure dans un premier temps.

Mais dès lors que la voiture de Mireille est découverte dans le sud de l'Espagne, l'affaire prend une autre tournure. La jeune femme de 35 ans n'a pas pour coutume de franchir les Pyrénées sans en informer ses proches. Les gendarmes doivent approfondir leurs investigations dans la propriété de Mireille, un chalet entouré d'un assez vaste parc arboré. L'endroit est paisible, mais quelque peu austère.

Le 11 juillet 1997, les militaires ariégeois retournent au chalet. Voilà trois semaines que Mireille a disparu. Les fouilles se font plus minutieuses. Dans le jardin, ils sont intrigués par un carré de terre qui dénote une intervention humaine assez récente, sans rapport avec la verdure environnante. La section de recherches est alertée. Mon camarade Francis se déplace pour réaliser les opérations de police technique et scientifique. En liaison avec le procureur de la République de Foix, les gendarmes munis de pelles se mettent en quête de la vérité. Après avoir enlevé soixante-dix centimètres de terre, ils finissent par douter du bien-fondé de leurs recherches.

Soudain apparaissent quelques mèches de cheveux qui s'évadent d'une sorte d'enveloppe en tissu, qui s'avérera être la housse d'une banquette clic-clac. S'offre alors à eux le corps partiellement dénudé d'une jeune femme. Les militaires abandonnent leurs pelles au profit de brosses et poursuivent leurs recherches tels des archéologues rompus aux techniques de recherche funéraire. Ils desserrent délicatement les liens qui entravent les pieds et les poings du cadavre, puis ôtent le bâillon qui obstrue sa bouche.

L'autopsie confirmera qu'il s'agit bien de la dépouille de Mireille.

À proximité de la sépulture, Francis et ses camarades techniciens découvrent les vestiges d'un foyer d'où sont retirés des anneaux métalliques ainsi que des boutons à pression semblant provenir d'un pantalon en jean. Pour limiter la pollution de la scène criminelle, Francis procède seul à une visite rapide du chalet.

Il lui apparaît immédiatement que l'auteur a mis du temps à achever sa besogne. De nombreux indices trahissent de véritables scènes de torture, de déplacement, puis d'immobilisation de la victime, de ponçage et de maquillage des traces, sans oublier le temps nécessaire pour creuser le trou destiné à l'accueillir. Le travail de police technique et scientifique à réaliser semble d'emblée considérable.

Alors qu'il s'apprête à placer la demeure sous scellés, jusqu'à la reprise des opérations le lendemain, Francis est intrigué par la présence sur la table de la cuisine d'un mot manuscrit : « J'ai pas fini les travaux, je reviendrai », mention suivie de la signature « Franck ». C'est le seul maigre indice dont disposent les enquêteurs qui déjà se déploient, pendant que je poursuis mes vacances.

Le mystérieux Franck

Les premières recherches s'orientent bien évidemment vers l'identification et la localisation de ce prénommé Franck. Un ancien compagnon de Mireille témoigne de la visite de la jeune femme, tard dans la soirée du 19 juin 1997. Mireille lui était apparue quelque peu éméchée. Franck, qui l'accompagnait, venait se fournir en shit.

Ensemble, ils avaient fumé quelques « pétards », puis les visiteurs étaient repartis.

Par acquit de conscience davantage que par conviction, les gendarmes se tournent vers le commissariat de police de Foix, où est évoquée une banale affaire de violences conjugales, comme il s'en produit malheureusement trop souvent.

Karine avait rencontré un « beau gosse » au visage d'ange, les cheveux courts, une houppette à la Tintin sur le haut du front et une barbe naissante. Ce garçon se démarquait des zonards qu'elle avait l'habitude de croiser. Il était élégant. Leur relation était vite devenue intime.

Le 31 mai 1997, Franck rentre ivre « à la maison ». Comme ce n'est pas la première fois qu'il se présente dans un tel état, Karine refuse de le laisser entrer. L'opposition de la jeune femme le rend fou de rage. Il s'acharne sur la porte, qu'il est sur le point de défoncer lorsque les policiers que Karine a sollicités arrivent sur les lieux. Voilà Franck en cellule de dégrisement au commissariat de police, jusqu'à ce qu'il recouvre ses esprits.

Le lendemain matin, il est prié par les policiers de s'expliquer sur sa violence de la veille. Les fonctionnaires comprennent rapidement que l'incident est dû à la consommation excessive d'alcool. Face à eux, Franck est doux comme un agneau. Seul élément surprenant, il leur indique que son vrai prénom est Robert et son nom Richard. Il n'a pas de pièce d'identité. On lui a volé ses papiers, un soir de beuverie, sous la halle. Le procureur de la République de Foix est informé. Robert est alors invité à se présenter devant le tribunal de grande instance de la ville à l'audience du 8 juillet 1997, pour y répondre de son comportement de catcheur devant le domicile de Karine.

Muni de sa convocation, il disparaît dans la nature. Franck, devenu Robert, a sans doute déjà quitté Foix. Mais qui est exactement ce routard ?

Quarante-huit heures après l'incident, quelqu'un se présente au domicile de Karine. C'est un zonard de ses connaissances, qui lui ramène un permis de conduire. La photo qui figure sur le document administratif correspond bien au portrait de Franck, mais Karine découvre qu'il se prénomme en réalité Patrice. Elle court alors jusqu'au commissariat de police, embarrassée par le permis de conduire de Franck, devenu Robert et maintenant Patrice.

Le gardien de la paix procède aussitôt à quelques vérifications. « Le permis est authentique ; il a été attribué à un certain Patrice Alègre », grommelle le vieux fonctionnaire en sollicitant l'officier de police judiciaire qui a placé Richard en garde à vue quelques jours plus tôt. L'OPJ se rend compte très rapidement de la bourde. Une consultation du fichier des personnes recherchées (FPR) lui apprend que ce Patrice Alègre est recherché pour une affaire de viol. Il est trop tard. Il est probablement déjà loin !

Les gendarmes quittent le commissariat de police de Foix forts d'une certitude : Franck est en réalité Patrice Alègre. C'est donc lui qui était en compagnie de Mireille le 19 juin 1997 au soir, en quête de shit, avant que la jeune femme ne disparaisse des radars durant trois semaines.

Finies, les vacances. Quelques jours seulement après la découverte du corps de Mireille Normand, enfoui sous un demi-mètre de terre, je suis de retour parmi mes collègues. Je retrouve d'abord Joël, auprès duquel je m'enquiers tout de suite du rôle exact de ce mystérieux magistrat, qui « connaîtrait quelqu'un qui connaîtrait lui-même quelqu'un qui... ». Et mon camarade d'éclairer ma lanterne : « Le magistrat a un ami prénommé Gilles, qui est déjà venu chez lui boire l'apéro avec un pote, un certain Patrice Alègre. »

Peinant à bien cerner les contours de cette histoire abracadabrantesque qui se dessine, où des individus *a priori* peu recommandables s'invitent pour boire l'apéritif chez un magistrat, je préfère m'intéresser à Gilles. « Pour le magistrat, on verra plus tard », me dis-je ! Très rapidement, j'allais donc bénéficier de l'aide de Gilles, cet inconnu recommandé par un magistrat.

J'aime à qualifier les techniciens en identification criminelle de « travailleurs en gants blancs qui parviennent à faire parler les morts ». Francis est le plus expérimenté d'entre eux. Il vient de terminer ses constatations dans le chalet. J'ai hâte de l'entendre me raconter le scénario qu'il en tire. Alors visitons avec lui le chalet de Mireille, tel qu'il l'a découvert le 11 juillet 1997. Il développe, comme s'il avait assisté au meurtre ! Je l'écoute en silence, à la fois concentré et consterné :

Au premier étage se trouve la pièce de vie. En montagnard averti, le papa de Mireille l'avait voulue chaleureuse. Mais il n'a guère pu en profiter, puisqu'il a été emporté par une chute rédhibitoire sur une barre rocheuse.

La cheminée a visiblement été allumée par Mireille, juste avant le meurtre. Quelques restes de « pétards mal fagotés » et de nombreuses canettes de bière vides sont les ultimes témoins de ce qui me semble avoir été un moment de convivialité. Avec un peu d'imagination, on peut même envisager ici quelques étreintes amoureuses entre Franck et Mireille.

Illusion éphémère : alcool et drogue ne font généralement pas bon ménage. Devant cet âtre a priori *bienveillant, il semblerait que l'atmosphère se soit soudainement assombrie, laissant place à une imprévisible et inquiétante tornade.*

Mireille quitte soudainement la pièce, pensant trouver refuge dans sa chambre, de l'autre côté du couloir. Cette pièce est devenue son piège.

Les constatations démontrent qu'elle vient de sceller involontairement à cet endroit son destin mortifère. Les pulsions de son compagnon de déroute sont visiblement irrésistibles. Il doit la rejoindre, quoi qu'il en coûte. Il défonce la porte, arrache le chambranle. Il bondit sur sa prise. Ne lui reste qu'à s'acharner, jusqu'à la consommer. Dans ce huis clos, le face-à-face a été bestial. Lit et chaises sont retrouvés brisés. Des projections de sang maculent les murs.

Seule échappatoire pour la jeune femme qui n'a plus que les ressources physiques d'un oisillon, les escaliers. L'instinct de survie lui permet de les atteindre, dans un dernier effort titanesque. Mais elle est de nouveau rattrapée. Les coups pleuvent, de nouveau. Peu à peu, son discernement faiblit, le regard exorbité de l'agresseur en furie lui apparaît trouble, elle sombre dans l'inconscience. Parce qu'elle vient de se refuser à l'ogre tout-puissant, il va lui infliger un supplice sans fin, avant de devenir son exécuteur.

Paradoxalement, les indices semblent devenir plus rares dans l'escalier. Et pour cause, les marches ont été méticuleusement poncées ! Le calvaire de Mireille n'avait donc pas connu de pause. Ce n'était qu'une illusion.

Le corps est ensuite entreposé dans la chambre du rez-de-chaussée. Mireille est-elle morte ou juste inconsciente dans cette pièce ? On y devine une agonie interminable, pas forcément la mort. Des actes terribles, aussi. Combien de temps Mireille a-t-elle séjourné ici, bâillonnée, pieds et poings liés, attachée aux barreaux du lit ? Attache-t-on un mort ? Le tueur l'a-t-il laissée agoniser là toute la nuit, comme pour se venger de la résistance imprévisible de « l'insoumise » ?

Francis a des doutes :

Mireille est-elle passée de vie à trépas, lorsque Franck se rend compte qu'il lui reste beaucoup à faire ? Nul ne le saura jamais. Les râles de Mireille importent peu au meurtrier. Il calcule, il gesticule. Il faut absolument faire disparaître toutes ces traces de sang et probablement de sperme mêlés. Il finit par trouver une ponceuse et décape les escaliers en bois. Il y a trop de sang, alors il s'empare d'un pot de peinture bleue, d'un pinceau et badigeonne les endroits les plus souillés.

Finalement, presque au bout de la nuit, il s'interrompt. Le jour se lève très tôt en juin. Et il faut encore creuser le trou, tant que l'obscurité est complice ! Heureusement, il y a tout ce qu'il faut dans ce chalet, le papa de Mireille était bricoleur à ses heures. Les outils se trouvent dans le garage, méticuleusement rangés. Quel confort !

Franck a un corps d'athlète. Avant le lever du soleil, la fosse est prête. Ne reste plus qu'à envelopper le fardeau. La housse du clic-clac fera bien l'affaire. Morte ou encore vivante, qu'importe, Mireille pourrira au fond de ce trou, qu'il ne reste plus qu'à recouvrir, vite fait !

D'une démarche assurée, Franck charge quelques affaires de Mireille dans la Citroën BX, pour ensuite aller les vendre à un brocanteur du coin (ce qui sera vérifié) et le « tour » est joué. Mais Franck est perfectionniste, il prend soin de rédiger un petit message, qu'il pose soigneusement sur la table de la cuisine : « J'ai pas fini les travaux, je reviendrai. » En effet, le boulot n'est pas terminé, mais l'essentiel est fait !

L'examen médico-légal ne pourra pas déterminer si la jeune femme était décédée avant l'ensevelissement, mais le viol et la strangulation seront établis, sans appel. Une fois de plus, Francis vient à sa manière de faire parler une morte ! Mais il a également fait s'exprimer un « disparu », Franck ou Robert, comme on veut.

Patrice Alègre apparaît désormais officiellement en procédure, comme violeur et meurtrier présumé de Mireille Normand. Et Francis de me lancer avec malice, comme d'habitude : « À toi de jouer, mon vieux ! » Je me tire de ce mauvais pas par ces mots de Jules Renard : « Ce qui perd le lièvre, ce sont ses ruses. S'il ne faisait que courir droit devant lui, il serait immortel. »

Le « lièvre » déjà recherché par la police, pour une affaire de viol, l'est désormais par la SR de Toulouse et la BR de Foix associées, pour le viol et le meurtre de Mireille. Mais surtout, je fais immédiatement un lien avec le viol et le meurtre de Laure. Moi non plus : « J'ai pas fini les travaux ! »

11

ÉMILIE DOMPTE LA « BÊTE »

« Cela semble toujours impossible, jusqu'à ce qu'on le fasse. » C'est sans doute cette pensée de Nelson Mandela qui correspond le mieux à l'état d'esprit qui m'anime lorsque je cours jusqu'au palais de justice en cette fin du mois de juillet 1997. Pendant six ans, je m'étais battu pour identifier le meurtrier de Laure Martinet, avant de trébucher face à la difficulté de la tâche et de clore le dossier. J'ai soudainement l'impression de me relever de cette chute. Tout à coup, je me sens doté de l'énergie indispensable pour escalader des montagnes !

Il faut aller vite. Parce que les circonstances l'exigent : un individu soupçonné d'être impliqué dans trois affaires criminelles est en fuite. Patrice Alègre intéresse désormais trois directeurs d'enquête. J'avais fait secrètement serment d'annoncer un jour à Jean-Michel Martinet le nom du salaud qui avait tué sa fille. Je sens désormais que le salaud est à ma portée.

Mais pas question de travailler seul, ce qui est suicidaire en matière judiciaire. Il faut conserver la maîtrise de la traque qui s'annonce. Après avoir longtemps été « premier de tranchée », pour reprendre une expression chère au général Pierre de Villiers, je tiens maintenant au statut de « premier de cordée », même si je conserve bien entendu les mains dans le cambouis.

Dans notre pays, comme je l'ai déjà précisé par ailleurs, la procédure pénale est écrite et je dois justifier de cette manière auprès de la justice des raisons qui motivent la réouverture d'une enquête préliminaire qui permettrait de reprendre des investigations officielles dans le dossier de Laure. En somme, je ne dois pas reprendre les fondations, mais ériger de nouveaux murs porteurs, sachant qu'il est plus aisé de clôturer une enquête pénale que de la rouvrir sur la base de faits nouveaux.

À l'attention du procureur de la République et du juge d'instruction qui sera désigné, j'ai rédigé une note reprenant succinctement les rapprochements qui me semblent cohérents entre le dossier de Laure Martinet et celui de Mireille Normand. Outre d'éventuelles concordances scientifiques qui restent à déterminer, je note trois types de points communs, qui me semblent majeurs.

Les premiers sont issus des constatations. Le corps de Mireille est retrouvé partiellement dénudé, elle n'a conservé durant son supplice qu'une chaussette, l'autre pied étant nu. Laure était également nue, les seuls vêtements que le criminel lui a laissés sont ses socquettes noires. Dans aucune des deux affaires criminelles, les habits n'ont été retrouvés. Surtout, les experts sont formels, les deux femmes ont été étranglées.

Mireille et Laure avaient la même attirance pour les personnalités atypiques. Mireille avait une vie sentimentale agitée et n'hésitait pas à accueillir chez elle des hommes de passage. Laure s'était éprise d'un marginal.

Enfin, les premiers éléments de l'enquête traitant du meurtre de Mireille déterminent que Patrice Alègre est *a priori* le dernier à l'avoir vue vivante (à ce stade de mes écrits destinés à l'autorité judiciaire, c'est en effet la prudence qui prévaut, présomption d'innocence oblige). Et il apparaît rapidement que les parents du fuyard ont résidé à Saint-Geniès-Bellevue, commune où demeurait Laure.

À ce stade, j'ignore encore si les traces d'ADN retrouvées sur le corps de Mireille sont identiques à celles découvertes sur celui de Laure.

Le juge Serge Lemoine me reçoit avec ce sourire discret dont il a le secret. Le bâtonnet de réglisse a pris la place des Gitanes maïs qui lui ont rongé les poumons. Sur les modalités juridiques, aucun commentaire, le magistrat a déjà œuvré en coulisse. Il est saisi de la nouvelle information judiciaire pour « meurtre concomitant à un viol » sur la personne de Laure, sur la base des « charges nouvelles » qui figurent… sur le document que je lui remets. Le magistrat a aussi compris que le temps presse, il a anticipé !

Pas un mot sur les six années d'investigations passées. En professionnel expérimenté, il regarde devant, mais c'est malgré tout par un coup d'œil dans le rétroviseur qu'il aborde le cœur de la conversation. Il est déjà convaincu comme moi que Franck et l'assassin de Laure sont un seul et même homme, Patrice Alègre. En outre, il m'indique que le magistrat chargé d'instruire un viol et une tentative de meurtre commis le 22 février précédent sur une certaine Émilie Espès s'est dessaisi à son profit. C'est donc le juge Serge Lemoine qui me permet de découvrir par le menu les faits dont avait été victime Émilie, cette jeune femme de 20 ans, en début d'année.

Le 24 février 1997, les services de police de Toulouse sont informés par le pôle de chirurgie maxillo-faciale du centre hospitalier de Purpan qu'une patiente hospitalisée depuis quarante-huit heures désire déposer plainte.

Le 21 février vers midi, elle fait la connaissance, dans un bar de Toulouse, d'un homme prénommé Patrice. Celui-ci lui propose de l'emmener à une soirée organisée dans un établissement de nuit de l'ouest de la capitale occitane. Après avoir passé l'après-midi ensemble, ils dînent chez Yves, un ami de Patrice, qui l'héberge depuis déjà plusieurs jours. Le repas est copieusement arrosé.

À minuit, le couple arrive dans la discothèque. Pendant qu'elle danse, Patrice avale bière sur bière au bar. La fatigue s'emparant d'Émilie, elle demande à son compagnon de la ramener. Sitôt le trajet retour débuté, elle s'endort. Lorsqu'elle se réveille, quelques minutes plus tard, elle est allongée sur la banquette arrière. Patrice est positionné à califourchon sur elle et tente de l'étrangler. Il ne dit rien, il a les yeux exorbités, comme s'il allait la tuer puis se débarrasser de son corps. Se démenant comme elle peut, elle l'agrippe par les cheveux et le griffe au visage. La sanction est immédiate : « Ta gueule ! » et accompagnée d'une pluie de coups de poing sur le visage. Émilie perd connaissance. Lorsqu'elle se réveille, le véhicule circule sur un chemin de terre, loin de tout signe de vie, ni éclairage ni habitation. Patrice lui a enlevé ses chaussures, ne lui laissant que ses chaussettes. Terrorisée et souffrant terriblement de la tête, elle trouve tout de même les ressources nécessaires pour tenter de le calmer : « Calme-toi, je ne dirai rien. » Il saute alors sur la banquette arrière, lui enlève son pantalon, arrache sa culotte et la pénètre, éjaculant ensuite sur le siège avant. Il se met à pleurer : « Maintenant, tu fais ce que tu veux, si tu veux voir les flics tu y vas, tu tiens dix ans de ma vie dans tes mains ! »

Patrice exige ensuite qu'Émilie l'accompagne chez son logeur et s'allonge à ses côtés, dans le même lit. Terrorisée, elle s'exécute, mais profitant du sommeil profond de l'agresseur, elle réveille la compagne d'Yves, qui la conduit à l'hôpital. À son ami Yves, le violeur raconte une tout autre histoire : le couple aurait été agressé par des voyous à la sortie de la discothèque.

Patrice demande ensuite de la peinture pour masquer les taches de sang sur la banquette arrière de sa voiture. N'obtenant pas satisfaction, il se fait donner 50 francs puis quitte son ami, pour « aller rendre visite à Émilie, à l'hôpital » avant de disparaître.

Émilie reconnaît son agresseur parmi les clichés que lui présentent les policiers. Il s'agit de Patrice Alègre. L'examen médico-légal pratiqué sur la victime met en évidence de nombreuses fractures des os du nez et du visage, des morsures sur les doigts, des traces corroborant la tentative de strangulation ainsi que le viol. La « Bête » a sévi, graciant Émilie parce qu'elle s'est réveillée et s'est montrée « gentille ».

Un récépissé de commande de roses chez Interflora à l'attention d'une certaine Sylvie Prouilhac est découvert au cours de la perquisition menée dans la chambre occupée par Patrice Alègre chez Yves. Localisée et entendue, cette ex-amie de Patrice Alègre dit avoir rompu avec lui en raison de ses accès de violence.

Le 28 février, l'agresseur d'Émilie abandonne son véhicule dans un village, au nord de Toulouse. Il téléphone à sa mère, qui vient le chercher et lui donne une rondelette somme de 3 000 francs, avant de le déposer à la gare routière de Toulouse. Il prétend se rendre chez un ami, un certain Sydney. Dès lors, Patrice Alègre est bel et bien en cavale.

À l'issue de cette entrevue avec le juge d'instruction toulousain, j'ai deux certitudes : celle de mieux connaître le fugitif, dont l'extrême dangerosité se confirme à travers l'épisode subi par Émilie, et celle d'être désormais doté d'un support juridique solide, une commission rogatoire délivrée pour « charges nouvelles » en vue de confondre le meurtrier de Laure. Désormais, je vais pouvoir organiser les investigations. Le palmarès de Patrice Alègre fait froid dans le dos, il est donc très urgent de mettre un terme à sa cavale. D'autres vies pourraient être en danger.

Mais avant de mettre la machine en route, je ne peux pas prendre le risque que le papa de Laure apprenne par des canaux détournés ce rebondissement. Dans un premier temps, j'envisage de lui fixer un rendez-vous pour le lendemain, sans en dévoiler le motif.

Je m'isole dans un bureau, pour l'appeler. Je suis très ému. Et Jean-Michel perçoit sans doute que le timbre de ma voix est plus grave que de coutume. Il me le fait aussitôt remarquer en m'interpellant, comme à son habitude, par mon nom : « Soucaze, si j'ai bien compris, il y a du nouveau ! » Même par omission, je ne peux pas mentir à cet homme.

Dans le silence du bureau, l'émotion m'étreint, les mots peinent à apparaître, je m'en remets donc à un vieux recours, la formulation militaire : « Affirmatif, monsieur. Le salaud qui a fait ça à Laure est identifié. » Le temps semble s'être arrêté. Ce moment me paraît interminable. Puis, je reprends la main : « Monsieur, je vous propose que nous nous voyions dès demain matin. »

Le lendemain matin à la première heure, Jean-Michel Martinet est face à moi dans le huis clos de mon bureau. J'ai préparé deux cafés noirs bien charpentés. La poignée de main a été plus ferme encore que d'habitude. Il ignore que les frissons de l'émotion s'emparent de moi. Je lui dresse un point de situation précis. Il est désormais détenteur du secret de l'enquête, mais je sais que je peux compter sur son mutisme le plus absolu. Paradoxalement, je devine chez cet homme jusque-là quelque peu abattu une certaine fierté retrouvée. Il redresse la tête. Je ne l'ai jamais vu comme ça !

En le raccompagnant jusqu'à sa voiture, je m'engage à le tenir informé des développements qui ne manqueront pas de se produire. Nouvelle poignée de main, sans un mot. Puis, ouvrant la portière de son véhicule, Jean-Michel me regarde droit dans les yeux et renouvelle son serment : « Un jour, je le buterai ! »

Je fais mine de ne pas avoir entendu. Ma seule préoccupation est de mettre la main sur Patrice Alègre.

12

LA « BÊTE » N'ÉTAIT PAS UNE INVENTION

Au prix des meurtres de Laure Martinet puis de Mireille Normand, au prix du supplice d'Émilie Espès, la Bête est désormais identifiée, il s'agit de Patrice Alègre, un homme de 29 ans. Plus d'un mois après la découverte dans le sud de l'Espagne de la Citroën volée à Mireille, plus de son, plus d'image. Est-il toujours du côté de Malaga ou de Marbella, en train de se prélasser sur une plage parmi des créatures en bikini, en quête de sa prochaine proie ? Est-il rentré en France, passant entre les mailles du filet à la frontière ? La deuxième hypothèse nous apparaît peu vraisemblable. Patrice Alègre se sait recherché, il ne devrait pas prendre de risques. C'est donc la première éventualité que nous envisageons. Et cette perspective préoccupe la poignée d'enquêteurs qui m'entoure. Il ne faudrait pas que la Bête sévisse de nouveau. À ce moment de l'année, le prédateur est en Andalousie comme le loup qui guette le troupeau de moutons à sa portée, ne lui reste qu'à choisir le bon moment. Nos échanges avec la *Guardia Civil* et la police espagnole ne donnent rien.

À rythme soutenu, nous affinons ce que dans le jargon professionnel nous appelons « l'enquête d'environnement ». Nous nous employons à mieux connaître notre cible sous l'angle de sa famille, de ses proches. L'objectif est de cerner sa personnalité, son attitude, ses fréquentations, ainsi que ses forces et ses faiblesses.

Je tente donc de quitter la Bête mise en évidence par ces trois affaires criminelles, pour pénétrer dans l'intimité de Patrice Alègre. Son père est fonctionnaire de police et sa mère coiffeuse. Les aléas de la vie ont vite séparé le couple. Elle, une femme décrite comme frivole. Lui, un homme rude qui ne fait pas dans la dentelle. Ils n'ont jamais maîtrisé ce fiston turbulent qui, déscolarisé, a sombré dès l'âge de 12 ans dans la délinquance du quotidien, de rapines en cambriolages. Au domicile familial défilent les conquêtes d'un soir de la mère encore attrayante et dégringolent les coups du père, lorsqu'il surprend un intrus dans le lit conjugal.

C'est par sa grand-mère paternelle que le petit Patrice sera élevé. Elle est devenue le dernier repère du garnement. Dans le quartier des Izards à Toulouse où elle vit, il devient vite un petit caïd. Déjà se dessine chez cet adolescent complexe la dualité de son comportement. Agréable et séducteur, il peut en dépit de son jeune âge devenir très violent lorsqu'il est sous l'emprise de l'alcool ou de drogues. Il goûte à tout : haschich, ecstasy, cocaïne... Et il ne « s'éclate » vraiment que lorsqu'il y mêle l'alcool. Ce mélange détonant le fait alors décoller pour accéder à un autre monde, celui de la toute-puissance. « Mémé Céline » lui restera attachée jusqu'à la fin de ses jours, lui pardonnant tous les caprices, comme sa mère d'ailleurs.

Deux autres femmes ont particulièrement compté dans sa vie : Cécile, dont il a partagé le quotidien par intermittence durant huit ans et avec qui il a eu une fille, et Sylvie, rencontrée plus tard. Viendra le jour où il sera aux abois et tentera un contact avec un proche, une connaissance.

Tous ceux qui sont identifiés comme tels sont placés sous surveillance téléphonique.

« Si je savais qui a fait ça,
je m'en occuperais, de celui-là ! »

Le 15 août 1997, je sollicite Cécile par téléphone. Je sais que je marche sur des œufs en prenant contact avec elle ; un maillon essentiel la relie à Patrice Alègre, leur fille Anaïs, une enfant de 8 ans à l'époque. Ignorant tout de la fiabilité de Cécile, je prends un risque. Peut-être Patrice Alègre viendra-t-il un jour aux nouvelles auprès d'elle, pour prendre la température toulousaine. Si elle « parle », cela pourrait éloigner encore davantage le fugitif et compliquer notre tâche, déjà suffisamment périlleuse. Mais je n'ai guère le choix.

Elle est ponctuelle au rendez-vous fixé à 18 heures, dans les locaux de la section de recherches. Un autre OPJ m'accompagne. À l'heure dite, nous voyons arriver une jeune femme de grande taille, très élégante. Sa démarche lui donne des airs de jeune cadre dynamique. Cécile est employée dans une collectivité territoriale de la métropole toulousaine. Elle profite des vacances d'été pour passer du temps auprès de son père fragile, tout en s'occupant de sa fille Anaïs. Depuis qu'elle est séparée de Patrice, elle a refait sa vie et poursuit, me dit-elle, une existence beaucoup plus apaisée. Je suis agréablement surpris par la « normalité » de la jeune femme. Si elle triche avec moi, c'est qu'elle est vraiment douée pour la comédie !

Rassuré par le décalage entre ce que je perçois de la personnalité de Cécile et le tableau que nous avons établi de son ex-conjoint, je ne tarde pas à entrer dans le vif du sujet, cherchant dans un premier temps à savoir quelle analyse elle porte sur son ex-compagnon. Elle se montre très directe. « J'étais jeune lorsque je l'ai rencontré. C'était un beau gosse, qui m'a raconté tous les problèmes affrontés depuis sa plus tendre enfance. J'ai craqué pour lui. Mais rapidement, c'est devenu compliqué, entre ses absences prolongées, les cambriolages et parfois la violence. Un jour, il a dépassé les limites, je l'ai mis dehors. »

Ces propos me confirment la sincérité de la jeune femme, que je sens très sereine. Elle me certifie qu'elle n'a absolument plus aucun contact avec le père de sa fille. Je ne suis pas obligé de la croire, malgré tout. Puisqu'elle a naturellement évoqué les cambriolages, je tente un coup de poker : « Si je vous ai demandé de venir aujourd'hui, ce n'est pas pour parler de cambriolages ! » Jusque-là assez sûre d'elle, la jeune femme blêmit. J'enchaîne : « Votre ex-conjoint est probablement l'auteur de deux meurtres et d'un viol avec tentative de meurtre. »

Elle se met aussitôt à pleurer discrètement puis elle réagit : « Ce n'est pas possible ! » J'enfonce aussitôt le clou : « Si je vous fais venir un 15 août à 18 heures pour vous annoncer cela, c'est que je suis sûr de moi. Maintenant, vous avez le choix entre deux solutions. La première est de nous dire tout ce que vous savez sur cet individu. Dans le cas inverse, vous savez désormais à quoi vous vous exposez. » Cécile fond en larmes. Elle ne peut pas se ressaisir : « Ce salaud, il a fait ça ! » Je lui tends un paquet de kleenex. Mon camarade lui apporte un verre de jus de fruits. Peu à peu, elle s'apaise.

Cette femme ne triche pas. Je décide de lui donner quelques éléments qui étayent les affirmations que je viens de lui jeter à la figure. Le plus simple est de lui parler du meurtre de Laure Martinet, sans livrer de détails. Elle me surprend : « Et dire que quelques jours après cette affaire, nous avons été contrôlés par les gendarmes, qui demandaient aux automobilistes s'ils savaient quelque chose. Patrice conduisait notre voiture. »

Après avoir bu une gorgée de jus d'orange, elle poursuit, citant les propos que lui avait adressés son conjoint juste après le contrôle de gendarmerie : « Si je savais qui a fait ça, je m'en occuperais, de celui-là ! »

Effectivement, quelques jours après le meurtre de Laure, des contrôles de gendarmerie avaient été organisés à l'heure supposée de la disparition et n'avaient rien donné ! Pour détendre l'atmosphère, nous parlons d'Anaïs. Elle me montre même une photo de l'enfant. Mais Cécile est choquée. Je n'insiste plus, c'est elle qui revient sans cesse sur le meurtre de Laure, le seul dont elle connaisse l'existence, puisqu'elle avait lu des articles de presse s'y rapportant, près de sept ans plus tôt.

Alors que je lui demande, juste avant qu'elle ne prenne congé, les circonstances de leur séparation, elle me fait une réponse qui me glace : « Je l'ai viré un soir où, encore une fois ivre et drogué, il a jeté notre petite contre un mur de l'appartement ! » C'en est assez pour ce soir, je laisse Cécile retrouver un peu de paix. Elle me demande si elle peut évoquer la situation auprès de son compagnon en rentrant. Je l'y autorise. Elle se montre soulagée.

La jeune femme qui quitte les locaux de la section de recherches n'est plus la même. Sa vie vient de basculer. Depuis ce 15 août 1997, Cécile ne m'a jamais déçu, jamais trahi. Côte à côte, nous aurons pourtant à affronter d'autres combats.

Sylvie, huit mois avec Alègre et la peur au ventre

Nous travaillons désormais d'arrache-pied. Les heures de sommeil se comptent sur les doigts d'une main. D'écoutes téléphoniques en filatures, les deux ou trois bureaux réquisitionnés pour l'affaire sont devenus des ruches. Pourtant, je constate que, pour l'instant, l'engagement ne paye guère.

Cécile est une fille sûre, je n'ai plus de doute. J'ai la conviction que si le fugitif s'aventure à la contacter, elle nous le fera savoir aussitôt, sans que nous ayons à le découvrir sur les écoutes.

S'agissant de Sylvie, je suis *a priori* plus sceptique. Patrice Alègre l'a connue dans une discothèque toulousaine dont elle est la gérante depuis quelques années. Lorsque la jeune femme a pris les rênes de l'établissement, elle en a changé l'appellation : *La Voie 12* est devenue *La Planète Rock*. Mais c'est bien devant ce cabaret que Laure avait été importunée par des individus éméchés, juste avant de disparaître dans la nuit toulousaine, le 24 janvier 1990. Coïncidence ? Peut-être. Difficile à croire, puisque le fugitif y avait ses habitudes depuis longtemps. On se souvient de l'omerta qui avait accompagné nos investigations dans cet établissement.

Sylvie a vécu durant huit mois avec Patrice Alègre, videur à ses heures à *La Planète Rock*. Voilà qui était de nature à démultiplier l'ego de ce narcissique. Il devenait « quelqu'un », il était chargé de faire la police dans la discothèque et l'amant de « la patronne ». Que du bonheur ! Mais l'aventure ne se prolonge pas. À la suite d'une crise de violence, Sylvie met un terme à la relation, ainsi qu'à la collaboration. « Je saurai m'en souvenir ! » s'écrie-t-il en s'éloignant de la femme d'affaires, son baluchon sur le dos. Nous verrons que la Bête a la rancune tenace.

Quelques filatures et des écoutes téléphoniques rassurantes nous permettent de lever le doute sur la fiabilité de Sylvie, dans la perspective où nous l'approcherions. Hors l'exploitation de son night-club, elle mène une vie rangée.

Nous allons être agréablement surpris. C'est dans son appartement cosy que Sylvie nous reçoit. Elle aime le rock et elle le vit, jusque dans son look. D'emblée, elle nous apparaît comme une personne agréable mais, surtout, terrorisée à la seule évocation du nom de son ex-conjoint. Depuis qu'elle l'a mis dehors, elle ne l'a jamais revu.

Mais elle a eu très peur, vers 4 heures ce matin du 15 avril 1997, lorsque, dans un état de nervosité extrême, il tente de faire céder la porte d'entrée. N'y parvenant pas, il menace de « tirer une balle » à travers la porte. Sylvie garde le silence et fait appel discrètement à la police. Hélas, lorsque les fonctionnaires se présentent, la Bête a disparu. Depuis, la jeune femme vit cloîtrée, en dehors de toute activité, hormis l'exploitation de son commerce, où elle se sent protégée par l'équipe d'agents de sécurité. Nous avons l'impression que notre visite la soulage. Sans que nous ayons à la prier, elle nous promet de nous informer de toute tentative d'approche de la part de son ex-compagnon. Elle tiendra son engagement.

Michèle, sa mère, dans le déni, embourbée dans l'alcool et le sexe

J'ai déjà évoqué le contexte familial. D'un côté, le père, qui s'efforce, coûte que coûte, de manière excessive et très autoritaire, de maintenir un cadre strict, y compris à coups de rondin assénés sur la tête de son fils rebelle. De l'autre, Michèle, la mère, dont l'addiction à l'alcool est fréquemment évoquée au cours de l'enquête. De l'autre côté de la cloison de l'appartement, ses ébats amoureux sont fréquemment perçus par le jeune Patrice. Ce contexte a-t-il aidé à entraîner le jeune adolescent vers la rupture ? Possible, je n'ai aucune compétence en psychiatrie.

Six ans après son premier accouchement, Michèle met au monde un deuxième enfant. Ce dernier a 12 ans lorsque ses parents divorcent. Il a donc probablement été lui-même empêtré dans les soubresauts familiaux et semble pourtant s'en être tiré sans encombre. J'avais croisé Nicolas au cours de ma première enquête, dès 1991. Il était certainement trop tôt, il n'avait pas encore 17 ans. Souvenez-vous, ils étaient une bande de jeunes garçons, qui avaient mimé un viol sur une adolescente du même âge lors d'une fête de village. Eh bien, Nicolas, qui n'avait certes tenu qu'un rôle secondaire, faisait partie de l'équipe. Je l'avais questionné sur le meurtre de Laure. Il n'avait pas pu m'aider. Il avait tout de même fait l'objet d'un test ADN. De son frère, il n'avait rien dit, comme s'il n'existait pas. Dommage ! À l'issue de l'audition, son père était venu le chercher, sans aucune allusion à ses fonctions de policier.

De Patrice, sa mère ne parle pas, non plus. Elle va le secourir lorsqu'il est en « aventure », par exemple lorsqu'il abandonne la voiture dans laquelle il a fait subir le pire à Émilie Espès. Elle lui remet de l'argent, sans poser de questions. Elle est dans le déni. Cette femme, embourbée dans l'alcool et le sexe, reste pour moi un mystère. Sans doute l'intimité des rapports mère-enfant est-elle difficilement compréhensible, surtout pour un homme. Je lirai plus tard des rapports d'experts talentueux qui évoquent « la haine des femmes et en particulier de la mère » ou encore des « pulsions inconscientes et archaïques ». En fait, je me suis longtemps demandé s'il n'y avait pas dans le comportement de Michèle de la complicité. Certes passive, mais de la complicité quand même.

Pour l'heure, inutile de s'égarer dans des analyses psychiatriques. Patrice Alègre est en cavale. Je sais désormais que je ne peux pas compter sur l'aide de Michèle pour localiser son fils devenu assassin, encore moins sur celle de la grand-mère de la cité des Izards. Tiens, c'est précisément de cette cité qu'était partie Laure le 24 janvier 1990 en soirée, après avoir passé quelques heures chez Andy.

Fort heureusement, je sais que les deux autres femmes de sa vie, Cécile et Sylvie, veillent désormais. Quant à Anaïs, pour l'instant, elle est bien loin de tout cela, protégée par l'innocence de l'enfance. « L'innocence sauve du désespoir », mais cette histoire, celle de son père, la rattrapera.

Patrice Alègre, qui n'a plus donné signe de vie depuis bientôt deux mois, reste introuvable, mais la traque commence à s'organiser.

13

AIMEZ VOS AMIS AVEC PRÉCAUTION

Nous avons abordé la dernière ligne droite de cet été 1997. Le soleil rejoint l'horizon un peu plus tôt. Nous vivons à l'heure espagnole. Les repas sont décalés et la nuit n'a guère le temps de nous porter conseil, tant le sommeil se fait de plus en plus rare. Les allées et venues des contacts possibles de Patrice Alègre sont surveillées jour et nuit. En vain. Son itinéraire sanglant se poursuit-il ou bien le tueur se terre-t-il quelque part ? Je n'en ai pas la moindre idée. Pour l'instant, c'est silence sur les ondes.

Après avoir interrogé les femmes qui ont compté dans la vie du fugitif, il apparaît opportun de s'intéresser aux hommes. Quelques mots sur son père, Roland. Après son intégration dans la police nationale, il fait ses premières armes dans une compagnie républicaine de sécurité (CRS). Ses missions l'éloignent de la cellule familiale. Lorsqu'il est affecté à un poste plus sédentaire à Toulouse, en 1983, son fils Patrice a quasiment quinze ans. L'adolescent sombre déjà, et les sursauts d'autorité du père sont maladroits, parfois très violents. Face à ce maelström parental, l'adolescent forge sa haine du père et rejette cette filiation ratée.

Poursuivant l'enquête d'environnement, nous identifions des copains d'infortune plutôt, mais nous avons de la peine à lui trouver des amis. Le plus simple est donc d'approfondir les pistes qui ont déjà été effleurées. J'ai hâte de rencontrer Gilles, recommandé par un substitut du procureur de la République de Toulouse.

Lorsque je le vois pénétrer pour la première fois dans les locaux de la section de recherches, je suis impressionné par sa silhouette de pilier. Nous sommes au pays du rugby et, dans ce royaume, il doit probablement tenir une bonne place, avec son cou aussi large que son crâne rasé, ses épaules de déménageur et le ton de sa voix parfaitement en harmonie avec cette morphologie. Droit sur ses crampons, notre homme en impose.

De la même manière que j'avais été prudent avec Cécile, j'avance à pas de velours avec ce colosse. Rapidement, je découvre qu'il est d'un contact aisé et très agréable. Il est du style à « couper dans les virages » : « Oui, on a fait des conneries avec Patrice, mais depuis que je sais qu'il a tué des gamines, je le vomis. » Je peux me lancer sans risque et lui demande s'il a une idée de la localisation de Patrice Alègre. Il sait, pour l'avoir lu dans la presse, que son ex-partenaire de jeu se serait enfui en Espagne. Sa réponse fuse : « Si vous savez où il est en Espagne, je vais le chercher et je vous l'abandonne à la frontière. » J'ai du mal à dissimuler le léger sourire que déclenche en moi sa franchise. Un instant, j'imagine la scène, ce colosse déposant le fugitif dans un fossé au passage frontière, après lui avoir « réglé son compte », avant de nous appeler pour récupérer le colis...

Cette solution quelque peu rustique étant évacuée, j'obtiens sans mal la promesse de son aide, dès lors qu'il serait éventuellement contacté par son ex-ami.

J'apprécie cette approche directe et sans ambiguïté. C'est le moment que je choisis pour l'interroger sur ses relations avec le magistrat qui nous l'a recommandé. Là encore, il me donne des explications qui me semblent d'emblée totalement limpides, confirmant qu'il connaît bien le substitut. Ils se sont rencontrés dans le cadre des activités d'une association d'aide aux délinquants en rémission, à laquelle le magistrat apporte bénévolement son soutien, et ils ont fini par sympathiser. Les deux hommes se tutoient et s'appellent par leur prénom depuis qu'ils se sont découvert une passion commune pour le billard. Gilles me confirme qu'il lui est déjà arrivé de rendre visite au magistrat dans sa résidence.

Immédiatement et sans que je le lui suggère, Gilles me fait part de ses regrets d'avoir emmené Alègre chez le substitut, un jour de 1991, sans l'avoir prévenu. Et lorsque, récemment, Gilles a eu vent des soupçons pesant sur Alègre, il a été pris d'un sentiment de honte ; lors de cette visite Alègre avait déjà tué Laure ! Bien sûr, Gilles, comme le magistrat, n'en savait rien.

Je sais, au moment où je m'entretiens avec Gilles, que le substitut a informé le juge d'instruction Serge Lemoine de cette malencontreuse rencontre.

Malheureusement, plus tard, le substitut sera traîné dans la boue. Cette rencontre sans lendemain avec un assassin déclenchera un torrent de calomnies à son encontre, relayées par une médiatisation outrancière. Bien qu'il ait été précisé que le magistrat en question ignorait totalement la nature d'Alègre.

Lorsque Gilles s'éloigne, à l'issue de cette première rencontre, je sais pouvoir compter sur lui. Nous nous reverrons souvent. J'apprendrai quelques jours plus tard de la bouche de Cécile que Patrice Alègre lui avait parlé de ce magistrat : « Il s'appelle Marc, je le connais personnellement. » Pour le tueur, tout était bon à prendre !

Nous restons dans l'impasse, cependant que des éléments nous parviennent. Ainsi apprenons-nous qu'après avoir violé et tenté de tuer Émilie Espès, le fugitif a échoué chez Sidney à Saint-Antonin-Noble-Val, au nord-est de Montauban, dans le Tarn-et-Garonne. Il y passe quelques jours et déclare qu'il envisage de se rendre dans l'Aveyron, à Rodez. Ce jeune homme retient notre attention : il n'a aucun différend avec notre cible, et ils se sont promis de garder le contact. Sidney sera donc étroitement surveillé.

Nous mettons également la main sur Robert Richard, qui a croisé la route de Patrice Alègre, avant de rompre tout contact. Robert l'avait dépanné, l'hébergeant durant quelques jours. C'était sans doute pour le remercier que le fugitif allait emprunter son identité lors de la partie ariégeoise de sa cavale ! Robert Richard, qui mène désormais une vie rangée, ne nous est d'aucun secours.

Les tentatives auprès des connaissances de Patrice Alègre ne permettent finalement guère de progresser, même si nous avons quelque espoir du côté de Sidney, dans le Tarn-et-Garonne. Par acquit de conscience, nous menons quelques incursions dans le milieu de la nuit à Toulouse, notamment auprès des prostituées qui ne sont guère prolixes quand nous leur présentons des photos de Patrice Alègre.

Côté espagnol, les recherches ne donnent visiblement plus rien. À tel point que nous nous demandons si le fugitif n'a pas quitté ce pays.

14

LA « BÊTE » AUX ABOIS

31 août 1997. 5 heures du matin. Avec un camarade, nous achevons la surveillance nocturne par une planque à proximité du domicile de Sylvie, la gérante de *La Planète Rock*. Le silence de la nuit est profond. J'augmente le volume de la radio pour lutter contre l'endormissement qui nous gagne. Soudain, un flash d'information interrompt le programme musical nocturne : Lady Di est morte ! La princesse Diana Spencer, ancienne épouse du prince Charles, a été victime d'un accident de voiture sous le pont de l'Alma, à Paris. Aussitôt, les rédactions s'emballent, bouleversant leurs programmes pour mettre en place des éditions spéciales. Nous quittons notre poste de surveillance.

Le calme des rues que nous parcourons contraste avec la déflagration médiatique qui retentit sur les ondes. Désormais, nous en sommes certains, la traque de Patrice Alègre ne va plus intéresser aucun journaliste. Leurs regards sont aimantés par les tourments de la Couronne britannique. À Paris, des tombereaux de fleurs se déversent déjà à proximité du lieu du drame. À Londres, Sir Elton John réécrit spécialement une version nouvelle de *Candle in the Wind* qu'il interprétera durant les funérailles nationales. En quelques heures, le monde bascule de la torpeur de cette fin d'été à l'émoi.

Dans cette atmosphère funeste, l'interminable attente et la routine des écoutes téléphoniques qui ne donnent rien pourraient nous démobiliser. Pourtant, quelle autre stratégie que la patience mettre en œuvre ? Je n'en vois pas. Il faut donc rester concentré et guetter l'erreur du fugitif.

Dans la nuit du 3 au 4 septembre 1997, pas de filature. Nous choisissons de nous préserver un peu dans la perspective des longues nuits du week-end à venir. C'est donc à l'heure du laitier que j'arrive au bureau. Sans prendre le temps de boire un café, je m'apprête à obéir au rituel matinal, l'écoute des bandes d'enregistrement des conversations téléphoniques de la nuit, lorsque le téléphone retentit. Mon collègue Nico vient de recevoir un appel de Sylvie Prouilhac, qui semblait totalement terrorisée. Elle aurait été contactée par son ancien compagnon Patrice Alègre, au cours de la nuit. J'installe aussitôt les écouteurs sur ma tête.

Ce que j'entends me glace. Pour la première fois de ma vie, je découvre la voix du fugitif, quatre monologues, quatre appels auxquels Sylvie est restée sourde, laissant le répondeur enregistrer ses propos. Bien lui en a pris, c'est effectivement Patrice Alègre qui s'exprime, puisque Sylvie a identifié sa voix, mais c'est la Bête que j'écoute. Une pluie d'insultes s'échoue sur l'enregistreur de la jeune femme : « Salope, si tu réponds pas, je vais venir te buter… » L'homme semble hors de lui. Mon camarade rappelle Sylvie pour lui confirmer que nous prenons en compte le rebondissement et fonce au siège de France Télécom où lui sont immédiatement fournis les numéros d'origine des appels. Ils correspondent à des cabines téléphoniques différentes, mais toutes situées dans le 14e arrondissement de Paris. La situation est tendue. Une réunion a lieu dès l'arrivée du patron.

Affecté au cours de l'été à la tête de la section de recherches, il écoute plus qu'il n'agit ! On ne peut pas lui en vouloir. Mais comment localiser la cible ? Dans l'immensité de la capitale, c'est chercher une aiguille dans une meule de foin ! Désormais, le suivi des écoutes téléphoniques se fait en direct, nous nous relayons, au cas où la Bête rappellerait l'un de ses proches.

Au fil des heures, une étrange intuition me réconforte : nous reprenons peu à peu la main. Dans cette chasse à l'homme, il doit être possible de tendre un piège. Pour cela, il faudrait que Patrice Alègre rappelle un de nos contacts placés sous surveillance.

Pendant ce temps, à 13 h 15 précisément, la police est appelée au 16 de la rue Jacques-Baudry, à Paris, dans le 15e arrondissement. Un incendie vient de se déclarer dans un studio du deuxième étage de l'immeuble. Dans l'appartement enfumé, les enquêteurs découvrent le cadavre nu et partiellement brûlé d'une jeune femme. Détail monstrueux, une carotte est retrouvée, brisée à son extrémité, dans ce qu'il reste des draps du lit. L'enquête de voisinage permet tout de suite de déterminer que la victime est une jeune femme de 29 ans, qui menait une existence rangée. Seule une fréquentation particulière est vite connue. Isabelle, c'est son prénom, hébergeait depuis quarante-huit heures un homme de 25 à 30 ans, s'exprimant avec un fort accent du sud-ouest. La nature criminelle des faits ne fait aucun doute. Les enquêteurs parisiens pensent tenir une nouvelle victime de Guy Georges, le fameux Tueur de l'Est parisien, qui défraye la chronique à ce moment-là. Seule incohérence flagrante, Guy Georges égorge ses victimes. Or, Isabelle semble morte des suites d'une strangulation. Son visage a été roué de coups. Elle a été pénétrée de toutes parts, y compris avec des objets. En outre, Guy Georges n'a pas l'accent du sud-ouest ! Les policiers élargissent alors leurs investigations et découvrent sur une fiche de diffusion que les gendarmes toulousains recherchent Patrice Alègre pour deux viols suivis de meurtres et un viol avec tentative de meurtre par strangulation.

À la section de recherches, nous sommes restés à l'heure espagnole. Nous dévorons à la va-vite une pizza, lorsqu'on me transfère l'appel d'un fonctionnaire de police parisien, qui souhaite me parler de toute urgence. Lorsque je décroche, je ne sais encore rien de ce qu'il se passe dans le 15e arrondissement. Mon interlocuteur se présente comme étant le commissaire Éric P., chef de la 6e division de la police judiciaire. Sans perdre de temps avec des formules de politesse, il m'indique qu'il est saisi depuis à peine plus d'une heure d'une affaire de viol et de meurtre, grossièrement dissimulée en incendie accidentel. Les premières investigations lui ont permis d'apprendre qu'un individu présentant une coiffure munie d'une « houppette à la Tintin », avec un accent prononcé du sud, aurait été vu chez la victime durant les jours qui viennent de s'écouler. Je l'interromps : « C'est Patrice Alègre. » Puis, je le laisse poursuivre. Il m'explique qu'une amie de la victime fait remonter la rencontre avec ce « garçon au physique de jeune premier » à la fin du mois de juin 1997. Les deux jeunes femmes passent quelques jours de vacances dans un camping en bordure de mer, près d'Alicante. À la buvette, elles rencontrent un jeune Français qui dit être disc-jockey dans une boîte de nuit du coin. Le trio va dîner ensemble, avant de dormir à la belle étoile sur la plage. C'est l'été, il fait chaud, chacun raconte sa vie, quelques verres de sangria font le reste.

Finalement, les filles n'hésitent pas à laisser à ce Français sympathique numéros de téléphone et adresses. Pour les deux employées de la SNCF, les vacances touchent à leur fin, elles doivent retourner à Paris. Mais promis, Patrice passera les voir dans la capitale, avant de rentrer chez lui.

La narration du commissaire finit par me convaincre. Patrice Alègre vient de faire une autre victime. Après Laure, puis Mireille, Isabelle Chicherie vient de succomber, victime des mains cruelles du rôdeur en quête d'une nouvelle proie, croisé deux mois plus tôt dans une station balnéaire de la Costa Blanca. Je fais part de mes convictions à mon interlocuteur, confortées par les appels enregistrés la nuit précédente en provenance de cabines téléphoniques du 15e arrondissement parisien. Je lui confirme que nous avons plusieurs écoutes en cours et propose de lui faire part de tout nouvel appel qui émanerait du tueur aux abois. Le commissaire souhaiterait pouvoir présenter des photos de Patrice Alègre aux témoins. Pas de moyens internet à l'époque. Qu'à cela ne tienne, je lui promets de trouver une solution.

Oubliés désormais les grades et appellations, nous nous tutoyons. Ce sont deux officiers de police judiciaire qui se parlent. Le commissaire est directeur de l'enquête de flagrance déclenchée à Paris. J'ai la même fonction à Toulouse, pour l'affaire de Laure. Nous recherchons, chacun de notre côté, ce qu'il est désormais convenu de nommer un tueur en série. Nous nous engageons mutuellement à rester en contact, quoi qu'il se passe. La tension monte d'un cran.

Dans cette traque, la proximité avantage le commissaire. Il est fort probable que le tueur soit toujours à Paris. Mais j'ai en ma faveur la maîtrise du système de communication, ce qui devrait me permettre de suivre le tueur à distance. Nous n'évoquons pas le sujet, mais je suis sûr que chacun de nous y pense. À Paris, le commissaire expérimenté, rompu aux affaires criminelles de tous types, veut certainement accrocher un trophée de plus à son palmarès. De mon côté, je veux que la gendarmerie soit la première à mettre la main sur ce tueur que nous avons identifié et que je rêve depuis plus de sept ans maintenant de regarder enfin les yeux dans les yeux.

Pour l'heure, il y a urgence, la Bête pourrait sévir de nouveau. Je requiers aussitôt un commandant de bord d'Air France, à qui je fais remettre deux photos de Patrice Alègre. Le commissaire envoie un enquêteur à l'aéroport d'Orly pour récupérer les deux clichés. L'amie d'Isabelle confirme qu'il s'agit bien de l'homme croisé fin juin dans le sud de l'Espagne puis chez la victime à Paris, avant le meurtre.

Rapidement, j'informe le juge d'instruction de la nouvelle tournure prise par l'affaire. Il pose peu de questions, comprenant la gravité de la situation. Il sait aussi que je ne manquerai pas de porter immédiatement à sa connaissance tout élément nouveau qui apparaîtrait. Roland, mon homologue directeur d'enquête pour le meurtre de Mireille en Ariège, est aussi prévenu. Il dépêche aussitôt des enquêteurs à Toulouse, percevant que la situation peut désormais évoluer à tout moment. Bien lui en prendra.

Paradoxalement, la nuit du 4 au 5 septembre 1997 est calme, aucune conversation téléphonique du tueur n'est interceptée. Sans doute se cache-t-il. Après avoir longuement torturé Isabelle Chicherie, il avait laissé ouverts les robinets de la gazinière, puis il avait préparé deux foyers, dont un dans la salle de bains, avant de gratter une allumette en espérant déclencher une violente explosion, qui aurait pulvérisé toute trace du cadavre et la scène de crime. Comme en Ariège pour Mireille Normand, Alègre ne s'est pas pressé, il a même pris le temps de se désaltérer ; sur une table traînaient une bouteille de vin rosé et une bouteille de champagne vides. L'apéritif et les bières avalés au cours du dernier repas d'Isabelle au restaurant *Au petit plaisir*, rue Dutot dans le 15e, avant que le convive ne se transforme en tueur, n'avaient pas suffi. Le viol non plus ne suffisait pas. Il fallait cogner, il fallait de la souffrance, de la barbarie. Il fallait aussi du sang pour que la soirée soit totalement réussie ! Et du sang, il y en avait, lorsque les policiers sont intervenus... Il y en avait dans la cuvette des toilettes. Du sang, encore, s'écoulait en abondance du nez de la victime, mais également de l'anus. Un tube de Biafine et une carotte de 13 cm de long et de 5 cm de diamètre brisée à son extrémité complétaient le tableau. Autant d'objets témoins de la barbarie subie par la suppliciée. Plus tard, l'autopsie révélerait des détails confirmant la bestialité de l'agresseur : « Lésions traduisant des coups portés sur le visage, introduction d'une carotte dans le vagin, sodomie par introduction du même légume avec rupture de l'ampoule rectale provoquant une perforation et l'issue de l'objet dans le petit bassin, brûlures épidermiques *post mortem.* » Dans l'échelle des horreurs criminelles, on avait franchi un cran supplémentaire par rapport au supplice, au calvaire, infligé à Mireille en Ariège. Indéniablement, le tueur développait ses capacités. Guy Georges obéissait toujours au même rite : la ruse, pour surprendre sa proie, puis le viol et enfin l'égorgement. C'était plus « rapide », si j'ose dire.

Patrice Alègre, lui, fait joujou avec sa prise. Il l'étrangle, juste assez pour qu'elle ne résiste pas, car c'est inconfortable, un gibier qui résiste ! Puis il recommence, lorsqu'il perçoit les derniers soubresauts du corps. Comme le chat, il s'amuse avec sa proie, y compris lorsqu'elle est déjà morte...

Patrice Alègre se perfectionne. Il prend le temps de s'asseoir, de réfléchir, avant de poncer les traces, puis de creuser un trou, pour y jeter Mireille. Il prend le temps de pénétrer Isabelle de toutes les manières, y compris avec un légume et un goulot de bouteille de champagne. Il prend le temps d'aller laver son sexe recouvert du sang de sa victime – lui-même le confirmera ! Puis, enfin « repu », il rejoint une cabine téléphonique, pour promettre le même sort à Sylvie, son ex-compagne.

À sa manière, elle se rebelle, en ne répondant pas. Qu'à cela ne tienne, il réitère son initiative à trois autres reprises. On ne résiste pas à Patrice Alègre.

Ensuite, il prépare l'incendie supposé déclencher l'explosion qui va tout pulvériser. Peu importe si les voisins en subissent les conséquences. En langage judiciaire, on parle désormais de « viol accompagné d'actes de barbarie, meurtre accompagnant un autre crime, destruction d'un bien appartenant à autrui par l'effet d'un incendie, de nature à créer un danger pour les personnes ».

Enfin, Patrice Alègre n'oublie jamais de dépouiller ses victimes. À Laure, il a volé une chaîne qu'il a revendue à un bijoutier toulousain. À Mireille, il a dérobé quelques babioles, négociées ensuite chez un brocanteur du coin, ainsi que sa voiture. Chez Isabelle, il s'empare d'un bracelet, d'une bague, d'un appareil photo et de quelques CD. Il n'y a pas de petits profits…

Après un court repos réparateur, j'ai acquis la conviction que Patrice Alègre vit ses dernières heures d'homme libre. Pour l'instant, ma place est à Toulouse près de la source, près des interceptions téléphoniques. Il faut absolument envoyer à Paris un binôme d'enquêteurs. Le patron acquiesce. Pourtant, les mains des volontaires ne sont pas nombreuses à se lever. Nous sommes vendredi, le week-end se profile et l'arrestation du tueur demeure une perspective incertaine. Christian, du groupe « stups », n'hésite pas une seconde, de même que Roland, le directeur d'enquête de l'Ariège. Constatant la maigreur des effectifs disponibles, Michel s'engage également. Michel n'a pas d'expérience d'enquêteur, il appartient à l'équipe des techniciens en identification criminelle. Va pour le trio, qui s'occupe sur-le-champ de réserver les billets d'avion.

Je leur demande, dès leur arrivée à Paris, de se rapprocher du commissaire et de me communiquer toute information nouvelle sur les investigations parisiennes. Je crains cependant qu'ils ne soient perçus comme des espions en herbe en terre parisienne où la police a le monopole. Et en même temps cela me réconforte. Ils connaissent l'esprit de la mission. Ils sont tous OPJ, ils sauront réagir, en cas d'évolution. Je sais pouvoir compter sur eux.

À Toulouse, le téléphone, resté muet depuis la veille et les insultes proférées par le tueur aux abois, sonne de nouveau en vain chez Sylvie qui a reçu pour consigne des enquêteurs de ne pas répondre.

Parallèlement, Patrice Alègre, visiblement en quête d'une planque, tente de joindre un couple d'amis. Mais Sidney est absent. Il est désormais acquis que le tueur va de nouveau tenter de joindre son contact du Tarn-et-Garonne. Deux enquêteurs sont donc dépêchés à son domicile. À son arrivée, ils lui dictent les réponses à faire à Patrice si d'aventure il rappelait. Sidney est prié de trouver un « point de chute fiable » au fugitif. Comprenant rapidement les enjeux, il accepte de coopérer et se souvient qu'il avait passé un week-end chez un « pote », 30 rue de Verdun à Châtenay-Malabry. Encore faut-il que Patrice se manifeste, ce qu'il ne tardera pas à faire. Quoi qu'il en soit, l'ami parisien de Sidney ne sera de retour du travail qu'à compter de 17 heures, inutile donc que Patrice Alègre se rende à cette adresse plus tôt.

À Toulouse, cela me laisse le temps de solliciter mes camarades de la section de recherches de Versailles et de leur faire part du piège que nous tendons au tueur en série. J'ai besoin d'eux, pour interpeller l'homme à la houppette dès son arrivée dans la nasse.

Simultanément, j'ai une autre préoccupation à gérer : j'ai promis au commissaire de le tenir informé des déplacements de Patrice Alègre. Le dilemme n'est pas neutre, soit je donne les informations sur-le-champ à la meute des policiers parisiens lancés à ses trousses et c'est leur offrir le tueur en série dans un écrin, soit je retarde de quelques minutes la transmission des éléments, ce qui laisse le temps à mes camarades de la SR de Versailles de mettre leur dispositif en place en toute sérénité.

Consultés, mes partenaires toulousains du groupe « homicides » se montrent vindicatifs, me mettant fermement en garde sur les conséquences que pourrait entraîner toute temporisation de ma part : « Tu te rends compte, s'il va en tuer une autre parce que tu n'auras pas donné l'info tout de suite, tu l'auras toute ta vie sur ta conscience ! »

J'avoue que l'échange fut âpre. Je concède également n'avoir pas fait part de ma stratégie à mon patron de l'époque. J'ai pris ma décision seul : lorsque j'ai informé le commissaire du point de chute donné à Patrice Alègre, mes camarades de la SR de Versailles détenaient l'information depuis un bon quart d'heure. Ces quinze minutes furent décisives, en faveur de la gendarmerie.

À 17 h 10, le 5 septembre 1997, Patrice Alègre arrive comme prévu 30 rue de Verdun à Châtenay-Malabry, en application des consignes données par Sidney. Sans qu'il s'en doute, des agents chargés de l'entretien de l'immeuble l'attendent. Ils déplacent des conteneurs poubelles et balayent les communs. Fatigué par la cavale, le tueur ne décèle pas leur nombre, un peu élevé pour un vendredi soir ! Dès qu'ils l'ont repéré, ces faux agents d'entretien de la section de recherches de la gendarmerie de Versailles le plaquent au sol. La surprise est totale pour le fugitif. Il vient de vivre ses dernières minutes de liberté et n'a pas eu le temps de faire usage de l'arme qu'il porte. Le tueur vient de mettre un genou à terre.

Dans la minute, je rends compte au juge d'instruction. Puis j'informe le commissaire de l'arrestation, lui expliquant que je ne peux pas lui donner d'information complémentaire puisque « je ne connais pas encore les circonstances exactes de l'interpellation ». Il paraît surpris mais n'insiste pas. J'aurai l'occasion d'y revenir.

Un étrange mélange de sentiments m'envahit. Je suis à la fois très heureux et soulagé d'avoir pu mettre un terme à la cavale du tueur. Je suis aussi très triste de ne pas avoir pu le faire plus tôt. Je devine déjà les critiques faciles de ceux qui ne savent pas les difficultés d'une enquête criminelle.

J'appelle Jean-Michel, le papa de Laure Martinet. Comme moi, il attendait ce moment depuis sept ans. L'émotion est forte. Les mots sont superflus. Nous parlerons plus tard.

Il faut désormais que je file à Paris. Je veux être face à la Bête, enfin. Je sollicite mon patron, pour obtenir que la gendarmerie paye deux billets d'avion, mon ami Francis souhaitant légitimement m'accompagner. J'ai besoin de lui pour interroger le tueur sur la mise à mort de Mireille, en Ariège. Francis est le seul à connaître la scène de crime par cœur ; Alègre ne pourra pas le tromper.

« Le général commandant la région de gendarmerie de Bordeaux refuse de prendre en charge les deux billets d'avion, il estime qu'il n'y a plus urgence, le fuyard étant interpellé », ces mots qui jaillissent de la bouche de mon patron, c'est le couperet du général qui est tombé. Il vaut donc mieux économiser quelques sous que d'éviter à deux enquêteurs épuisés un voyage de sept heures en voiture !

Dès 4 heures du matin, la petite Renault 19 bleu ciel prend donc la route de la capitale. La fatigue est oubliée. À la radio, les funérailles de la princesse Diana sont annoncées. Les doigts souples de Sir Elton John caressent déjà le piano, tandis qu'il murmure *Candle in the Wind*[1]. Cette « bougie dans le vent », qu'il a imaginée comme une ode à Lady Di, résonne déjà pour moi comme un hymne à toutes celles qui, aussi fragiles qu'une bougie dans le vent, se sont éteintes dans leur dernière solitude, cédant à l'étreinte mortifère du tueur. J'écoute, presque religieusement :

> Et j'ai l'impression que tu as vécu,
> Comme une bougie dans le vent.
> Tu ne savais jamais à qui te raccrocher,
> Quand la pluie ne s'arrêtait pas.
> Et j'aurais aimé te connaître,
> Mais je n'étais qu'un enfant.
> Ta flamme avait brûlé jusqu'au bout, avant…

1. Bernie Taupin/Elton John, Universal Music Publishing Group, 1973.

15

LE CRÉPUSCULE DE LA « BÊTE »

J'avais imaginé un fou. J'avais cherché un fugitif. J'avais traqué un cogneur, un étrangleur, un violeur, un pervers qui fait de ses amies ses proies. Désormais la Bête a sombré. Qui est cet être ? Un prédateur ? Un assassin barbare ? Un animal à sang froid ? Est-il encore un homme ? Peut-être est-il tout cela à la fois !

« L'homme a peu de chances de cesser d'être un tortionnaire pour l'homme, tant qu'il continuera à apprendre sur la bête son métier de bourreau », a écrit Marguerite Yourcenar. Désormais, ce tortionnaire ne pourra plus apprendre son métier de bourreau puisqu'il se tient là, devant moi. La cavale meurtrière de Patrice Alègre est terminée, et je vais pouvoir apprendre à le connaître un peu, à tenter de comprendre pourquoi et comment il est tombé dans les bas-fonds de la barbarie.

Le moteur de la petite compacte poussive n'a cessé de rugir jusqu'aux portes de Paris, abandonnant sur l'asphalte interminable ses crachats mazoutés. Sur le trajet, Francis m'a aidé à planifier le face-à-face qui nous attend, mais évidemment, les choses ne vont pas se passer comme nous l'imaginions. Première surprise à l'entrée de Paris, où nous sommes attendus par une escorte motocycliste de la police parisienne. Après la déconvenue du voyage en avion non autorisé par notre général de patron, nous sommes très sensibles à cette attention de la police nationale. Nous pouvons désormais ranger nos cartes Michelin et nos plans de Paris. Mais qui donc cette modeste « boîte de sardines banalisée » qui traverse la capitale à vive allure entre deux motocyclistes peut-elle véhiculer ? À l'heure de la pause déjeuner, les Parisiens habitués aux escortes de voitures officielles sont ébahis. Quelques minutes nous suffisent pour rejoindre la 6e division de police judiciaire, avenue du Maine, dans le 14e arrondissement.

Je découvre le vaste lieu de travail du patron de la 6e DPJ, une véritable salle de commandement, avec une table de réunion qui me semble gigantesque. Dans un angle, je devine un réfrigérateur. Des plantes vertes décorent le site, véritable lieu de vie. Habitué à mon espace de travail étriqué, je me retrouve dans un autre monde.

Le commissaire divisionnaire de la PJ parisienne, que je rencontre pour la première fois, me souhaite la bienvenue. L'accueil est chaleureux. Cet homme, à la tête de l'un des plus enviés services de police judiciaire de la capitale, dégage immédiatement de l'humilité. Il m'explique qu'il va faire en sorte que ses collaborateurs terminent les nombreuses investigations relatives au meurtre d'Isabelle Chicherie pendant la première moitié du délai de garde à vue. À compter de 17 heures, soit vingt-quatre heures après son interpellation, nous devrions donc pouvoir interroger Patrice Alègre sur les meurtres de Mireille Normand et de Laure Martinet. Cette répartition des tâches me semble tout à fait juste.

Le patron de la 6e DPJ me confirme que le mis en cause a reconnu avoir violé et étranglé Isabelle Chicherie. Les circonstances des faits apparaissent abjectes au fonctionnaire de police, pourtant rompu à tout type de situation criminelle. Lors de son interrogatoire, Patrice Alègre a détaillé les actes barbares qu'il a commis : les coups violents portés au visage de la victime qui se refuse à lui, un premier étranglement pour l'immobiliser, ainsi que l'introduction de la carotte dans le vagin. Le tueur précise que cette manœuvre est accompagnée de va-et-vient, dont il estime la durée à plus de cinq minutes.

Isabelle réagit, donc elle souffre, sans toutefois pouvoir se défendre, l'agresseur l'ayant emprisonnée dans sa couette ! En toute transparence, le commissaire ne manque pas de porter à ma connaissance un incident survenu dans la nuit, pendant l'interrogatoire. Une enquêtrice, prise de nausées en écoutant le macabre récit, perd ses moyens durant une fraction de seconde et assène une gifle au tueur, ce qui a pour effet de le murer dans le silence. Ne gifle pas Patrice Alègre qui veut, surtout lorsqu'il s'agit d'une femme !

J'apprécie la franchise de ce haut fonctionnaire de la police nationale. Voilà qui laisse augurer d'une coopération efficace au cours des investigations à venir. Nous convenons de nous retrouver pour un point de situation avant la présentation du mis en cause devant l'autorité judiciaire à l'issue des quarante-huit heures légales de garde à vue. Si l'enquête de flagrance des policiers est quasiment bouclée, côté gendarmerie, nous avons désormais beaucoup à faire : deux interrogatoires sont à mener sur deux affaires criminelles différentes.

Après cet entretien, je retrouve Francis, ainsi que nos trois chanceux camarades arrivés par avion à Paris avant l'arrestation du tueur. Nous convenons d'entendre Patrice Alègre dans le cadre de l'affaire ariégeoise dans un premier temps, pour terminer avec le meurtre de Laure. Francis, qui a mené toutes les constatations concernant la macabre affaire de Mireille, à l'époque où le tueur se faisait appeler

Franck, est tout désigné pour procéder à cet interrogatoire en compagnie de Roland, le directeur d'enquête. Michel se joint à eux. Je ne participerai donc pas à cette audition. Il m'apparaît cependant important que nous rencontrions ensemble le mis en cause, avant de poursuivre suivant l'ordonnancement prévu.

Le 6 septembre 1997, à 17 h 30, vingt-quatre heures après son arrestation, Patrice Alègre nous est donc confié par les policiers de la 6e division de police judiciaire, conformément aux engagements pris par leur patron. La garde à vue du tueur est désormais sous la responsabilité de la gendarmerie. Je n'étais donc pas seul pour cette première entrevue désormais démythifiée. Surtout pas d'entretien exclusif ! Nous sommes quatre officiers de police judiciaire de la section de recherches de Toulouse et un cinquième, de la brigade de recherches de Foix.

En face de nous, Patrice Alègre, assis sur une chaise, dans une pièce dépouillée. C'est visiblement un homme fatigué. Il a perdu de sa superbe. Les traits sont tirés, il regarde le sol. Seule sa houppette, restée intacte malgré cette fin de cavale mouvementée, s'exhibe en signature. La rencontre est étrange. Même si nous n'en montrons rien, le pouvoir a changé de camp. Nous apprendrons très vite à nos dépens que la subtilité tortueuse du prédateur reste intacte. Ni dans les premiers regards, ni dans les premiers mots, je ne perçois aucune préférence du tueur pour s'adresser à tel enquêteur plutôt qu'à tel autre. Probablement se dit-il juste dans sa tête qu'il vient de se débarrasser d'un quartet de flics de la cité qui l'ont assailli de questions sur le meurtre d'Isabelle et que le voici maintenant face à un quintette de flics des champs qui vont jouer une autre partition. Notre seul avantage : il ne sait pas encore laquelle.

Comme convenu, nous ne lui disons ni d'où nous venons, ni pour quel motif. Notre accent commun nous trahissant, il comprend aisément qu'il n'est plus en présence de solistes parisiens et que la musique de chambre qui va dorénavant lui être proposée comprend probablement quelques airs de bandonéon… Finalement, ces premières minutes semblent d'une banalité déconcertante, tant le mis en cause apparaît insipide.

Ma première préoccupation est pour l'instant d'en dire le moins possible, de le laisser jouer sa partition. Même s'il semble tendu, il n'a rien d'inquiétant tant il paraît épuisé. Son attention s'éloigne finalement du sol. On m'avait décrit des yeux clairs, je découvre un regard sombre, la fatigue sans doute. Il se décide enfin à parler, sa voix est caverneuse, hésitante : « Vous venez pour Martine ? » S'ensuit un silence. Je sais qu'il faut tenir bon, le laisser parler de nouveau. Malheureusement, l'un d'entre nous lâche : « Non, pour Mireille », pensant que le tueur s'est trompé de prénom. Celui qui reste parfaitement lucide, c'est bien Patrice Alègre !

Je ne dis toujours pas un mot. À mon tour d'être tendu. Je tente d'analyser : parle-t-il de Martine Escadeillas, assassinée à Ramonville, enquête dont nous sommes saisis ? Ou bien d'une autre affaire, dont je connais à peine l'existence, une autre Martine supprimée à Toulouse, dont nous ne sommes pas en charge ? Je ne dis toujours rien. Il est trop tard, il a gagné le premier round !

Comme convenu, je le laisse avec le trinôme d'enquêteurs désigné, pour l'interrogatoire sur Mireille. À Christian, mon collègue des stups qui m'accompagne pour l'occasion et qui, de ce fait, n'avait pas perçu la subtilité du tueur, je dis que nous aurons fort à faire avec pareil retors lorsque, dans la nuit, viendra le moment de l'entendre sur le meurtre de Laure Martinet.

Patrice Alègre ne fait pas de difficultés pour décrire comment il a violé et étranglé Mireille Normand le 19 juin 1997, moins de trois mois auparavant. Seul face aux enquêteurs (à l'époque, la procédure pénale n'exige la présence ni de l'avocat ni de la caméra), il semble détendu. Il n'émet aucun remords, visiblement, les regrets, ce n'est pas son affaire !

Dans le chalet ariégeois, la soirée débute par la visite d'un jeune couple qui vient procéder à l'achat d'une vieille voiture proposée à la vente par Mireille. Ensemble, ils boivent du vin rouge. Au départ des clients, la jeune femme semble un peu ivre. Ils fument ensuite quelques joints, tous les deux. Vers 22 heures, Patrice Alègre prend place dans la Citroën BX de Mireille, qu'elle conduit. Ils se rendent chez un ami, chez qui ils boivent une bière et fument encore deux ou trois joints. Avant de rentrer au chalet, ils achètent pour 500 francs de shit. Mireille est dans un état d'ébriété avancé, mais semble joyeuse. C'est durant le trajet du retour qu'il a envie d'elle, sans le lui dire.

Ils s'installent dans une petite pièce à côté de la chambre à coucher, boivent encore et fument des pétards. Il essaye de l'embrasser, mais elle s'y refuse, partant dans sa chambre pour s'y réfugier. Il la poursuit. Durant l'altercation, ils tombent sur le lit, lui dessus. Il l'étrangle, mais elle parvient à lui faire lâcher prise. Il s'empare alors d'une chaise et frappe la jeune femme sur la tête. Elle est inconsciente. Il en profite pour la dévêtir et la violer. Après avoir fermé la porte d'entrée à clé, il la sodomise, puis serre de nouveau très fort le cou, jusqu'à ce qu'elle ne bouge plus. Ce n'est qu'à ce moment-là qu'il la ligote et la bâillonne, ce qui provoque son asphyxie. Le scénario imaginé par Francis lors des constatations était le bon. Il avait vu juste. Ensuite, il la descend en la traînant par les escaliers, pour l'enfermer à clé dans une chambre du rez-de-chaussée. Il débute alors une séance de « nettoyage » : ponçage des escaliers et incendie de tous les vêtements souillés de la victime. Ses propres habits étant maculés de sang, il les lave dans le lave-linge de la maison. Ces opérations se poursuivent toute la journée du 20 juin 1997. Patrice Alègre se souviendrait longtemps de son vingt-huitième anniversaire !

Ce n'est que la nuit suivante qu'il aurait enterré la victime, qui a donc passé environ vingt-quatre heures dans sa « chambre mortuaire » du rez-de-chaussée, pendant que le tueur fête son anniversaire, à sa manière, dans cette proximité macabre.

Une fois la nuit tombée, il l'inhume. Il charge ensuite dans la voiture de Mireille divers objets volés dans la maison et dérobe environ 4 000 francs, avant de disparaître. C'est le 25 juin 1997, à Guadamar De Segura, près d'Alicante, qu'il rencontre Isabelle, sa future proie parisienne.

Dans son récit, Patrice Alègre minimise indéniablement les faits. On sait notamment, grâce aux constatations réalisées par Francis, que les restes calcinés d'un godemiché vibromasseur ont été retrouvés dans le jardin. S'il a jugé nécessaire de faire disparaître cet objet, c'est vraisemblablement parce qu'il avait fait « joujou » avec, une petite « répétition » en somme, avant d'utiliser plus tard la carotte pour torturer Isabelle.

Le 7 septembre 1997, il est 3 heures du matin lorsque vient le moment d'interroger Patrice Alègre sur les conditions du meurtre de Laure, sept ans auparavant. Il vient de dormir durant quatre heures dans une cellule du commissariat. Dans ma chambre d'hôtel, je n'ai pas fermé l'œil mais je suis prêt, j'ai le scénario des questions en tête. Mon camarade, qui ne connaît pas l'affaire, me laisse guider l'interrogatoire, qu'il retranscrit.

C'est donc mon premier véritable face-à-face avec le tueur. Pendant des années, j'avais rêvé de ce moment. À l'image de tous les rêves, je doutais de pouvoir le vivre un jour. Je m'étais interrogé, aussi, sur mes propres réactions lorsque je serais en face d'un individu dont les actes abjects étaient de nature à susciter tant de haine. Ce moment était arrivé.

Dans le bâtiment sécurisé de la 6e DPJ, on entendrait une mouche voler. La nuit ajoute du silence au silence. Dès que nous le tirons de sa cellule, je sens ce grand gaillard de 1,85 m très attentif, mais apaisé. L'instant est finalement banal. Il décline sans sourciller son identité : « Je suis né le 20 juin 1968 à Toulouse, je suis sans profession ni domicile fixe. » Jusqu'à l'âge de 14 ans et son placement dans un « centre de redressement » (*sic*), il dit avoir passé son enfance à Saint-Geniès-Bellevue. En 1989, il retourne vivre dans le village de ses débuts, en compagnie de Cécile et de leur fille Anaïs, qui vient de naître le 23 juillet. L'enfant a donc précisément 6 mois le 24 janvier 1990. C'est un bébé fragile, dont quelques problèmes de santé nécessitent qu'il soit brièvement hospitalisé. Cécile se tient au chevet de sa fille à l'hôpital lorsque Laure disparaît.

Patrice Alègre se dit tout à fait disposé à s'expliquer sur les circonstances des faits. Il ne se souvient pas précisément de leur date, mais il précise que Cécile était effectivement à l'hôpital au chevet d'Anaïs. Il a besoin de « s'aérer la tête », dit-il, ce qu'il fait effectivement, au *Conservatoire*, un bar du centre-ville de Toulouse. Il y consomme abondamment, pour ne quitter l'établissement que vers minuit, au volant de sa Volkswagen Golf GTI rouge. Il emprunte le faubourg Bonnefoy puis la route d'Albi. Devant l'église de Croix-Daurade, il aperçoit une jeune fille qui fait du stop. Elle lui indique qu'elle rentre chez elle à Saint-Geniès-Bellevue ; cela tombe bien, lui aussi !

Nous présentons alors une carte géographique à Patrice Alègre. Il trace l'itinéraire qu'il dit avoir emprunté avec Laure. Il ne fait mention d'aucune halte à L'Union, devant chez Isabelle, dont la maman avait signalé avoir entendu des appels au secours de Laure durant la nuit. Nous le lui faisons remarquer. Il ne s'en souvient pas.

Laure lui ayant confirmé qu'elle fume de temps en temps un joint, il s'enfonce dans un chemin de terre, près du cimetière de Saint-Loup-Cammas. Il lui dit qu'il a envie de faire l'amour. Elle refuse : « J'ai déjà quelqu'un dans ma vie », dit-elle. Il la frappe au visage, l'étrangle, elle perd connaissance, puis il la déshabille.

Il baisse ensuite le dossier du siège passager et la viole. « Elle bougeait encore un peu, elle est revenue à elle, m'a griffé le nez, elle râlait. Alors je l'ai étranglée encore. » Il la sort ensuite du véhicule pour la placer sur le plancher entre les sièges avant et la banquette arrière. Il parcourt quelques kilomètres et va la jeter dans un fossé.

Il conserve les vêtements et le porte-documents de la jeune fille dans la voiture et rentre chez lui. En attendant d'aller les jeter, il les place dans un sac-poubelle « sous les escaliers », puis regarde la télévision jusqu'à 7 heures. Il va ensuite se coucher.

C'est vers 15 heures qu'il se lève, boit un café puis va se débarrasser des vêtements « dans un conteneur près d'une usine » et du porte-documents dans une clairière.

Patrice Alègre me semble développer sa narration avec une facilité déconcertante, sans jamais exprimer de regret.

Comme s'il avait « fait le job » dans la nuit du 24 au 25 janvier 1990. Et comme s'il venait de « raconter le job » sept ans plus tard !

Lorsque je lui demande si l'agonie de Laure a duré longtemps, sa réponse fuse : « Je ne sais pas. Le corps n'était pas froid lorsque je l'ai jeté dans le fossé. »

Quand je l'interroge sur ce qu'est devenue la voiture dans laquelle le crime a été commis, il me dit le plus naturellement qu'il l'a vendue à Gilles, sans même chercher à protéger son camarade, si proche qu'il avait convié le tueur à un apéritif chez un magistrat du parquet de Toulouse. Ce respectable représentant du ministère public avait donc trinqué ce jour-là à son domicile avec un tueur, ainsi qu'avec « l'heureux » nouveau propriétaire de la voiture ayant servi à commettre un viol concomitant à un meurtre. Dans cette déferlante d'horreurs, ces détails incongrus nous laissent de marbre.

Comme pour les faits perpétrés en Ariège, il refuse de s'expliquer sur la pénétration de Laure à l'aide d'objets, ce que pourtant le rapport d'autopsie établit formellement. Tout au plus concède-t-il avoir utilisé une ceinture de sécurité de la voiture pour procéder au deuxième étranglement de la victime, ses mains ne suffisant pas à éteindre les derniers réflexes de survie de la jeune femme !

Patrice Alègre termine son audition en certifiant qu'il n'a aucun autre meurtre à se reprocher : « Si tel était le cas, je ne vois pas pourquoi je le cacherais, au stade où j'en suis. » Il sait qu'il doit être entendu sur les faits subis par Émilie Espès, la « miraculée » et je comprends qu'il est prêt à en parler. Sans doute considère-t-il que les faits sont moins graves, puisqu'elle n'est pas morte. À moins qu'il ne tente de faire diversion, pour ne pas évoquer Martine, l'inconnue dont il a lâché le prénom lors du « premier round ».

En attendant son transport chez le juge d'instruction, qui va le mettre en examen pour le viol et le meurtre d'Isabelle avant de le placer en détention provisoire, Patrice Alègre est reconduit en cellule. Je lui affirme que nous devrions être amenés à nous revoir rapidement. « Alors, à bientôt », me dit-il, non sans malice.

J'appelle le juge d'instruction Serge Lemoine, en charge du dossier de Laure, pour lui faire part des aveux du mis en cause. Il achoppe sur deux points : il est persuadé que Patrice Alègre n'était pas seul, s'appuyant sur le témoignage de Mme Royat : « Ce sont les voisins… », et il est convaincu que l'auteur connaissait Laure de longue date. Sur la pluralité d'auteurs, je ne suis pas d'accord avec le juge, je pense que Patrice Alègre a agi seul, aucun élément factuel n'atteste de la présence d'un deuxième individu.

Nous ne serons jamais départagés, chacun de nous restant sur sa position. Sur le deuxième point, je n'ai jamais pu démontrer que l'auteur connaissait sa victime, même s'ils résidaient dans la même commune.

Il est temps de faire un bilan avec le commissaire à qui je fais part des aveux recueillis dans les deux affaires. Il m'indique que le juge d'instruction saisi du dossier d'Isabelle Chicherie souhaiterait entendre Patrice Alègre en début d'après-midi. En sa qualité de directeur d'enquête, il doit impérativement remettre sa procédure au magistrat en fin de matinée. Il ajoute qu'il tient tout particulièrement à ce que je l'accompagne pour cet entretien. Devant son insistance, j'accepte cette invitation dont je suis très honoré. Rien n'obligeait en effet le commissaire à me convier. Les affaires étant judiciairement dissociées, même si l'auteur des faits est le même, je n'ai rien à voir avec la procédure concernant Isabelle.

Me voici donc de nouveau escorté par des motocyclistes de la police parisienne. En fait, ils encadrent le fourgon qui transporte le tueur en série jusqu'au palais de justice. Au volant de sa berline rutilante, le commissaire en profite, pour gagner un peu de temps, il s'est glissé dans le convoi. Toutes sirènes hurlantes, nous fonçons dans les rues de Paris. Dans ce vacarme, je laisse mon imagination partir ailleurs, vers les miens qui m'ont appris jadis la persévérance, vers Kouider qui m'avait fait confiance, vers mes premiers formateurs, vers ces familles de victimes qui ont des droits sur nous. Plus légèrement, je pense aussi au « quart d'heure toulousain » qui nous a permis de « sauter les premiers » sur le fugitif aux abois, probablement au grand dam de mon conducteur d'un jour, avec qui je me suis bien gardé d'évoquer le sujet. A-t-il flairé la ruse qui nous a permis d'être les plus rapides ? N'importe, c'était ma petite « main de Dieu à moi », dans cette atmosphère délétère. Ce dimanche de septembre est agréable, même à Paris ! J'apprécie pleinement ce moment.

Nous pénétrons dans le cabinet du juge d'instruction, M. Ducoudray. Le commissaire me présente au magistrat en lui précisant qu'il a tenu à ce que je l'accompagne, en guise de reconnaissance pour la « bonne coopération » entre le service qu'il dirige et les enquêteurs de la gendarmerie. Décidément, ce commissaire est d'une grande classe ! Il résume ensuite les éléments essentiels relatifs au meurtre d'Isabelle.

Par courtoisie, j'expose succinctement au magistrat les crimes dont ont été victimes Laure et Mireille, tout en concluant qu'étant donné le délai de sept ans qui sépare le premier meurtre des faits les plus récents, nous ne sommes certainement pas au bout de nos surprises. Le juge m'informe que dès lors qu'il aura achevé l'instruction du dossier dont il a la charge, il se dessaisira en toute logique au profit d'un magistrat toulousain, le plus grand nombre de faits semblant avoir été commis en région Midi-Pyrénées.

Après une heure d'échanges environ, nous prenons congé. Sur le chemin du retour vers le siège de la 6e DPJ, le commissaire me propose de nous retrouver, enquêteurs de la police et de la gendarmerie, en fin d'après-midi, pour un moment de convivialité, en vue de sceller la bonne entente qui a guidé notre travail. J'accepte volontiers.

Retrouvant mes quatre compères gendarmes, je leur fais un débriefing de ma rencontre avec le juge d'instruction parisien, soulignant au passage l'élégance du patron de la 6e DPJ. Nous nous accordons un temps de repos, avant de répondre à l'invitation, à l'heure dite.

Lorsque nous accédons au salon-bureau du patron, non sans avoir préalablement fait l'acquisition de quelques boissons à bulles dans une petite épicerie de quartier, je suis stupéfait. C'est un véritable buffet dînatoire qui nous attend. Le commissaire a convié tous les enquêteurs de son service ; pour le coup, la gendarmerie est effectivement sous-représentée.

Le patron de la DPJ débute son intervention par un tonitruant « Félicitations, messieurs les gendarmes, vous avez tiré les premiers ! », puis ne tarit pas d'éloges pour l'excellent état d'esprit qui a présidé aux investigations menées de concert durant plusieurs jours et qui ont permis de mettre hors d'état de nuire le tueur en série. Vient ensuite mon tour de dire quelques mots. Je le remercie sincèrement et chaleureusement, en lui précisant que j'ai été très touché d'avoir été associé « jusqu'au bout » aux investigations parisiennes. Je ne réponds pas à ses mots introductifs, qui me font sourire intérieurement. Ce grand flic qu'est le commissaire divisionnaire a bien compris que seule une « carabistouille » a permis à la gendarmerie de « souffler » Patrice Alègre à la police sur son propre terrain, à Paris. C'est bien connu, les échecs à domicile dégagent une amertume encore plus forte !

Au-delà de l'anecdote, cette soirée allait permettre de clore une belle aventure humaine, comme seul l'exercice de la police judiciaire sait en offrir à ses acteurs. Comme prévu, Patrice Alègre rejoignait en fin de journée le seul endroit où il mérite de se trouver : la prison.

Plusieurs semaines après ce week-end parisien, je recevais, sous pli confidentiel, une lettre de Philippe Massoni, préfet de police de Paris, qui soulignait « l'excellente collaboration » entre police et gendarmerie, qui avait permis l'interpellation du meurtrier. Il concluait ainsi : « Pour l'opiniâtreté et la disponibilité que vous avez montrées, il m'est agréable de vous adresser mes plus vives félicitations. »

Ce type d'attention est toujours agréable. Mais ces félicitations me touchèrent particulièrement, car si elles portaient bien la signature du préfet de police de Paris, l'initiative en revenait sans aucun doute possible au commissaire divisionnaire qui n'en avait rien dit. Je suis fier d'avoir croisé ce grand monsieur !

16

LA BOXEUSE KO SANS COMBATTRE

Notre retour à Toulouse aurait pu être triomphal : nous venions de mettre un terme à la cavale sanglante d'un tueur en série et nous avions pu apporter quelques réponses, hélas pas toutes, aux familles de Laure et de Mireille. Malgré une arrivée tardive en Occitanie ce 8 septembre 1997, il me fut impossible de faire l'économie d'une halte dans les locaux de la section de recherches. Minuit avait sonné depuis longtemps, lorsque je découvris sur mon bureau un amoncellement de journaux, entreposés là par mes camarades restés sur place pendant mon week-end dans la capitale. J'allai directement sur le quotidien local, *La Dépêche du Midi*, pensant que j'y retrouverais les comptes rendus les plus détaillés sur la fin de la cavale de Patrice Alègre. Je n'allais pas être déçu, puisque le journal consacrait une double-page à un événement dont la lecture me tirait brutalement de ma bulle parisienne, le meurtre de Martine Matias, dont le corps avait été découvert en début d'année à son domicile, à Toulouse. Le journal s'interrogeait ouvertement sur la responsabilité du tueur dans cette affaire. Comme les faits s'étaient produits dans la cité *intra-muros*, la police nationale avait été saisie des faits. Paradoxalement, je découvrais donc l'essentiel des éléments d'enquête dans la presse, seul dans ces locaux déserts.

Le 11 février 1997 à 9 heures, les sapeurs-pompiers interviennent 38 rue des Anges, où un incendie vient d'être signalé dans un appartement. La porte d'entrée n'est pas verrouillée, celle de la cuisine est maintenue fermée au moyen d'une écharpe reliant la poignée au robinet d'un radiateur situé à proximité. Les intervenants relèvent la présence de deux foyers distincts, le premier dans la chambre, le second dans le salon, où un fauteuil est encore en train de se consumer. Rejoints par les fonctionnaires de police de permanence, ils découvrent le corps d'une femme qui gît dans la chambre, allongé sur le ventre, jambes écartées, le buste et la tête relevés. À cinquante centimètres du genou droit de la victime est retrouvé le chargeur d'un pistolet automatique de calibre 7,65 mm, ainsi qu'un ressort et un tube métallique. Ces indices sont visiblement les restes non consumés d'une arme de poing.

À l'entrée de la salle de bains, on trouve un soutien-gorge souillé de sang, dont une bretelle est déchirée. Dans la baignoire aux trois quarts pleine d'eau flottent deux chaussettes de sport blanches, l'une rouge de sang. Au pied de la baignoire, le tapis de bain est également imprégné d'écoulements sanguins. Enfin, le système d'éclairage de la coursive du quatrième étage menant à l'appartement a été démonté, le globe et l'ampoule sont découverts par terre, soigneusement déposés.

L'enquête de voisinage permet de déterminer que des cris de femme ont été entendus vers 21 heures, ainsi que des « craquements » vers 5 heures du matin. Pour autant, personne ne s'est inquiété de ces bruits.

L'expert en incendie conclut que les départs de feu sont d'origine criminelle, tandis que l'autopsie de la victime ne permet pas de déterminer la cause du décès. Seule une expertise anatomopathologique révèle d'importantes altérations du canal anal, ainsi que des nécroses de coagulation. L'expert évoque « l'action de la chaleur, l'application d'un caustique ou encore d'un courant électrique ». Ces constatations permettent donc d'imaginer des actes de barbarie.

Le rapport d'expertise toxicologique établit la présence de chloroforme et certifie que la victime était vivante lorsqu'elle avait inhalé le monoxyde de carbone. Les comparaisons ADN permettent de conclure que l'ensemble des traces de sang découvertes dans le logement présente les caractéristiques de celui de la victime, sauf celui trouvé sur une serviette de toilette, qui correspond à un ADN masculin.

Martine Matias avait une personnalité très secrète et réservée. Secrétaire trilingue dans un groupe industriel, la jeune femme est championne de boxe française en 1996. Elle consacre ses loisirs à réaliser des vitraux et des aquarelles, pendant qu'elle écoute des titres de Mano Negra.

Après six mois d'investigations, les policiers s'orientent vers la thèse du suicide, « aucun élément suspect n'ayant été établi », selon eux. Incroyable ! Et pourtant vrai.

Cette lecture macabre terminée, je suis sidéré par ces conclusions. Mon sang ne fait qu'un tour ! Pourquoi mes camarades restés à Toulouse durant mes investigations parisiennes ne m'ont-ils pas fait part de cet article de presse ? J'aurais interpellé Patrice Alègre sur le sujet ! Décidément, les journalistes font des rapprochements tandis que les enquêteurs regardent ailleurs ! Je suis fou de rage. Il est 2 heures du matin. En l'absence du patron de la SR, je réveille son second, pour lui faire part de ma conviction : à Paris, Patrice Alègre a cru que nous venions pour l'entendre pour le meurtre d'une certaine Martine. C'était en fait de celle-ci qu'il voulait parler. Dès demain matin, il faut aller solliciter auprès du magistrat le dessaisissement de la police au profit de la gendarmerie.

Le lendemain matin, je rédige à la hâte un procès-verbal de renseignement judiciaire et je cours jusqu'au cabinet de la juge chargée de l'instruction du meurtre de Martine Matias. Seul mon chef de groupe m'accompagne, alors que l'appui du patron de la section de recherches aurait été particulièrement utile. J'explique à la juge le rapprochement que nous faisons. Elle me confirme que les policiers lui ont restitué le dossier, conclu en « suicide ». « C'était il y a déjà un mois, mais ils sont revenus hier, après avoir lu l'article de presse. » Et elle les avait de nouveau saisis. Arrivé vingt-quatre heures trop tard pour récupérer cette enquête, je suis dépité.

Patrice Alègre est entendu par les policiers de Toulouse le 23 octobre 1997. Durant vingt-quatre heures, il nie les faits. Ce n'est que le lendemain qu'il reconnaît avoir violé et tué Martine Matias, dont il aurait appris le nom en lisant le magazine *Détective*, après son arrestation à Paris. Il la rencontre dans le *Quick* de la place Wilson à Toulouse. Ils discutent durant environ une heure, surtout de boxe, sport qu'elle pratique et auquel lui-même s'était adonné quelques années auparavant. Ils se seraient ensuite donné rendez-vous le lendemain en soirée dans un bar de la rue Bayard, face à la gare de la ville, avant de rejoindre le domicile de Martine.

Là, il consomme un pack de six bières, sniffant de la cocaïne en cachette dans les toilettes. Il tente de l'embrasser, ce qu'elle aurait refusé. Elle court alors se réfugier dans la salle de bains où il la poursuit. Elle aurait fait une chute ayant entraîné d'abondants saignements du cuir chevelu. Il l'étrangle, maintenant son étreinte « durant environ cinq minutes », avant de la transporter sur le lit. Là, il la déshabille puis la pénètre « pendant une dizaine de minutes », alors qu'elle est déjà probablement morte.

Avant de mettre le feu à deux endroits distincts, Patrice Alègre dérobe une vingtaine de CD, un flacon d'eau de toilette, une montre, un blouson ainsi que deux cartes bancaires. Il oublie son pistolet automatique sur place. Les contradictions avec les constatations sont nombreuses et flagrantes, mais le tueur refuse toute explication complémentaire.

De nombreuses questions entourent à jamais ce crime. Si l'on en croit les quelques détails sordides fournis aux enquêteurs par l'auteur lui-même, il a encore franchi un seuil, en procédant à des actes sexuels *post-mortem* sur sa proie. En droit, le viol *post-mortem* n'existe pas, on parle de « profanation de cadavre ». Il s'avère également que le corps est retrouvé en position cambrée, comme si la tête et les membres inférieurs avaient été reliés entre eux par des liens passant par le dos. La jeune femme a probablement été ainsi soumise à des actes barbares indicibles.

Quant à la rencontre entre l'agresseur et sa victime, elle ne s'était vraisemblablement pas déroulée comme il l'a narrée ; sans doute est-elle plutôt tombée dans un guet-apens en rentrant de son entraînement de boxe, puisque l'éclairage du couloir avait été préalablement neutralisé.

L'agresseur a probablement cogné fort d'emblée et par surprise, sans quoi Martine Matias aurait fait bon usage de ses capacités techniques et physiques. L'embuscade préparée par Patrice Alègre a parfaitement fonctionné, la championne de France de boxe n'a rien pu faire. Le tueur, sous l'emprise de la drogue et de l'alcool, l'a neutralisée au moyen de chloroforme, pour s'arroger la liberté de satisfaire ses pulsions sexuelles, y compris « par un moyen mécanique », dit l'autopsie.

C'est un assassinat. Comment a-t-on pu imaginer qu'il puisse s'agir d'un suicide, et ainsi infliger d'autres souffrances aux proches ? Quel désastre !

Je ne juge personne, ni policiers, ni médecins légistes, ni magistrats. Je n'ignore pas que les affaires criminelles de sang sont souvent difficiles à appréhender. Elles m'ont appris l'humilité. Dans mon parcours dans les bas-fonds fréquentés par Patrice Alègre, j'ai certainement moi-même manqué parfois de clairvoyance, sans quoi il m'aurait sans doute devancé moins longtemps. Peut-être.

Ici, c'est le policier directeur d'enquête qui a servi de fusible. Facile ! C'est oublier un peu vite que les officiers de police judiciaire, qu'ils soient de la police ou de la gendarmerie, agissent sous le contrôle des magistrats. Cette enquête n'est-elle pas, tout simplement, l'échec d'un système ? Mais un fusible ayant sauté, le système judiciaire peut donc continuer de ronronner, comme si de rien n'était. Hélas, la suite de mon parcours n'allait guère apaiser ni mes doutes ni mes questionnements.

Le 11 février 1997, Patrice Alègre a assassiné Martine Matias. Le 21 février 1997, il violait Émilie Espès et tentait de la tuer. En dix jours, il commet deux affaires criminelles. Le rythme s'accélère et le tueur s'adapte à sa proie. Il savait que s'il ne tendait pas une embuscade à Martine Matias, il risquait de perdre « aux poings », face à la championne de boxe. Il neutralise l'éclairage et se dissimule, pour mieux la surprendre à son arrivée. Elle n'a pas le temps de réagir et pousse des cris de terreur, ceux-là mêmes que les voisins ont entendu « entre 21 heures et 22 heures », sans réagir. Ensuite, il lui fait inhaler du chloroforme, dans des conditions que l'on ne connaîtra, hélas, jamais.

Dès lors, inutile de la bâillonner, comme cela a été le cas pour les autres victimes. La proie est inconsciente. Ne reste plus qu'à l'étrangler, avant de « s'amuser », à la manière de Patrice Alègre !

Si l'on sait qu'Isabelle Chicherie a été sa dernière victime le 4 septembre 1997 à Paris, quand a-t-il commis son premier meurtre ? Combien de filles a-t-il tuées ? C'est désormais à ces questions que je dois m'efforcer de répondre.

17

UNE DERNIÈRE « SOUCAZERIE »

En matière criminelle, Patrice Alègre est polyvalent. En avril 1997, au cours de la cavale débutée après le viol d'Émilie, il commet dans le Tarn deux vols de véhicules sous la menace d'une arme. Pour ces faits, il n'a encore jamais été entendu. Le parquet d'Albi s'étant dessaisi au profit de celui de Toulouse, je vais revendiquer et obtenir de poursuivre l'enquête débutée dans ce département. Ce sera l'occasion de rencontrer le tueur et peut-être d'échanger avec lui pendant les pauses, sur d'autres sujets que les vols de voitures.

Le 2 décembre 1997 au lever du jour, je me présente en compagnie de deux de mes camarades à la maison d'arrêt de Toulouse pour en extraire Patrice Alègre. Nous ne nous sommes pas revus depuis la garde à vue après son arrestation le 5 septembre précédent à Paris. Nos retrouvailles sont courtoises. Le détenu a retrouvé son allure de jeune homme, le regard clair et des yeux de séducteur. Son séjour en prison semble l'avoir rasséréné. Il ne dissimule pas sa satisfaction de quitter pour quelques heures le milieu carcéral où son pedigree de violeur-tueur de jeunes filles le contraint à un isolement forcé. Les « pointeurs », autrement dit les violeurs, sont mal vus en prison. Seule échappatoire pour ces derniers, le confinement dans leur cellule, avec des horaires de « promenade » décalés par rapport aux autres détenus. Patrice Alègre, pour qui la liberté n'a pas de prix, supporte mal ce statut de « cagot » des détenus.

Lorsque je bois un café, pendant la pause, j'ai pour habitude d'en proposer un à mon interlocuteur, quoi qu'il lui soit reproché. Patrice Alègre reste un être humain et il n'échappe pas à la coutume. Il semble apprécier ces petits égards. Est-ce pour cette raison qu'il ne fait aucune difficulté à s'expliquer de manière détaillée sur les vols de voitures avec violence ? Je n'en ai pas la moindre idée. Quoi qu'il en soit, il reconnaît les faits et sera jugé et condamné pour les avoir commis.

En début d'après-midi, un transport sur site est organisé afin que Patrice Alègre nous indique le box dans lequel il prétend avoir garé l'un des deux véhicules dérobés. Cette formalité accomplie, il devra rejoindre la maison d'arrêt avant 18 heures s'il veut pouvoir bénéficier du repas du soir.

Par précaution, nous sommes quatre OPJ dans le véhicule de service, dont les deux techniciens en identification criminelle, Francis et Michel, ceux-là mêmes dont je dis souvent qu'ils font parler les morts. À l'arrière, ils encadrent Patrice Alègre. Mon chef de groupe occupe la place du « chef de bord » à côté de moi. Je peux voir le détenu dans le rétroviseur. J'ai compris que le retour imminent vers l'enfermement le stresse. La conversation est banale, traitant des désagréments carcéraux.

Alors que nous descendons les allées Jolimont, au rythme imposé par le trafic toulousain qui n'a parfois rien à envier aux encombrements parisiens, j'indique à notre équipier d'un jour que la meilleure manière pour lui d'éviter un retour immédiat en prison serait de nous parler d'un autre meurtre, une « coupe de champagne en jeu », le cas échéant, puisque Noël approche.

Je suis intimement convaincu que son palmarès est plus fourni que ce qu'il a bien voulu en laisser paraître. Le moment est à une certaine détente en somme, avant le retour en milieu carcéral.

Sans l'avoir ni envisagé ni anticipé, je sens que quelque chose se passe. Le silence de Patrice Alègre m'apparaît anormal. Il est amplifié par celui de mes camarades. Dans le rétroviseur, je perçois que son attention se détourne, il est songeur, il est ailleurs.

Soudain, ses yeux fixent de nouveau ce bout de miroir qui nous sert de courroie de transmission et sa parole renaît : « J'en ai fait une là. » Il joint le geste à son expression, mais de l'emplacement où je me trouve je n'en aperçois que la fin : les mains entravées qui montrent un immeuble, sur la gauche par rapport à notre sens de circulation. S'ensuit un autre silence ; finalement je réplique. Pour la première fois, je vais le tutoyer et le désigner par son prénom : « Patrice, nous allons rentrer à la SR et tu sais que je vais devoir écrire ce que tu dis, puis appeler le procureur. Donc, j'espère que tu pèses bien tes mots. » Je ne le sens pas préoccupé par ma mise en garde et sa réponse le confirme : « Pas de souci. » Seul le ronronnement de notre vieille voiture diesel trouble notre parcours jusqu'à la section de recherches. Dans le rétroviseur, je peux constater que Patrice Alègre ne me regarde plus ; il s'est éloigné, de nouveau. Pense-t-il à ce meurtre enfoui dont il envisage, semble-t-il, de nous parler et dont nous ne savons rien ? Songe-t-il à sa grand-mère, Céline, qu'il aime tant ? A-t-il enfin une pensée pour sa fille Anaïs qui, du haut de ses 8 ans, espère encore pouvoir aimer son père un jour, comme toutes les petites filles de son âge ?

Dans la salle de repos de la section de recherches, je cherche à détendre l'atmosphère devant un café noir, tant je crains que le tueur ne se rétracte. Alors je lui demande le prénom de « la fille du quartier Jolimont ». Il la désigne comme s'appelant Valérie, mais ne se souvient pas de son nom. Je lui rappelle que s'il dit vrai, je suis tenu d'informer aussitôt le procureur de la République et de le placer en garde à vue pour des faits de meurtre. Il confirme qu'il dit la vérité.

Dès lors, à compter de 16 heures en ce 2 décembre 1997, Patrice Alègre est en situation de garde à vue pour meurtre, sans que nous sachions encore lequel, ni précisément où il a été commis, ni qui en est la victime ! Dans une première audition succincte, il confirme et signe ses premiers aveux en ces termes : « J'ai des informations à fournir aux enquêteurs suite au meurtre d'une jeune fille commis il y a quelques années dans le quartier Jolimont à Toulouse. Il s'agissait d'une fille prénommée Valérie qui travaillait avec moi au *Bar de la Gare* à Toulouse. Je l'ai étranglée et violée dans son appartement. »

Après une pause, nous entrons dans le vif du sujet. Patrice Alègre explique que c'est par l'entremise de son père qu'il avait été embauché comme serveur dans l'un des deux bars que comptait à l'époque la gare ferroviaire de Toulouse, après avoir été employé pendant quelque temps au « foyer » de l'hôtel de police. Il se souvient de Valérie comme étant une jeune femme de grande taille, brune aux cheveux longs. Il ajoute qu'elle était « mignonne et sympathique ». Il serait allé à deux reprises à son domicile en quarante-huit heures et c'est le deuxième jour que se serait noué le drame.

À ce moment-là, notre premier objectif est d'identifier la victime. Deux officiers de police judiciaire sont envoyés à la gare, aux fins de rencontrer le propriétaire des bars, puisqu'il s'agit d'un seul et même homme.

Pendant ce temps, Patrice Alègre dessine sur une feuille blanche un plan détaillé de l'appartement, précisant son agencement ainsi que la composition du mobilier, avant de positionner la victime à l'endroit où il dit l'avoir laissée, sur un lit. Jusque-là, aucun indice ne nous permet de douter de ce qu'il avance.

S'agissant de la date des faits, le tueur ne nous est pas d'un grand secours, ne concédant qu'une indication : « J'ai toujours du mal à situer dans le temps les faits qui me sont reprochés. Je crois que ça s'est produit avant le meurtre de Laure. » Maigre indication, mais je mesure d'ores et déjà son importance.

Laure a été assassinée au début de 1990, Patrice Alègre n'était âgé que de 21 ans. S'il a commis un autre meurtre auparavant, sa carrière criminelle a décidément été particulièrement précoce.

Parcourant ses archives sur presque dix ans, le propriétaire du bar de la gare a trouvé une Valérie D. Nous débutons donc nos investigations sur cette piste, pour nous apercevoir finalement que cette jeune femme est bien vivante. La deuxième tentative est la bonne, celle que Patrice Alègre présente comme sa victime est née en juillet 1967 à Mons, en Belgique. Des vérifications fiables vont désormais pouvoir se poursuivre, puisque nous obtenons également une adresse, qui se situe bien quartier Jolimont à Toulouse.

Après quelques rapides recherches dans les archives des policiers du SRPJ, mes camarades découvrent effectivement une enquête traitant de la découverte du corps de Valérie Tariote le 27 février 1989 à son domicile. Le gardien de l'immeuble avait trouvé le sac à dos de la jeune femme dans le local à poubelles le 22 février 1989 vers 6 heures. Souhaitant le remettre à sa légitime propriétaire, il avait sonné en vain à l'appartement de la jeune locataire, avant de finalement prévenir les services de police.

En accédant au logement, ceux-ci découvrent le corps de la jeune femme, recouvert d'un peignoir de bain, d'une couverture et d'une couette. Le bas du corps est nu. Les poignets sont liés sur le devant par un lacet blanc. La bouche est bâillonnée au moyen d'un foulard de couleur jaune noué derrière la nuque. La tête repose sur une casserole émaillée remplie d'un liquide rougeâtre et, sur le cou, on distingue un sillon au niveau de la pomme d'Adam. À proximité du lit est découvert un slip de femme déchiré en deux.

Dans la cuisine, de très nombreux médicaments sont déposés dans une corbeille, des neuroleptiques et hypnotiques tels qu'Equanil, Tiapridal, Artane et Stilnox.

Dans le sac à dos récupéré par le gardien, les policiers découvrent les documents d'identité de la victime, un cendrier et un verre présentant des traces papillaires, ainsi qu'une chaussure de tennis démunie de lacet, l'autre chaussure ayant été retrouvée dans le logement.

L'autopsie révèle la présence d'un foulard au fond de la gorge, profondément enfoncé. La malheureuse avait donc été doublement « bâillonnée ». Pour autant, les experts en toxicologie concluent que le décès est en rapport avec une intoxication médicamenteuse !

De là à s'orienter encore vers un « suicide », il n'y a visiblement qu'un pas qui est franchi. Dans leurs conclusions, les policiers mettent en avant que, selon son entourage, Valérie est très dépressive et absorbe régulièrement des médicaments.

Ils notent dans la procédure que la victime a mis en œuvre une méthode préconisée dans le livre *Suicide, mode d'emploi*, recommandant de s'asphyxier après avoir ingéré un mélange de médicaments. S'appuyant sur ces conclusions, les magistrats du parquet classent sans suite la procédure.

Légitimement et se référant notamment à la présence d'un bâillon enfoncé dans la gorge, la famille de Valérie dépose plainte avec constitution de partie civile. Cette procédure permet au plaignant de déclencher automatiquement la saisine d'un juge d'instruction. Le magistrat ainsi désigné confie cette « contre-enquête » au SRPJ, l'équivalent chez les policiers de la section de recherches chez les gendarmes.

Hélas, le 9 octobre 1989, soit sept mois seulement après les faits, ce service fait retour au juge d'instruction de l'enquête non exécutée, au motif que : « Les investigations réalisées en enquête préliminaire par le premier service de police avaient été complètes et minutieuses et que l'interprétation des examens médicaux et analyses biologiques dans le sens d'un suicide ne pouvait pas être remise en question. »

Plutôt que de confier l'enquête à un autre service, de gendarmerie par exemple, le magistrat instructeur se satisfait de ce « refus d'obstacle », rendant une ordonnance de non-lieu. En d'autres termes, l'enquête est classée sans suite une deuxième fois, sans avoir été réalisée !

Tenace, la famille forme de nouveau appel de cette décision. Comme le prévoit le droit, c'est alors un collège de magistrats – la chambre d'accusation, aujourd'hui dénommée « chambre de l'instruction » – qui étudie le dossier. Hélas, cette étude collégiale du dossier ne suffit pas à déceler des failles dans l'enquête, puisque les trois juges confirment le 2 juillet 1991 les conclusions du « bon travail » réalisé jusque-là. Les proches de la jeune femme n'ont donc plus qu'une solution, se convaincre que Valérie s'est elle-même enfoncé un foulard jusqu'à l'arrière-gorge, après avoir absorbé des médicaments ! Cela leur déchire le cœur, mais ils restent impuissants et désormais résignés face aux décisions inédites de la machine judiciaire.

Heureusement que Patrice Alègre, sans doute davantage pour retarder son retour en prison que pour soulager sa conscience, accepte de nuancer les faits de SA vérité, certainement plus proche de LA vérité que celle initialement retenue par la justice.

Il raconte donc comment il a ramené Valérie Tariote chez elle, à bord de sa Mini Austin, un jour où ils ont terminé leur service au même moment. Il « boit l'apéro » puis mange chez son hôtesse. Finalement, elle lui offre le logis : « Nous avons couché dans le même lit. J'étais nu et elle aussi. Il y a eu un flirt mais pas de rapport sexuel. » Mais de « l'histoire » qu'il raconte, c'est la phrase suivante que je retiens : « En fait, entre les moments où je dégoupille complètement, j'ai des passages où j'ai le comportement d'une personne normale. » À ce moment précis il dit vrai, il ne triche pas, j'en suis convaincu. Au fil des échanges, devenus fréquents désormais, j'ai compris l'existence de cette double personnalité, de cette propension à passer de la normalité à l'anormalité en une fraction de seconde, mais je ne suis pas psychiatre, je ne prolongerai donc pas mon approche.

Assis à côté de nous, Patrice Alègre revient sur cette deuxième visite chez Valérie. « J'avais amené une bouteille de vodka et elle avait une bouteille de gin dans le frigo. Nous avons beaucoup parlé et fumé des joints. Nous étions touchés tous les deux. »

Puis il dit l'avoir caressée sans qu'elle s'y oppose, mais lorsqu'il veut passer à un acte sexuel, elle refuse, sans quitter le lit. Il l'aurait alors étranglée, jusqu'à ce qu'elle ne bouge plus. Selon le scénario déjà évoqué pour les autres victimes, il la pénètre, sans qu'il soit en mesure de se rappeler si elle a réagi. Était-elle déjà morte ou pas ? Impossible d'en savoir plus, le criminel reste muet.

De la même manière, il passe sous silence le double bâillon et le lacet prélevé sur une chaussure de tennis pour attacher les poignets dans le dos de la victime. Mes tentatives d'en savoir plus restent vaines. Tout juste consent-il à revenir sur le sac de sport rempli d'affaires sur lesquelles il était susceptible d'avoir laissé ses empreintes et dont il se débarrasse dans les poubelles.

Lors d'un nouvel interrogatoire, débuté à 1 heure du matin le 3 décembre, Patrice Alègre livre cette confidence : « Je ne peux pas expliquer pourquoi j'ai tué Valérie, ni pourquoi j'ai tué les autres. Je regrette sa mort, mais je ne sais pas ce qui m'a poussé. Si je pouvais l'expliquer, je n'aurais pas recommencé. C'est ce que je pense profondément. » Je suis tenté de considérer ces mots comme un rayon d'humanité, au milieu de cet horizon de tristesse.

En revanche, il ajoute qu'il était tellement ivre lorsqu'il a abandonné le corps de Valérie qu'il a failli avoir un accident devant le bar *Les Trois Petits Cochons*, en bas des allées Jolimont, manquant de peu de finir sa vie sous un camion. Il a retrouvé toute sa mémoire, cet incident l'ayant finalement marqué davantage que le crime sordide qu'il venait de commettre. S'il s'agissait du premier de la longue série, ce meurtre était pour lui déjà marqué du sceau de la routine.

Dans une audition recueillie à 5 heures du matin par une nouvelle équipe d'enquêteurs, Patrice Alègre réfute l'hypothèse selon laquelle il aurait pu mettre en place une mise en scène destinée à faire croire à un suicide. Et le tueur d'ajouter : « Je ne comprends pas que personne n'ait vu les traces de strangulation que devait présenter le corps », remarque impitoyable à l'égard des premiers enquêteurs et des médecins légistes.

Il fut vérifié que les empreintes relevées sur un cendrier noir et un verre à motifs découverts dans le sac de la victime correspondaient au pouce droit de Patrice Alègre. Cela faisait alors beaucoup d'erreurs tout de même : pourquoi ces actes de base de la police technique n'avaient-ils pas été réalisés dès le début de l'enquête ? Comment avait-on pu imaginer que la victime s'était elle-même enfoncé un foulard jusqu'à l'arrière-gorge, avant de s'obstruer la bouche avec un bâillon noué derrière la nuque ? Qui avait pu penser qu'elle ait pu prélever un lacet blanc sur l'une de ses chaussures avant de la jeter, puis de s'attacher les poignets… pour finalement placer elle-même une casserole pleine de liquide rougeâtre sous sa tête avant de s'éteindre paisiblement ?

Comment un juge d'instruction avait-il pu accepter qu'un service d'enquête refuse d'exécuter la mission qui lui était confiée par commission rogatoire ? Pourquoi ne pas avoir saisi la gendarmerie ? Comment des magistrats agissant collégialement avaient-ils pu à ce point « regarder ailleurs » ?

À ces questions, je n'obtiendrai jamais de réponses. N'importe, je n'ai aucune légitimité pour en attendre une. Mais je pense à cette famille à qui on a voulu faire croire que Valérie avait imaginé une mise en scène machiavélique pour mettre fin à ses jours.

Après un échec de ce type, toute entreprise, quelle qu'elle soit, réaliserait un retour d'expérience et remettrait ses méthodes de travail en cause. L'institution judiciaire l'a peut-être fait à bas bruit, ce qui explique sans doute que je n'en aie jamais entendu parler ! Rapidement, se répandait dans la presse la petite musique des aveux prétendument obtenus en échange d'une « coupe de champagne ». L'avocat Gilbert Collard, qui avait un temps assuré la défense de Patrice Alègre, écrivait même dans un texte polémiste : « Daniel Soucaze, l'inventeur d'un nouveau sérum de vérité : le champagne Alègre frappé aux armes de la gendarmerie nationale. »[1]

Mais en réalité, dans cette affaire, qui a bu le calice jusqu'à la lie ? Ceux, nombreux, qui se sont fourvoyés ou bien ceux qui ont amené le tueur à se dévoiler ? La vérité, c'est que Patrice Alègre trouve probablement dans un meurtre la même satisfaction de son ego que lorsqu'il déguste une coupe de champagne.

Quoi qu'il en soit, si le dialogue avec un tueur était si simple, cela se saurait. Avec Patrice Alègre, d'autres après moi, enquêteurs, avocats, magistrats et même journalistes, ont essayé, avec le succès que l'on sait. Alors, si cette coupe de champagne a pu aider la famille de Valérie Tariote à connaître la vérité, je n'ai aucun regret. « La sagesse, a écrit Jean Cocteau, est d'être fou, lorsque les circonstances en valent la peine. »

Quand Valérie Tariote se « suicide », Patrice Alègre n'a pas encore 20 ans. Cécile, sa compagne, est enceinte, il s'apprête donc à devenir père de famille. Lorsque Laure Martinet est violée et tuée dans la nuit du 24 au 25 janvier 1990, Anaïs, la fille de Patrice Alègre, est hospitalisée. Le jour de son vingt-troisième anniversaire, le 20 juin 1992, il frappe très violemment sa compagne Cécile. Le 11 février 1997, lendemain de son éviction par sa nouvelle compagne Sylvie, il viole et tue Martine Matias. Le 21 février 1997,

1. *L'Étrange Affaire Alègre*, Éditions du Rocher, 2005.

cela fait huit ans jour pour jour qu'il a violé et tué Valérie lorsqu'il viole et tente de tuer Émilie Espès. Le 20 juin 1997, jour anniversaire de Patrice Alègre, c'est Mireille Normand qui est violée, tuée et enterrée dans son jardin. Le 4 septembre 1997, il viole et tue Isabelle Chicherie alors que Sylvie fait silence, ce qui est déjà à ses yeux une marque de résistance insupportable. Autant de faits souvent commis à l'occasion d'un événement important aux yeux du tueur.

Dans leur magnifique ouvrage *Le Bûcher de Toulouse*[1], Marie-France Etchegoin et Matthieu Aron démontraient que « la Bête de Toulouse » était une invention. À travers ce postulat, ils visaient cette affaire dans l'affaire, mêlant meurtres, tortures et sévices sexuels, dont les acteurs auraient été des notables, des magistrats et des policiers. Tout cela n'était que calomnies et hystérie collective ; « la Bête de Toulouse », qui aurait utilisé le tueur récidiviste pour « alimenter en chair fraîche leurs soirées sadomasochistes », n'avait jamais existé. Cette Bête était une invention.

Mais à Toulouse, une autre Bête existait bien, je l'ai rencontrée. En 1998, lorsque je l'ai quittée, elle était mise en cause dans cinq affaires de meurtre et une sixième affaire criminelle de viol et tentative de meurtre. La Bête n'était donc pas une invention.

Restait une grande question : le meurtrier aurait-il fait « abstinence » entre 1990 et 1997 ? Je ne peux pas l'imaginer. C'est cette longue période de près de sept ans que j'aurais souhaité explorer. Les aléas de ma carrière professionnelle m'en ont empêché. Je le retrouverai donc devant la cour d'assises, quelques années plus tard.

1. Grasset, 2005.

L'interrogatoire sur le meurtre de Valérie fut la dernière « soucazerie » que j'eus l'occasion de faire à Patrice Alègre. C'est ainsi qu'il avait lui-même qualifié la manière dont je l'avais amené à verbaliser cet étrange suicide de Valérie.

18

UNE ENQUÊTE SOUS LE TAPIS

Patrice Alègre est désormais entre les mains de la justice. Il y aurait quelques raisons d'être soulagé, mais je ne le suis pas. L'enquête concernant le meurtre de Martine Escadeillas, rouverte en 1996, dix ans après le meurtre, a été freinée par la traque et les investigations qui se sont poursuivies au-delà de l'arrestation du tueur récidiviste. J'ai certes sondé le meurtrier pour m'assurer qu'il ne traînait pas à Ramonville en décembre 1986, mais sans succès : il n'avait que 17 ans à l'époque et il me semble totalement indifférent lorsque je lui présente les photos de la victime le 7 janvier 1998. Je pense sincèrement qu'il n'est pas mêlé à ce crime.

Durant cet hiver 1998-1999, simultanément au travail d'enquête à la section de recherches, j'ai mis à profit mes soirées et une partie de mes nuits pour préparer le concours d'entrée à l'École des officiers de la gendarmerie nationale (EOGN). Je suis désormais partagé entre la satisfaction d'avoir réussi cette épreuve et l'idée que je vais devoir quitter mes enquêtes, dont celle concernant Martine Escadeillas, dès l'été 1999. Je reste malgré tout confiant sur le devenir de cette affaire.

Avant de partir, je rédige à l'attention du juge d'instruction et bien entendu de mes camarades une synthèse des investigations, dans laquelle j'évoque des hypothèses qui à mon sens se dégagent du travail déjà réalisé. Dans ce document, je reviens notamment sur Joël Bourgeon, dont la proximité avec le couple Martine-Thierry m'intrigue.

Certes, Joël a des talents de bricoleur, ce qui justifie en partie sa présence fréquente auprès du couple. Il a notamment réalisé un meuble de salle à manger en pin pour ses amis et s'est proposé de rénover les volets de la maison des parents de Martine. Mais il est tout de même très souvent avec eux, trop peut-être. Et puis, il y a les doutes de Lucien, le papa de Martine qui, ayant atteint l'âge de la sagesse, avait dit à René, son gendre : « Je sentais que ce garçon allait partir avec Martine. » Lucien a-t-il vu, entendu ou tout simplement deviné quelque chose ? Nul ne le sait. Jusqu'à sa mort, il n'en dira pas plus sur son intuition. Quoi qu'il en soit, cette partie de la vie du couple me semble devoir être fouillée un peu plus en profondeur, même si Joël Bourgeon ne présente pas de calvitie et n'a rien à voir avec la police.

Lorsque je fais mes adieux à la section de recherches fin juin 1999, les volontaires ne sont pas légion parmi mes camarades, pour prendre la suite de ce dossier déjà ancien de près de quinze ans. Mais désormais, me voilà sur le point de réaliser la promesse faite à mon grand-père un jour de novembre 1970, alors que le général de Gaulle était porté en terre. Après deux années d'études, je deviendrais officier de gendarmerie.

À mi-parcours de ma formation, j'éprouve le besoin de venir humer l'air toulousain, dans la maison dont nous avons fait l'acquisition avec mon épouse avant de quitter l'Occitanie. J'ai plaisir à y retrouver mes camarades enquêteurs de la section de recherches. Nous évoquons évidemment nos combats passés : « l'électricien » qui électrocutait ses épouses, la dernière pizza de Rosa et tant d'autres affaires.

Ce jour-là, nous recevons à déjeuner Michel, mon camarade technicien en identification criminelle. Désormais, il met son expertise au service des enquêtes criminelles.

Son attitude durant ce temps de convivialité va cependant rapidement me sembler incongrue. Les téléphones portables ont fait leur apparition et, visiblement, Michel semble addict à ce nouveau moyen de communication. Répondant tour à tour à des appels sur chacun des trois appareils qu'il porte à la ceinture, il passe plus de temps avec ses interlocuteurs qu'en notre compagnie. Ce comportement pour le moins insolite et inhabituel se prolongeant, je finis par interroger notre invité sur ses activités.

« Je suis sur une très grosse affaire. On a en point de mire Dominique Baudis – ancien maire de Toulouse –, André Labarrère, alors maire de Pau, et Nicolas Sarkozy. » Les bras m'en tombent : à ce rythme-là, ce devrait être bientôt le tour du président des États-Unis !

Sidéré par de telles affirmations, je cherche mes mots pour ne pas lui dire frontalement qu'il perd pied : « Je ne sais pas ce qui se trame, mais pour avoir moi-même géré quelques situations complexes, je te conseille de prendre un peu de recul. N'hésite pas à consulter un médecin si tu te sens fatigué, ce qui peut arriver à tout le monde. » Je ne lui dis pas qu'il est malade, je le mets amicalement en garde contre les risques que lui font courir ses responsabilités ! À l'issue d'un repas pris finalement en tête à tête avec mon épouse, Michel nous quitte. Sans le savoir, je viens de vivre les prémices de ce que l'on appellera « l'affaire Baudis ».

Les uns occupés par cette affaire imaginaire, les autres regardant ailleurs, il ne reste pas beaucoup d'enquêteurs disponibles pour traiter l'enquête portant sur le meurtre de Martine Escadeillas. Pour tenter de faire croire que le ménage a été fait, on a poussé les miettes sous le tapis, comme le faisaient parfois les bidasses au temps du service militaire. Pour eux, cela ne durait qu'un an. À la section de recherches, cela durera six ans.

Pourtant, le juge d'instruction chargé du dossier adresse dès le 10 décembre 2001 au commandant d'unité une première lettre de rappel ainsi libellée : « Je vous ai adressé pour exécution le 23 janvier 1997 une commission rogatoire (du chef d'homicide volontaire sur la personne de Martine Escadeillas), je vous prie de bien vouloir me la renvoyer dans les meilleurs délais avec les actes qui en auront été la suite ou, à défaut, me faire connaître les raisons qui justifient le retard d'exécution. »

C'était le premier rappel, il y en aura d'autres, mais je ne l'apprendrai que bien plus tard. Le 25 janvier 2005 puis le 11 février suivant, un nouveau juge d'instruction somme le commandant de la section de recherches de faire déposer l'enquête au palais de justice « au plus tard le 14 février 2005 ». On notera au passage le délai accordé : trois jours. Mais rien n'y fait. Nouveau coup de semonce le 10 juin 2005, en l'occurrence une lettre cosignée par deux juges, dans laquelle ils mentionnent notamment : « Nous entendons que tous les moyens utiles soient affectés à cette enquête rouverte en 1996 à la demande pressante de la section de recherches et mise de côté depuis de nombreuses années suite au départ de l'adjudant Soucaze… » Jusque-là, je n'avais jamais lu une telle mise en demeure dans ma carrière !

Contraints et forcés, des enquêteurs vont finalement, par devoir plus que par conviction, reprendre quelques investigations désespérées. Ils oublieront d'ailleurs, pour des raisons qui m'échappent encore aujourd'hui, de s'intéresser aux hypothèses que j'avais émises sept ans plus tôt.

À commencer par celle de cet « ami » de Martine et Thierry, qu'ils passent par pertes et profits, préférant s'orienter vers des pistes déjà explorées, dont celle de Patrice Alègre.

Fin 2008, l'enquête est de nouveau clôturée (ordonnance de non-lieu du 18 novembre 2008). La famille de Martine Escadeillas vit le deuxième classement de l'enquête, après celui de 1989. Cette affaire criminelle retourne donc sous le tapis, définitivement, croyait-on.

19

« TÉMOIN N° 70, VOUS AVEZ LA PAROLE »

Le procureur général près la cour d'appel de Toulouse mande et ordonne au premier huissier de justice requis de citer d'urgence en qualité de témoin Daniel Soucaze à comparaître en personne devant la cour d'assises de la Haute-Garonne pour l'audience qui se tiendra du 11 au 21 février 2002, où sera jugée l'affaire suivie contre Patrice Alègre, du chef de :

— meurtre précédé accompagné ou suivi d'un autre crime, viol ayant entraîné la mort, viol avec plusieurs circonstances aggravantes, vol, destruction du bien d'autrui par un moyen dangereux pour les personnes, viol, tentative de viol, viol ayant entraîné la mort, vol, destruction du bien d'autrui par un moyen dangereux pour les personnes et viol ayant entraîné la mort.

C'est de cette manière, très formelle, que j'apprends que je serai le « témoin n° 70 », prié de rendre compte le 13 février 2002 à 14 heures de la manière dont j'ai dirigé l'enquête faisant suite au meurtre de Laure Martinet et qui a conduit Patrice Alègre à être renvoyé devant les magistrats et jurés qui composent la cour d'assises. Je devrais également répondre de mon rôle de directeur d'enquête pour les faits concernant Valérie Tariote, ce qui devrait être plus simple.

Comme d'habitude en situation similaire, cette convocation est solennelle, un peu technique et présente en quelque sorte la « carte de visite » criminelle de celui qui a désormais le statut d'« accusé », étant précisé qu'à ce stade de l'enquête pénale, il bénéficie toujours de la présomption d'innocence. Ce document me permet d'entrer déjà un peu dans le procès qui approche et d'endosser progressivement les responsabilités qui m'attendent. Mes fonctions m'ont conduit à cinq cents kilomètres de la capitale occitane et je n'ai plus accès aux enquêtes de la section de recherches de Toulouse. Alors que je suis devenu un lecteur anonyme de l'actualité judiciaire toulousaine, la presse me plonge dans l'ambiance.

Depuis de nombreuses semaines, on perçoit au loin le florilège de substantifs qui annonce un événement hors normes. L'hebdomadaire *Le Point* du 12 octobre 2001 prédit « l'affaire criminelle du siècle », avant de conseiller, plus loin, de « revoir à la hausse l'atroce palmarès de ce cataclysme criminel ». Dans le même article, on laisse entrevoir « peut-être, parmi les crimes qui restent à avouer, le meurtre et le viol de mineures ». Rien ne semble donc trop excessif pour appâter le lecteur, à qui on explique que « les gendarmes de la section de recherches de Toulouse se sont engagés dans ce qui pourrait s'avérer la plus importante des enquêtes criminelles jamais conduites en France… 191 dossiers rouverts. Persuadés que Patrice Alègre a noyé plusieurs corps dans un lac de retenue de la Garonne, les enquêteurs ont mobilisé une trentaine de plongeurs de la protection civile pour sonder la vase et si cela ne suffit pas, on envisage de vidanger le lac, de retourner chaque galet ». Qu'importe si au passage on allonge artificiellement la liste en dédoublant l'une des victimes : en effet, toujours dans le même papier, le rédacteur impute au tueur « le meurtre de Patricia Gelis en 1992 », avant d'ajouter quelques lignes plus loin que « l'assassinat de Patricia Ballejos vient de lui être attribué ».

Sauf que le journaliste n'a pas compris que la Patricia qu'il évoque est une seule et même personne : Patricia Gelis, devenue épouse Ballejos à la faveur de son mariage ! Ou quand la rumeur devient, sous la plume d'un journaliste, de la désinformation. Prémices d'une dérive !

De même, c'est en lisant *Libération* que j'apprends le 22 janvier 2002 les circonstances dans lesquelles une première rencontre entre « le tueur et son confesseur » aurait eu lieu après l'arrestation de Patrice Alègre à Paris. Je m'inquiète de mon trou de mémoire : j'étais de ce déplacement et je n'ai aucun souvenir d'une telle rencontre miraculeuse ! La journaliste évoque en fait un camarade qui m'accompagnait, Michel Roussel. Quelques lignes plus loin, la rédactrice m'apprend que le même gendarme exerce le jour à la fois comme enquêteur et comme technicien en identification criminelle, pour devenir la nuit l'opérateur informatique qui « rentre les données par thèmes : les deux cents véhicules utilisés par Patrice Alègre, les adresses, lieux-dits, téléphones, etc. ». Voilà comment je découvre, sous la plume d'une journaliste de *Libération*, que j'ai travaillé sans le savoir aux côtés d'un gendarme hors normes !

Un « cataclysme criminel » qui se profile, un « super gendarme » formé avec des carabiniers italiens et des policiers de Scotland Yard lors d'un stage dénommé Falcone, du nom de feu le juge italien ; ne manque plus qu'un magistrat hors du commun pour achever l'esquisse environnementale du procès à venir. Au bout du même article de presse, je vais découvrir son existence, un procureur toulousain a en effet donné le 7 octobre 1999 au super gendarme un cadre juridique inédit : « Rechercher toutes personnes susceptibles d'avoir été victimes des agissements de Patrice Alègre. » Me voilà rassuré. Avec de tels moyens juridiques et humains, le cataclysme criminel annoncé devrait être maîtrisé ! Pourtant, un premier grain de sable semble déjà s'être glissé dans la machine. J'apprends que, depuis le 27 octobre 2001, Patrice Alègre refuse de quitter sa cellule de la prison Saint-Michel pour être entendu par les enquêteurs. Surprenant, dans la mesure où, quelques années plus tôt, il ne demandait que cela !

En ce mois de février 2002, le palais de justice de Toulouse est en état de siège. Le tueur aurait paraît-il suscité de la haine chez les familles de ses victimes. Étonnant, non ! D'après le journal *Le Parisien* du 12 février 2002, le peuple se bouscule à l'entrée du palais. Deux jeunes filles sont navrées : « On aurait tant voulu le voir », regrettent-elles, tout en « sortant de leurs sacs une incroyable collection de photos du meurtrier ». Patrice Alègre a décidément le pouvoir de fasciner : un enquêteur, des journalistes et même des avocats tombent sous le charme. Et voilà qu'il devient maintenant star : on vient le voir comme on va au spectacle. Ses avocats dépriment : « Depuis que je suis sur le dossier, j'ai perdu des valises d'illusions sur la nature humaine », concède Me Boguet, l'un de ses défenseurs.

Ambiance !

C'est dans ce contexte de surenchère médiatique que je me présente devant le palais de justice le 11 février 2002 à 8 heures. Je me suis préparé, je suis concentré, mais je sais aussi que « ça va cogner », parce que les manquements des uns et des autres vont refaire surface et que le pire des *scenarii* serait que les jurés ne fassent plus la distinction entre ceux qui ont « fait le job » sérieusement et ceux qui ne l'ont pas fait.

Dans le parc arboré qui jouxte le palais, je devine la silhouette de Jean-Michel Martinet, le papa de Laure. Il appuie une épaule contre un arbre, comme s'il était à l'affût. Il ne m'a pas vu arriver. Je vais le saluer, il reste de marbre. Je lui souhaite bon courage pour l'épreuve qui l'attend.

Avant de pénétrer dans « l'arène », je préviens les services de sécurité de la présence en embuscade du père éploré, à toutes fins utiles. J'ai envie de voir l'accusé en face de moi, je ne veux pas que, si près du but, il ne réponde pas de ses actes parce qu'un père dans la détresse l'aurait supprimé.

Le président de la cour procède à l'appel des témoins, puis c'est le tirage au sort des jurés, avec les traditionnelles récusations, émanant tour à tour de la défense et des parties civiles. Cinq femmes pourtant tirées au sort sont ainsi « éliminées » par la défense, comme l'autorise le Code de procédure pénale, sans qu'aucune justification ne soit nécessaire.

On comprend les avocats du tueur, qui veulent ainsi limiter le nombre de femmes dans le jury, présupposant qu'elles seraient plus sévères pour décider du sort d'un violeur-tueur. Enfin, le jury est constitué ; il compte finalement six hommes et trois femmes qui accompagneront, le moment venu, le président et ses assesseurs, des juges professionnels, pour répondre par oui ou par non à la question : « L'accusé est-il coupable des faits qui lui sont reprochés ? », avant de se prononcer sur la peine. Les débats vont débuter, on me prie de quitter la salle, la procédure exigeant qu'un témoin n'assiste pas aux séances tant qu'il n'a pas lui-même témoigné. C'est frustrant, mais j'ai quand même pu prendre le pouls de cette session qui débute.

Le 13 février 2002 à 13 h 30, j'entre dans ce que l'on appelle communément la « salle des témoins », à l'arrière de la pièce où se déroulent les débats. Il s'agit d'une sorte d'antichambre où les divers témoins patientent dans l'attente du moment où l'huissier viendra les chercher pour les inviter à « descendre dans l'arène ». Ce confinement peut parfois s'éterniser de longues heures durant. C'est un moment étrange où les divers témoins sont mélangés, quel que soit leur rôle dans le procès. Dans mon uniforme d'officier de gendarmerie, je me sens un peu isolé dans cette pièce austère où seules quelques personnes échangent à voix basse. Je m'efforce de rester concentré.

Soudain, la porte s'ouvre et l'huissier m'appelle, mon attente n'aura finalement duré que quelques dizaines de minutes. En quelques secondes, je vais passer de la « vie normale » à ce qu'il y a de plus solennel dans la justice de notre pays. C'est le moment le plus difficile, entre le monde d'avant et celui d'après, entre celui que l'on maîtrise et celui de tous les dangers. Plus que quelques marches à descendre, puis c'est la première vision de la salle. Là où le rugbyman accédant enfin au terrain est libéré par les acclamations du public, je me sens au contraire entravé par le silence. Au premier rang, je croise le regard de Jean-Michel, le papa de Laure. Heureusement, je n'ai pas le temps de m'attarder, l'instant est furtif. Dans la seconde qui suit, je découvre l'accusé qui, voûté derrière la vitre de protection, regarde le sol.

Je me tourne enfin vers la cour. Un témoin se livrant pour la première fois à l'exercice peut se sentir pris en étau entre ces magistrats drapés dans leurs robes rouges à col d'hermine qui se tiennent assis face à lui et, entassés derrière lui, les avocats des parties, les familles des victimes, la meute de journalistes et enfin la foule.

Étrange solitude que celle du témoin appelé à la barre. Lorsqu'*a fortiori* il s'agit de défendre le bilan d'une enquête criminelle, d'en présenter les difficultés et les réussites, d'anticiper les questions des avocats tout en préservant l'objectivité du témoignage, bien malin est celui qui aborde l'exercice sans appréhension. Témoigner devant une cour d'assises est toujours une épreuve pour le responsable d'une enquête.

La cinquantaine, moustache soignée poivre et sel, ce président de cour d'assises m'apparaît plutôt rassurant, malgré l'autorité que lui confère la fonction. Quelques fuites m'ont permis d'apprendre que, quelques semaines avant le procès, il est allé rendre visite à l'accusé en prison, en vain. Patrice Alègre a refusé de le rencontrer : « J'en ai rien à foutre de votre justice de merde ! » Aisée, la communication avec le tueur ! Le ton était donné.

Il me demande de décliner mon identité et ma profession, avant de me faire prêter serment de dire la vérité, en m'invitant à lever la main droite et à dire « Je le jure ». Bien que je me sois déjà prêté plusieurs fois à l'exercice, sa solennité me fige quelque peu, je sais que le moment où je vais devoir m'exprimer dans le cadre de cette affaire criminelle hors normes est imminent. Le président me donne la parole.

Je débute par le viol et le meurtre de Laure, celle par qui tout a commencé pour moi, puis je développe la progression des investigations. Précédant les éventuels questionnements, je rappelle que « le méchant » à Saint-Geniès-Bellevue n'est pas Patrice Alègre mais un certain Philippe C., la « terreur » de la commune, qui par son comportement violent et délinquant a malgré lui contribué durant l'enquête à faire diversion. Il apparaissait en effet comme « le » coupable idéal, il avait donc fallu mener de nombreuses investigations le concernant.

Je m'efforce ensuite de faire ressortir les comportements de l'accusé à l'occasion des faits. J'évoque le conditionnement : l'alcool ingurgité à foison et la cocaïne sniffée jusqu'à satiété, si possible les deux à la fois. L'homme est alors transformé, il n'est plus lui-même. Les yeux deviennent exorbités, le regard noir. C'est précisément ce faciès que décrit Émilie, la survivante.

Cet état second semble déclencher un désir sexuel soudain, probablement imprévisible pour la victime. Cet homme qui n'en est alors plus tout à fait un, porté qu'il est vers un comportement bestial, doit impérativement satisfaire ses pulsions tout de suite.

Effrayée par son regard noir, la victime se refuse à lui. Tout va alors très vite : enchaînement de coups violents pour assommer, puis l'étranglement, à mains nues. Il faut que la proie ne bouge plus, ne crie plus. Il bâillonne, déshabille pour découvrir ce corps nu, objet tant convoité. Souvent, il faut ensuite ligoter pour que les réflexes de survie cessent.

Alors, le violeur peut savourer. Parfois, il va fermer la porte à clé, pour ne pas être dérangé, pendant qu'il « joue », un peu avec ses premières victimes, plus longuement ensuite. Il peut alors jouir sexuellement de cet être inconscient, peut-être même déjà aux portes de la mort.

Rassasié, il n'a alors plus qu'à jeter le corps dans un fossé. Ce fut le cas pour Laure. Plus tard, il choisira la crémation ou l'explosion, sans y parvenir totalement.

Les scènes devenant de plus en plus sanguinaires, il faut alors tenter d'effacer les traces, de dissimuler le sang.

J'insiste sur ces comportements non pas pour impressionner le jury, encore moins évidemment pour heurter l'auditoire, mais parce qu'ils me semblent constituer la signature du criminel. Durant l'heure et demie qui m'est nécessaire pour livrer mon témoignage et bien que m'adressant au président de la cour, comme c'est la règle, il m'arrive de détourner mon regard vers l'accusé. Nous nous connaissons, j'espère qu'il va se redresser et m'observer, vœu pieux ! Il est comme recroquevillé sur son siège, entre ses deux gardes. Visage émacié et blême, barbe naissante, crâne rasé et houppette à la Tintin, il ne peut pas dissimuler ses mains de tueur.

Lorsqu'enfin j'indique au président que j'ai terminé mon exposé, je suis surpris que les avocats de la défense ne me posent aucune question. Je pense alors pouvoir me retirer, lorsque soudain l'avocat général sollicite la parole. Le représentant de l'accusation me demande de préciser dans quelles circonstances les aveux de Patrice Alègre sont intervenus, s'agissant du meurtre de Valérie Tariote, quartier Jolimont à Toulouse.

Je comprends immédiatement qu'il souhaite que j'évoque la « coupe de champagne » promise au gardé à vue. Venant du magistrat chargé de représenter la « société », je trouve l'intervention peu judicieuse. N'aurait-il lui-même retenu que cet artifice ayant conduit aux aveux de l'accusé concernant la mort de Valérie, délaissant les aveux eux-mêmes ?

Très intelligemment, les avocats de l'accusé ne s'étaient pas risqués à intervenir sur le sujet, ils avaient retenu le résultat obtenu et ainsi respecté la famille de la victime. J'assume immédiatement mes responsabilités, me positionnant d'emblée aux côtés des proches de la victime, son frère et ses parents, dont je sais qu'ils écoutent, derrière moi.

Et fermement, j'ajoute que si c'était à refaire, je n'hésiterais pas une seconde.

Contraint de réagir à l'issue de cette digression à mon sens assez malhabile venant de ce haut magistrat, le président de la cour d'assises assène qu'il aurait préféré des modalités un peu plus classiques. Patrice Alègre, lui, reste de marbre. Le président me remercie et suspend la séance. La cour se retire.

Une voix caverneuse brise le silence : « Bravo Soucaze. » Je reconnais Jean-Michel, le père de Laure. Il esquisse quelques applaudissements, repris par quelques autres. Cela ne se fait pas, dans un prétoire, mais cela me fait chaud au cœur, après l'échange polémique que je viens d'avoir avec la cour. Je le retrouve rapidement, nous échangeons quelques mots. Je sais qu'il va lui-même témoigner le moment venu. Nul doute qu'il s'adressera à l'accusé pour lui dire, les yeux dans les yeux, qu'il va le « faire buter ». Souhaitons qu'il parvienne à faire tomber le masque de Patrice Alègre.

Une dame âgée s'approche de moi et ose : « C'est à vous qu'on devrait offrir le champagne ! » La voix de la sagesse a parlé. Je sais que les jurés aussi retiendront la gravité et la sincérité des aveux. Mais dans les arcanes judiciaires, on préfère prendre ses distances et mettre en garde contre la « religion de l'aveu » et ses risques. Je comprends ; mais ici, c'était osé de me donner des leçons de conformisme, compte tenu de l'échec cuisant qui précédait et dans lequel les magistrats avaient leur responsabilité.

Je rappelle qu'aux yeux des premiers enquêteurs, d'un juge d'instruction puis d'une collégialité de juges, Valérie s'était « suicidée ». De tout cela, pas un mot. Mais on n'allait pas tarder à en reparler, dans le prétoire.

20

IL VIOLE, IL TUE ET S'EN VA

J'ai déjà évoqué la difficulté d'établir le lien avec Patrice Alègre, pour quiconque représente une institution. Au premier jour du procès, le président, qui a en tête la fin de non-recevoir que lui a opposée l'accusé quelques semaines auparavant, tente une approche : « Il est de l'intérêt de tout le monde que vous parliez de vous... » Dans son box, l'homme à la houppette ne prend même pas la peine de se lever de son siège, puis il esquisse une réponse, en accentuant les syllabes : « Je... n'ai... rien... à... dire ! » Impassible, le président est contraint de suspendre la séance. Sans doute le haut magistrat comprend-il à cet instant précis qu'il ne pourra pas diriger les débats comme il l'entendait. Avec Patrice Alègre, il faut trouver le « chemin d'accès », pour parvenir à créer le lien.

En coulisse, Me Pierre Alfort, son défenseur « historique », et Me Laurent Boguet, accouru un peu plus tard à la rescousse du jeune avocat désigné d'office, finissent par persuader leur client de changer d'attitude. À la reprise de l'audience, c'est un peu mieux : « Je suis mis en examen pour des faits que je n'ai pas commis. Si c'est ça la justice ! » Il fait ici allusion aux nouvelles mises en examen, intervenues après mon départ de la section de recherches, pour des faits qu'il n'a jamais reconnus, à l'exception d'un seul, pour lequel il s'est aussitôt rétracté. De toutes ces mises en cause « complémentaires », il ne veut pas entendre parler. Je n'ai pas d'avis sur ces nouvelles accusations ; tenus au secret de l'enquête, mes anciens camarades de combat n'ont pas levé le voile.

Le président tente de rassurer l'accusé : « La cour d'assises n'est pas l'antichambre du *Livre des records* et se moque de savoir si vous méritez d'y figurer au chapitre des tueurs en série. Il ne sera ici question que des six dossiers pour lesquels vous êtes mis en accusation. »

Cécile, son ex-compagne

C'est au tour de Cécile d'être appelée à la barre. En tenue sombre, élégante, la jeune femme semble bouleversée lorsqu'elle se présente : « Quand il buvait, il cassait tout, il me giflait. Parfois, il partait puis il revenait deux mois plus tard, en pleurs. Je mettais tout sur le compte de son enfance difficile, jusqu'au jour où, sous l'effet des coups, j'ai eu un tympan percé. »

Et Cécile de rappeler qu'au milieu de cette violence, il y a une petite fille, Anaïs : « Il n'a pas reconnu la petite. Ce jour-là, il était fatigué, il ne s'est pas levé et j'y suis allée toute seule. C'était la misère, pas d'argent, il se fout d'aller travailler pour nourrir la gosse, il fume du shit et sort la nuit. Jusqu'au jour où il a tout cassé dans la chambre et jeté la petite contre le mur. Je le mets dehors. Puis il menace de me tuer si je ne le reprends pas. Voilà, ça a été ça ma vie pendant sept ans, sept ans de malheur. J'ai encore du mal à réaliser, c'est pour ça que je devais venir ici, pour comprendre et parce qu'il y a Anaïs… » Cécile est en sanglots. L'accusé se lève : « Je suis désolé. »

Des excuses auraient été les bienvenues, mais c'est sans doute trop pour lui !

Roland, le père

Debout, face au président, Roland Alègre, 55 ans, ancien policier, porte élégamment un costume gris foncé. Son fils aîné est incarcéré depuis cinq ans, mais il ne lui a jamais rendu visite en détention. Certes, il a reçu « trois lettres touchantes, gentilles, mais qui ne m'ont pas satisfait sur le fond… Pas un mot sur les faits, ça fait mal… Je ne suis pas encore prêt à l'embrasser ».

Le président demande au témoin s'il a quelque chose à dire à son fils : « Je ne sais pas quoi lui dire… Simplement que je l'aime. » L'accusé bondit de son siège : « Il ment, comme d'habitude. Si j'ai un regret, c'est de ne pas l'avoir tué. » Dommage, encore une occasion manquée de rapprocher les deux hommes. Roland n'est pas près d'embrasser son fils.

Les débats s'orientent alors vers ce policier de père, qui prolongeait à la maison sa mission de rétablissement de l'ordre : « Oui, je lui ai donné un coup de rondin sur la tête, à 12 ans. Je l'ai soigné, j'ai pleuré… J'ai pété les plombs. J'ai tapé, mais pas comme un sourd, je ne l'ai pas assommé quand même ! » Pathétique.

Le président pousse alors Roland vers son propre passé, son père « alcoolique lui aussi » et sa mère Céline, décédée en avril 2001, dix mois avant le procès. Elle avait hébergé son petit-fils Patrice, adolescent turbulent, puis elle était allée lui rendre visite en prison, jusqu'à sa mort. « Elle a été un point clé, Patrice en est conscient, c'était une sainte femme. » Roland semble très ému, tandis que son fils essuie des larmes avec ses mains. Il y a de l'émotion, des deux côtés, simultanément. C'est exceptionnel.

Roland n'oublie pas de demander pardon aux familles des victimes de son propre fils, puis il s'en va, un peu plus voûté, il vient de subir la foudre. Ces deux-là ne se reverront probablement jamais.

Valérie Tariote, la première victime

L'agenda de la session d'assises prévoit que soit ensuite évoquée la première victime connue, Valérie Tariote, du quartier Jolimont. L'avocat général résume la mise en scène : les poignets liés, le bâillon devant la bouche et un foulard dans le larynx, la casserole… « On me l'a appris », tranche l'accusé, il veut dire qu'il ne le savait pas ! Difficile, pour la cour, de le croire. Au risque de surprendre, je pense qu'il est sincère : le violent mélange alcool et stupéfiants à hautes doses a probablement effacé certaines séquences.

Vient le tour du capitaine de police, qui avait initialement dirigé les investigations et conclu au suicide, d'être appelé à la barre. Il tente de se justifier : « Il n'y avait aucun désordre et elle était dépressive. » Cruel !

La tante de Valérie apparaît. Elle s'adresse directement au meurtrier : « Est-ce qu'elle avait peur de vous ? » Ce dernier se lève et, la regardant : « Je ne pense pas.

— A-t-elle souffert ?

— Non.

— Je vous remercie.

— De rien, madame. »

Un lourd silence envahit le prétoire. La tante de Valérie s'est montrée très habile, enveloppée dans sa dignité. Elle peut souffler, un peu.

Le président poursuit l'interrogatoire, cherchant à obtenir plus de détails. Patrice Alègre se referme : « Je ne sais pas, c'est loin. » Sur le corps dévêtu, la culotte déchirée : « C'est que je l'ai fait. » Il avait déjà fait ce type de réponse en garde à vue : « Si vous le dites, c'est que ça s'est passé comme ça. » L'avocat général, cinglant, prend le relais : « Comment se fait-il que vous vous souveniez de l'accident de voiture que vous avez eu ensuite ? » L'accusé : « Je m'en suis rappelé, car j'avais percuté un camion, ça m'a marqué. » L'accident l'a marqué, pas le meurtre !

Laure Martinet, la deuxième victime

Troisième jour de procès. Patrice Alègre a été contraint de changer de « costume » pour évoquer le viol et le meurtre de Laure. Il se présente dans le box engoncé dans un gilet pare-balles, sous sa veste polaire. « Laure était juste passée chez moi une fois, pour acheter du shit, avec une amie, on avait fumé deux joints. » Tiens, il ne m'avait jamais fait une telle confidence.

Lorsqu'il termine sa narration *a minima* de cette nuit du 24 au 25 janvier 1990, l'accusé explique qu'il a jeté le corps dans un fossé. Jean-Michel, qui s'était contenu jusque-là, explose : « C'est dans le même fossé que je vais te foutre, moi ! »

Le président tente de calmer le père désemparé, puis il donne la parole à l'avocat général, qui souhaite poser une question à l'accusé : « Laure a été retrouvée avec le pubis rasé, alors que son ami Andréas, qui a fait l'amour avec elle quelques heures plus tôt, atteste le contraire. “Quelle est votre explication ?” »

Patrice Alègre répond à côté : « Oui, je l'avais peut-être déjà demandé à deux amies, Benjamine et Sylvie. » Pour Laure, on ne saurait donc jamais. Alors le président demande à Cécile, son ex-compagne qui se trouve dans la salle, de revenir à la barre : « Oui, Patrice m'a demandé une fois de me raser, mais j'ai refusé de le faire. » Puis la jeune femme se tourne vers le box : « Au point où tu en es Patrice, avec tout le mal que tu as fait, il ne te reste qu'Anaïs, alors je veux pouvoir lui dire qu'il te reste un cœur, pour qu'on puisse continuer à vivre. Si tu ne vides pas ton sac, on va mourir. Fais-le pour elle, qu'elle puisse se dire : “Mon père n'est pas si mauvais que ça.” Faut que tu le dises, pour les familles, pour Anaïs, pour moi. » Patrice Alègre est perturbé mais il résiste : « Elle sait que je l'aime, ma fille. » Le président reste sans réaction.

Il appelle à la barre Jean-Michel, le père de Laure. « À ce procès, je voulais te voir et te dire Alègre que ma femme et moi, on t'a condamné à mort. Tu ne sortiras pas, on va te faire buter. Je n'ai plus de douleur, je n'ai que de la haine. Je veux me venger, tu n'en sortiras pas, tu n'en sortiras pas. De toute façon, tu sais rien, t'as rien vu, rien entendu, tu planes, toi. Dis-le ce que t'as dans le ventre, bordel, tu prendras pas un jour de plus. » Dans la salle, la tension est à son paroxysme. C'est l'avocat général qui tente de le calmer : « Ce qu'il a fait est inhumain, mais ne le rejoignons pas dans son inhumanité. »

Deux langages : celui qui exprime la douleur d'un père qui pleure sa fille et celui de l'homme de justice, qui reste droit dans ses bottes.

À la clôture de l'audience, les journalistes sont massés devant la porte du palais. Jean-Michel s'avance vers la sortie, le regard sombre, prêt à affronter la meute : « Je suis pour la peine de mort. » Un journaliste : « Et vous souhaiteriez qu'il y ait un échafaud ici, à la fin du procès ? » Le père, au summum de la haine : « Oui et je tirerai moi-même la ficelle. »

Comme il l'avait fait devant moi à Paris le 7 septembre 1997, Patrice Alègre s'est enfermé dans des versions *a minima*, vraisemblablement pour se convaincre lui-même que ses actes restent des crimes « propres ». Rien donc sur la rate éclatée, la batte de baseball dans la voiture en ce qui concerne Laure. Rien non plus sur les bâillons de Valérie, ses liens ou la casserole. Si l'on s'en tient à ce qu'il dit, sa démarche meurtrière est simple : il viole, il tue et puis il s'en va.

En face du tueur, deux types d'interlocuteurs se dessinent déjà. Ceux qui, l'air de rien, captent son attention, comme la tante de Valérie ou son ex-compagne Cécile. Et puis les autres, pour qui il reste inaccessible, après quatre jours d'audience.

L'accusé rejoint sa cellule de la maison d'arrêt avec le statut virtuel de « condamné à mort », telle est en tout cas la sentence prononcée par Jean-Michel, le père de sa deuxième victime.

21

FACE À LA GRANDEUR D'ÂME DES TÉMOINS

Chaque jour un peu plus, le mensonge burine le visage du tueur. Son insupportable amnésie va-t-elle se poursuivre ? Pour la seconde fois depuis le début du procès, un capitaine de police va au « sacrifice » pour répondre devant la cour de cette deuxième version de « Quand la police ne voyait que des suicides », comme le titrait *Libération* le 15 février 2002.

Le 30 juillet 1997, il avait adressé à la juge d'instruction un procès-verbal de synthèse qui soutenait la thèse du suicide de Martine Matias. Le flic en blouson de sport est immédiatement mis mal à l'aise par le président de la cour qui s'étonne de « l'absence d'un paragraphe sur l'hypothèse criminelle, lequel aurait au moins fait le pendant » à la prose sur le suicide, créant alors une sorte d'équilibre entre hypothèse criminelle et acte désespéré volontaire.

Le policier s'empêtre rapidement dans une défense maladroite : « J'ai manqué d'objectivité. Et puis il ne faut pas oublier qu'Alègre est un tueur hors du commun, qui maquille et efface tout. Mais OK, j'assume. » Le président insiste : « Et ces trois cris effroyables entendus par une voisine le soir du crime ? » Le policier : « Trois autres témoins ont des interprétations différentes. »

Puis c'est le coup de grâce, la leçon donnée devant tout le monde : « Le danger, dans nos professions de policier et de magistrat, c'est d'avoir des convictions trop tôt. » Le policier se défausse : « Dans mon esprit, il n'était pas question de classer le dossier, il y avait le juge derrière. » En somme, une nouvelle version de « C'est pas moi, c'est lui ». Il n'y a pas pire effet. Finalement, le capitaine de police capitule : « C'est une erreur de jugement, ça fait mal, j'encaisse. »

Mais le président veut avoir le dernier mot. Il décide de ne pas lire l'intégralité du rapport, expliquant que « ce serait trop cruel », mais il cite un extrait : « Ce n'est pas possible que ce soit un meurtrier, car il ne laisserait pas autant de traces. » Désormais définitivement « coulé », l'officier de police judiciaire n'a plus qu'à se retirer. Il quitte penaud le palais de justice sous les huées, protégé par le service d'ordre, événement aussi inadmissible que l'avait été le bâclage de son enquête.

Interrogé sur les faits, l'accusé, comme à son habitude, ne consent que des aveux minimalistes et face aux « Je sais plus. Je me souviens pas. Je ne peux pas inventer pour vous faire plaisir », le président comme l'avocat général demeurent impuissants. Comme souvent en pareille situation, ce sont les familles qui battent le réveil.

Marie-Louise, la sœur de Martine Matias, s'approche de la barre et se tourne vers Patrice Alègre : « Je n'ai que mon imagination, qui me tue peu à peu. Je voudrais savoir que les dernières mains qui ont touché Martine, que les derniers regards qui se sont portés sur elle, n'étaient pas ceux d'un animal. J'aimerais que M. Alègre pense à sa mère et à sa fille, qu'il dit aimer plus que tout, pour ne pas laisser l'impression que la seconde a été engendrée par un monstre enfanté par la première. »

Dans son box, l'accusé encaisse, regarde ses pieds, avant de marmonner : « Je suis désolé pour toutes les souffrances que je vous ai infligées… »

Elle poursuit : « On a besoin de la vérité.

— Je l'ai dite.

— Pourquoi ce sang près de la baignoire ? Ce fil électrique taché de sang ? insiste Marie-Louise. On n'a retrouvé que des cendres, on n'a même pas eu un corps, un visage. Moi, vous vous en foutez, je le sais. Pensez à votre mère, à votre fille !

— Ça s'est passé comme je l'ai dit, répète Alègre.

— Vous êtes vraiment une bête ! s'emporte Marie-Louise. On ne demande pas à un rat d'avoir des sentiments. J'espère que les mains et le regard que vous avez posés sur Martine, vous les verrez un jour comme elle les a vus et qu'ils vous feront hurler comme nous pensons qu'elle a hurlé ! »

En s'adressant directement au bourreau de sa sœur avec ces mots simples, cette femme vient de faire chavirer la cour d'assises dans l'émotion. Patrice Alègre, lui, reste apparemment insensible.

C'est alors que Léonie, retraitée, qui était une voisine de la victime, prend la suite à la barre. C'est elle qui avait entendu « trois hurlements effroyables » le soir des faits : « M. Alègre, enlevez les chaînes de votre cœur, afin que les familles trouvent la consolation et la paix. Je vous en supplie, pour votre fille, mettez-vous à genoux. Allez-vous le faire ?

— Sûrement… Oui », murmure l'accusé, surpris par la délicatesse du témoin.

Après ces mots simples, mais d'une dignité exemplaire, les experts psychiatres pourront passer. Ils évoqueront probablement le « clivage du Moi », l'inconsciente volonté d'éliminer la mère gémissante en violant et tuant de jeunes femmes qui gémissent, elles aussi. Peu importe. Comme le dit précisément le psychiatre Michel Bénézech, docteur en médecine légale, professeur de droit et responsable du service psychiatrique de la maison d'arrêt de Gradignan (Gironde) à l'époque : « On attend des psychiatres qu'ils disent si les accusés sont pénalement responsables. Tout le reste n'est que poudre aux yeux. Les affaires complexes ou répétitives devraient être confiées à une collégialité d'experts aux compétences variées... » Leçon d'humilité bienvenue. Pour le reste, tout est question de moyens !

Les neuf jurés écouteront poliment les experts psychiatres. Les entendront-ils ? Pas si sûr. En revanche, ils se souviendront à jamais des émotions procurées par la sœur, Marie-Louise et la voisine, Léonie. Elles sont déjà gravées dans leurs mémoires.

De Martine Matias, la championne de France de boxe, il ne restait que son chevalet et quelques débris calcinés, l'auteur ayant tout brûlé. C'est maintenant une rescapée, une miraculée pourrait-on dire, qui fait face à son agresseur. Émilie Espès n'a rien oublié de ce « regard terrible, celui d'un monstre, d'un animal » qui l'étrangle. Habituellement, il tue. Pour elle, il a fait une exception parce qu'elle a su, alors qu'elle agonisait déjà, trouver les mots justes : « Ça m'a fait redescendre sur terre », confirme l'accusé. Émilie se souvient du visage tuméfié qu'elle a découvert dans le miroir de la salle de bains après avoir échappé à une fin annoncée. Il n'était plus le sien. Aujourd'hui, ce n'est qu'une survivante, qui vit avec des fantômes : elle voit son agresseur partout. De longs séjours en hôpital psychiatrique l'ont finalement non pas sauvée, mais au moins aidée à aller mieux.

La présence au procès de cette victime vivante ne déstabilise nullement l'accusé. En revanche, Me Alfort, son avocat, est excédé par le mutisme de celui qu'il appelle désormais par son prénom. Il se dresse tout à coup face au box et fixe l'accusé : « J'en ai assez Patrice ! Je n'en peux plus de tes phrases : "Je sais pas", "Je me souviens plus". Parle, Patrice, parle ! Parle de ta grand-mère, sois humain. »

Alors Patrice Alègre cède quelques mots impossibles à prononcer : « Ben, c'est la seule personne... Je sais pas quoi dire, Pierre ! » Décidément, l'émotion, ce n'est pas fait pour lui.

Relance de l'avocat : « Et sa mort, ça t'a rendu triste ?

— J'ai eu énormément de chagrin..., reconnaît Alègre. Je sais pas quoi dire, Pierre », ajoute-t-il après un long silence.

Rien ne sort, si ce n'est le strict minimum : « J'ai honte de ce que j'ai fait. » Alors Me Alfort s'énerve, frappe son pupitre d'un coup de poing : « Je l'ai rencontrée, moi, ton humanité, t'es pas un animal, alors prouve-le. » Puis il se rassied, impuissant.

D'une voix douce, le président prend le relais : « Dites-nous la vérité, simplement. S'il est difficile de dire pourquoi, alors dites comment. Cela sera plus simple. Il y a beaucoup de questions auxquelles vous pouvez répondre sur le comment. » Trop sophistiqué, ce langage, pour l'accusé. Il regarde le magistrat et s'assied, sans dire un mot.

Dans la posture du boxeur, il a encaissé les coups et a tenu, avec sa dérisoire sémantique : « Je sais pas. Je me souviens plus. » Même son propre avocat s'y est cassé les dents, mais Me Alfort garde espoir : « Je vais me battre non pas pour qu'il donne des détails, mais pour qu'il dise ce qu'il a sur le cœur. Je ne veux pas que sa fille lui dise un jour ce qu'il a dit à son père : "Je veux te tuer." »

Finalement, ce qui parle le plus chez le meurtrier, c'est son regard, plus prolixe que ses paroles. Ses yeux bleu acier croisent parfois ceux des familles. Il ne lui reste que cela à proposer, en guise de résidus d'humanité, celle-là même dont son avocat dit qu'il l'a « croisée ».

Désormais, la forteresse est de nouveau verrouillée. C'en est fini des espoirs des familles d'obtenir des réponses à leurs interrogations, en tout cas pour cette première semaine du procès.

22

L'ARTISTE AUX BAS ROUGES

« Ni fou ni con. » Force est de constater que le portrait, certes un peu trivial et réducteur, dressé de Patrice Alègre par un ancien camarade de collège, correspond assez bien à ce que nous percevons de l'accusé. Aux yeux des psychiatres, il n'a rien d'un malade mental. Il s'agirait plutôt d'un pervers narcissique qui souffrirait de graves troubles de la personnalité. Il n'est pas idiot, loin s'en faut, mais il a toute la froideur que lui confère ce sentiment de toute-puissance qu'il a sur les autres, surtout lorsqu'il s'agit d'une jeune femme attirante.

« Il y a deux Patrice : celui qui a bu et celui qui n'a pas bu. Le charmant qui offre des fleurs à la Saint-Valentin et l'agressif qui pète les plombs si la viande est trop cuite. » Marie Huret, dans *L'Express* du 7 février 2002, ne croit pas si bien dire, il y a l'homme et le fauve. « Se sentant victime de souffrances injustes pendant son enfance, il se comporte comme s'il avait tous les droits, comme s'il avait déjà payé », résume son avocat Me Alfort. « Il ne subit plus, c'est lui qui décide », résume enfin Marie Huret. En tout-puissant, il désigne sa proie. Il choisit les doses d'alcool et de drogue nécessaires pour monter en pression. Il décide du moment où il doit assouvir sa pulsion sexuelle. Il impose l'instant où ses mains vont étrangler. Les gémissements lui rappellent de sombres souvenirs, il les stoppe net. Il étrangle encore. Il décrète ensuite que ce corps lui appartient, au point de le violer de toutes parts et de toutes les manières. Peu importent les cris effroyables. Peu importe le sang qui gicle. Enfin, il décide de ce qu'il va advenir du cadavre. Il décide de tout. Il se sent surpuissant.

Isabelle Chicherie à Paris

Sa proie, il la choisit parfois loin de ses bases. Isabelle est désignée pour cible sur une plage de sable fin, au sud de l'Espagne, fin juin 1997. Mais Patrice Alègre n'a pas encore totalement statué sur le sort qu'il lui réserve, il n'a pas encore « décidé ». Elle ne conserve que de bons souvenirs de ses vacances. Isabelle a croisé celui qui sait être « charmant ». De la Bête, elle n'a rien décelé.

Lui continue de tracer sa route. Les investigations démontrent que son parcours le mène ensuite à Cologne, en Allemagne, où il a une brève liaison avec une jeune femme. Elle est épargnée. Mystère. Mais elle l'a « énervé », il quitte donc ce pays pour la Belgique, avant de se retrouver à Paris. Là, il décide que c'est le moment, que c'est le tour d'Isabelle. Un repas agréable au Petit-Plaisir, ce restaurant du 15e arrondissement, de la bière, beaucoup de bière, du champagne, de la coke, comme d'habitude. Désormais, Isabelle lui appartient. Ses mains font le reste, sans limites. Isabelle avait acheté des carottes pour le nourrir. Isabelle est à demi morte, mais rien n'est perdu, une carotte, ça peut servir à autre chose ! Isabelle n'est plus Isabelle, elle est un objet. Puis Patrice Alègre décide de tout détruire, Isabelle et même son logement.

Il est devant la cour d'assises pour elle, aussi. Devant un tel désastre, l'avocat de la famille de la victime est impuissant. Pudiquement, Me Aïdan résume : « Cela pouvait durer des heures. Il les étranglait pour les étourdir, relâchait sa prise afin qu'elles reprennent conscience au moment où il les violait, puis il les étranglait de nouveau jusqu'au dernier soupir. »

Comme les autres, Isabelle a été massacrée par celui qu'elle avait pris pour un ami. Comme pour les autres, les conditions de sa mise à mort restent en partie mystérieuses. Une certitude cependant, Isabelle fut la dernière victime du tueur récidiviste.

Mireille Normand en Ariège

Alors que se termine le deuxième tiers du procès, « la forteresse Alègre » s'avère imprenable[1]. Le jargon soigné du président, les sorties incisives de l'avocat général, la grandeur d'âme des familles et même les effets de manche de son propre avocat, rien n'y fait.

Face aux assauts, l'accusé fait barrage et il ne laisse rien sortir, aucune émotion, aucune compassion. Ne reste qu'un crime à évoquer, celui de Mireille, enterrée dans son jardin en Ariège avant la cavale du tueur en Espagne.

Comme d'habitude, la cour a droit au scénario basique qu'elle n'entend même plus : « On a fumé des joints, j'ai essayé de l'embrasser, elle n'a pas voulu. Je l'ai suivie dans sa chambre, je l'ai étranglée. J'étais ivre. » Des chaises cassées à force de taper sur le crâne de Mireille, des liens, du bâillon, de la housse et du trou, des 4 000 francs emportés, son « Je ne sais pas » est la seule explication qu'il consent.

1. *JDD*, 17 février 2002.

Le frère de la victime monte à l'assaut avec son accent de « Titi parisien » : « Franck, lève-toi. » Il l'appelle par le surnom utilisé par le tueur en Ariège. Patrice Alègre s'exécute. « Je voulais t'parler de ma sœur, une fille qui en voulait. Comment t'arrives à supporter ce que t'as fait, tu prends des cachetons ?

— Oui, répond Alègre, l'air tendu.

— J'y crois pas moi, à tes pulsions meurtrières... Il faudrait que tu te suicides. Ou t'es courageux, ou t'es cinglé. Mais t'as pas l'air cinglé. Réfléchis à ma proposition, suicide-toi... S'il te plaît, flingue-toi. *Ciao* Franck ! » Patrice Alègre ne vacille pas. C'est à ce moment-là que Me Elisabeth Cadiot, qui défend les intérêts de la famille de la victime, s'avance calmement jusque devant le box, au plus près de Patrice Alègre. Chroniqueur judiciaire au *Figaro*, Stéphane Durand-Soufflant présente la scène de manière exquise : « Menue, cheveux courts, grands yeux clairs, elle porte sous sa robe des collants rouge vif et des chaussures orange. C'est une avocate, mais aussi une femme qui s'approche de Patrice Alègre. » Suspense dans le public. Que prépare-t-elle ?

Me Cadiot, d'une voix à peine audible : « Vous souvenez-vous de Mireille ?

— Oui, répond Alègre. Elle était agréable.

— Quelle était la couleur de ses cheveux ?

— Elle était brune, je crois.

— Était-elle plus grande que moi ?

— Pareille, dit Alègre qui toise soigneusement son interlocutrice. »

Et le journaliste de poursuivre : « L'avocate se substitue imperceptiblement à la victime... Elle tend à l'accusé des photographies d'une Mireille heureuse, terriblement vivante. » Alègre vacille. Pour la première fois, il est sonné !

L'avocate laisse libre cours à son talent : « Les faits se sont passés un 20 juin. Que représente cette date ?

— C'est mon anniversaire. »

« Alègre se laisse guider par la robe noire et les collants rouges », écrit encore le journaliste du *Figaro*. Mais là, il ne peut décider de rien, il subit ! Et la jeune avocate de poursuivre, telle une soliste caressant lentement son violon, debout face à la Bête désormais fixée. La mélodie est parfaitement exécutée. On est bercé et Alègre aussi. Il est enfin sorti de la mascarade !

« Ça vous fait souffrir ?

— Peut-être…

— Vous n'acceptiez pas que, ce jour-là, Mireille soit heureuse ?

— Je sais pas.

— C'était une femme libre. Mais vous, êtes-vous plutôt un homme ou un enfant ? »

Alègre réfléchit longuement avant de répondre : « Un mélange des deux, je crois.

— Les constatations effectuées sur Mireille font penser à un corps torturé, soumis…

— Non…

— À quoi pensiez-vous en creusant sa tombe ?

— Je sais pas.

— Lorsque vous dormez, revient-elle dans vos rêves ?

— Des fois, je pense.

— Vivante, avec son sourire, ou morte, avec ses cheveux qui dépassent de la housse ?

— Les deux. »

La partition est terminée. En quelques minutes, avec des mots simples, Me Cadiot a conduit l'accusé là où tous les autres ont échoué, vers un début de réflexion sur lui-même. Après la démonstration de la virtuose en « rouge et noir », le silence envahit de nouveau la cour d'assises. Plus pesant que jamais. L'accusé est déstabilisé. Il n'y a plus qu'à le « cueillir ».

Le président lui aussi reste silencieux. Seul l'avocat général ose se lancer. Solennel, totalement à contre-pied par rapport à l'instrumentiste en robe noire, il opte pour la fermeté. Probablement sûr de son talent, il est convaincu de terrasser l'accusé : « Arrêtez d'être lâche ! » hurle-t-il à Alègre. En amateur de hard rock, il a choisi la guitare électrique. Après une symphonie de Mozart, ça ne pouvait que casser l'ambiance. C'en est fini. L'accusé prend son air narquois et inflige au « Père-la-morale », comme le surnomme habilement Stéphane Durand-Soufflant, une réponse cinglante : « Ne me posez plus de questions, je ne vous répondrai pas, ça vous va comme ça ? » Du Alègre dans le texte ! Et le chroniqueur de conclure sur le « talent singulier » qui a consisté à anéantir en quelques secondes le labeur d'une avocate qui maîtrise son art.

Décidément, il y a bien « ceux qui savent parler à l'accusé et puis il y a les autres ». Patrice Alègre a certes concédé qu'il est encore un peu homme et enfant. Oui, mais cet « enfant » joue avec des objets qui sont des êtres humains. C'est bien là son problème.

23

« JE T'EN SUPPLIE PAPA, PARLE ! »

Antoine de Saint-Exupéry avait raison : « Les enfants seuls savent ce qu'ils cherchent. » Lorsque son père est arrêté, Anaïs avait 8 ans. Au moment du procès, elle frappe à la porte de l'adolescence. Elle ne connaît quasiment pas son géniteur. Avant l'arrestation, il ne faisait que de brèves apparitions à la maison. Depuis qu'il est en prison, elle ne le voit plus du tout. Elle ne porte pas son nom, puisqu'il dormait le jour où il avait fallu la déclarer à l'état civil. À 12 ans, les questions fusent. Ce qui lui a été dissimulé jusque-là, Anaïs veut le savoir. Tous les soirs, lorsque sa mère rentre du procès, elle est systématiquement soumise à la question. Alors Cécile a une idée : « Tu vas écrire à papa. »

C'est la dernière ligne droite avant le réquisitoire et les plaidoiries. Ensuite, juges et jurés se retireront pour décider du sort de l'accusé. Au fil des jours, Cécile, jeune mère énergique, a gagné le cœur des parties civiles et du public, associant à son combat sa fille pourtant absente du fait de son jeune âge. Alors, Cécile se lève, une dernière fois, pour se tourner vers l'accusé : « Je suis là tous les jours, pour les familles et surtout pour Anaïs. Tous les soirs, elle me demande ce qu'il s'est passé. » La jeune femme sort de sa poche un papier qu'elle déplie, puis commence à lire.

Dans son box, le papa encaisse. Encore une fois, il est sonné. Cécile range la lettre et le fixe du regard : « Tu ne parles pas, parce que tu as honte ? C'est ça ? » L'accusé reste muet mais répond oui d'un signe de tête. Cécile redouble : « Je suis contente que tu aies honte. Je vais pouvoir le lui dire. » Elle poursuit : « Je sais que tu ne pourras pas dire ce que tu as fait. Je veux savoir si tu serais capable de l'écrire. » Et elle présente à l'accusé un carnet que lui a remis Jean-Michel, le père de Laure Martinet, celui-là même qui « condamnait à mort », quelques jours auparavant, le papa d'Anaïs.

« Pour tous ces gens qui sont malheureux. Pour Anaïs aussi, est-ce que tu serais capable de l'écrire ? Tu vas le faire ? Pour les proches de Valérie, de Laure, de Martine, de Mireille et d'Isabelle… tu vas le faire ?

— Je vais essayer.

— Non, pas essayer, tu vas le faire, cette nuit. Il le faut. Il faut que tu écrives tout, que tu vides ton cœur… »

Patrice Alègre s'assied. Il vient de perdre un round, mais il n'est pas KO. Sera-t-il capable, de ces mains qui ont provoqué tant de malheurs, tant de haine, d'écrire pour sa fille des mots d'amour ? L'huissier s'approche de Cécile, saisit le carnet et la lettre, puis les remet à l'accusé. Cécile regagne sa place, parmi les parties civiles.

Après la virtuosité de l'avocate aux bas rouges, nous venons d'assister à un nouveau moment que seuls les procès d'assises permettent de vivre. L'entreprise de déstabilisation était minutieusement orchestrée par Cécile. Hélas, l'accusé semble bien s'être pour toujours installé dans le silence. Non, Anaïs, ton papa ne parlera pas !

Avant que ne débute la dernière ligne droite de ce procès, un expert-psychiatre se pose, lui aussi, une question presque cocasse dans cette atmosphère : « Fait-il ces choses parce qu'il a trop bu ou boit-il pour faire ces choses ? » L'expert choisit la deuxième solution : « Il recherche l'emprise, la maîtrise. » Cela fait froid dans le dos.

Le président ose alors la question sur le risque de récidive. La réponse est sans appel : « Le risque de récidive est quasi inévitable, cet homme est dans une situation de dangerosité extrême. »

Un autre érudit en psychiatrie prend la suite, mais ne se révèle pas plus rassurant : « L'accusé se veut maître de son destin, il estime qu'il n'a de compte à rendre à personne. Quand il passe à l'acte, c'est moins le désir de tuer que celui de pouvoir donner la mort ou non qui agit. » L'expert expérimenté ajoute qu'il a examiné douze tueurs en série, parmi lesquels un seul a été capable de lui décrire ce qu'il éprouvait pendant le passage à l'acte. Puis il termine par une image : « Celle du film de Charlie Chaplin, *Le Dictateur*, quand celui-ci jongle avec une mappemonde. Il est seul, tout lui appartient, il vit une sorte d'ivresse avec un sentiment de toute-puissance. »

Lorsque vient le tour des avocats des parties civiles de s'exprimer, c'est le chagrin qui envahit le prétoire. C'en est trop pour la tante de Valérie, qui se lève pour quitter la salle. Jean-Michel, le père de Laure, la rattrape et l'étreint : « Ça va aller… » Le défenseur de la famille fait une projection dans l'avenir : « La mort chez Alègre, c'est un projet permanent, qui va au-delà de la préméditation. » L'avocat qui représente la famille de Martine, la championne de boxe, lyrique mais surtout émouvant, évoque la mémoire du père, un immigré portugais mort de chagrin, quelques mois après sa fille.

L'avocat des parents de Laure, lui, force l'impudeur : « La famille que je défends souhaite que Patrice Alègre soit libéré le plus rapidement possible ! » Il omet sciemment de rappeler que le père de Laure lui a promis la mort. Puis vient le tour des avocats de la défense, qui font ce qu'ils peuvent. Me Alfort lit une lettre que l'accusé aurait écrite en guise de réponse à sa fille.

Sans doute l'avocat avait-il préalablement corrigé les fautes d'orthographe et de syntaxe ! Anaïs n'attendait pas de son père qu'il se pose en victime. Non, elle lui demandait de prendre ses responsabilités. Il répond à côté. Alègre se tait, pour toujours. Anaïs, elle, ne baissera pas les bras, dans sa quête de vérité. J'y reviendrai.

Le 21 février 2002 à 17 h 15, après deux heures de délibéré, la cour d'assises de Toulouse condamne Patrice Alègre, âgé de 33 ans, à la réclusion criminelle à perpétuité, avec une peine spéciale de vingt-deux ans de sûreté. Le condamné encaisse, comme toujours, sans même se lever. Le 21 février marque le double anniversaire de la mort de Valérie, le 21 février 1989 et du viol avec tentative de meurtre sur Émilie, le 21 février 1997.

Patrice Alègre est désormais définitivement coupable d'avoir violé et tué cinq jeunes femmes et d'avoir violé et tenté de mettre à mort une sixième. Pour ces faits, c'est l'emprisonnement à « perpétuité » qui l'attend. Dans son cas, cette condamnation est assortie d'une peine de sûreté de vingt-deux ans durant laquelle, quoi qu'il advienne, il ne peut pas être libéré. Si parmi ses victimes s'était trouvé un mineur, cette période aurait pu être portée à trente ans.

Patrice Alègre ayant été interpellé le 5 septembre 1997, la « période de sûreté » est arrivée à son terme le 5 septembre 2019. Le jeune homme de 29 ans qu'il était lorsque je l'ai rencontré doit probablement avoir quelques rides puisqu'il est désormais, comme moi, quinquagénaire. Je ne l'ai jamais revu, depuis qu'il a rejoint la cohorte des tueurs multirécidivistes – je n'aime guère l'appellation de tueur en série. Certains sont déjà probablement en enfer. Landru, reconnu coupable d'avoir tué et incinéré dix femmes, fut guillotiné le 22 février 1922, sans jamais avoir reconnu ses crimes. Marcel Petiot, ancien médecin généraliste, tuait ses victimes puis les incinérait dans une chaudière installée dans le sous-sol de sa maison. Condamné pour 27 assassinats, il alla à l'échafaud le 26 mai 1946. Plus récemment, Thierry Paulin, le « tueur de vieilles dames », a avoué en avoir assassiné 21. Il est mort du sida à la prison de Fresnes en 1989, avant d'être jugé.

D'autres évidemment dorment en prison. Le complice de Paulin, Jean-Thierry Mathurin, a été condamné pour 8 meurtres à la réclusion criminelle à perpétuité, assortie d'une période de sûreté de dix-huit ans. Claude Lastenet, condamné en 1997 à la réclusion criminelle à perpétuité assortie d'une période de sûreté de dix-huit ans, avait tué 5 personnes âgées. Francis Heaulme, arrêté en 1992, a été condamné à 6 reprises pour des meurtres. Guy Georges, « le tueur de l'Est parisien », a été condamné le 5 avril 2001 à la réclusion criminelle à perpétuité pour 7 assassinats précédés de viols et pour 3 agressions. J'allais omettre de citer Pierre Bodein, dit « Pierrot le fou », que j'aurais l'occasion de croiser, un peu plus tard au hasard d'une affectation, à Strasbourg. Pierre Bodein est le premier détenu en France à être condamné à la perpétuité réelle. Michel Fourniret le suivra en 2008.

J'en ai certainement oublié, des as de la cruauté. Au Panthéon des horreurs, Patrice Alègre n'a probablement rien à envier à ces criminels. Il est là à sa juste place, à leurs côtés, n'en déplaise à ceux ou celles qui seraient tentés de revisiter son histoire. Et il en existe, j'y reviendrai.

Durant son procès, les psychiatres lui ont demandé si ses victimes l'avaient supplié et s'il avait éprouvé de la pitié. Beau joueur, je lui laisse le mot de la fin : « Cela n'est jamais arrivé, on ne peut pas parler quand on se fait étrangler. »

24

L'AMOUR NE CONNAÎT PAS LES FRONTIÈRES

Indéniablement, l'affaire Alègre aura marqué la France des faits divers. Dans un deuxième temps, elle aura même fait trembler la France par les remous d'une affaire d'État qui n'en était pas une.

J'ai connu l'affaire criminelle, celle des viols et des meurtres, de la traque puis de l'arrestation et enfin celle du procès. J'ai modestement été un acteur de cette première affaire Alègre, que j'ai tenté de vous faire partager. Elle a été traitée à l'ombre des fastes médiatiques, y compris l'épisode de l'interpellation, qui fut couvert par la disparition de la princesse Diana. Et puis il y eut, après mon départ du groupe criminel de la section de recherches de Toulouse, l'autre affaire, celle des notables supposés complices d'Alègre. Celle-là n'aurait jamais dû exister, c'était une dérive honteuse.

Mais la deuxième a réveillé la première et lorsque les deux se sont mêlées, jusqu'à fusionner parfois, Patrice Alègre est devenu une sorte de star. Est-ce cette star qui est parvenue, du fond de sa cellule, à attirer les amours de jeunes femmes, alors qu'il s'était montré si cruel avec d'autres ? Je ne saurais répondre à cette question. Le fait est que le tueur a bien connu des aventures sentimentales en prison. Non, Patrice Alègre n'est pas seul comme on pourrait l'imaginer et peut-être, pour certains d'entre nous, le souhaiter !

Patrice Alègre a été condamné le 21 février 2002 à la réclusion criminelle à perpétuité pour cinq meurtres, une tentative de meurtre et six viols. Au moment où j'écris ces lignes, le tueur récidiviste est en détention depuis vingt-sept ans, la période de sûreté de vingt-deux ans dont était assortie sa condamnation est donc terminée.

Après un quart de siècle de détention, l'espoir renaît chez le criminel. Son avocat a déjà formé une demande de remise en liberté conditionnelle, refusée par la justice bien entendu. Pris dans l'emballement médiatique qui avait suivi son procès, le condamné avait remercié son défenseur « historique », Me Pierre Alfort, qui le suivait depuis son arrestation, pour confier la défense de ses intérêts à Mes Gilbert Collard et Édouard Martial. Mais le partenariat s'était sans doute terminé aussitôt que les sunlights avaient cessé d'éclairer le très médiatique avocat Collard, devenu homme politique.

Dans l'anonymat de sa détention, Patrice Alègre s'en est donc retourné vers Pierre, son premier soutien, avec lequel des liens singuliers s'étaient tissés. « Il a été condamné à perpétuité pour des crimes de sang, mais le droit lui permet de demander une liberté conditionnelle. Ce que nous allons faire », déclarait Me Alfort dans les colonnes du *Parisien* le 30 août 2019. Heureusement, cette perspective devait passer par le tamis de nouvelles expertises psychiatriques, mais effectivement, le droit français permet au détenu d'espérer.

Mieux, Patrice Alègre semble avoir trouvé le grand amour. « Je pense que cet homme a évolué », poursuit son avocat, ajoutant que son client est en couple avec une psychologue canadienne, « un soutien qui va l'aider à préparer sa sortie, qui va l'héberger, l'aider à avoir un emploi », explique Me Alfort au micro de France Bleu Occitanie. Selon le magazine d'actualité *L'Obs*, « l'heureuse élue » se prénommerait Marie. Dans le cadre de ses études de psychologie au Canada, elle était chargée d'un travail consistant à s'entretenir avec trois tueurs récidivistes. Parmi les trois détenus sélectionnés figure Patrice Alègre, dont elle « tombe en amour » au fil des échanges téléphoniques, dit-elle.

Elle décide finalement d'aller lui rendre visite au centre de détention de Moulins-Yzeure, où elle « craque » pour lui : « C'est quelqu'un de très gentil, de très attentionné… Je ne me suis jamais sentie aussi respectée… Je l'aime parce que c'est lui, cela n'aurait pas pu être un autre. »

La jeune femme prétend même qu'il aurait arrêté de se droguer et de boire de l'alcool. En somme, il n'aurait plus rien à voir avec le détenu qui avait été surpris par les gardiens, alors qu'il élaborait un alambic artisanal dans sa cellule !

« Nous voulons un enfant », aurait même dit Patrice Alègre à son avocat. Tout un programme ! Décidément, l'amour ne connaît aucune frontière. Ni les frontières géographiques, puisque la « quadra » canadienne n'a pas hésité à traverser l'Atlantique pour rejoindre son « amoureux ». Ni celles du crime, puisqu'elle est parvenue à enjamber six affaires criminelles sordides pour fusionner avec lui. Ni celles du doute, puisqu'elle juge son amant comme étant très gentil et très attentionné. Ni celles de la prison, mais ça, on le savait déjà !

Alors Marie, permettez-moi de m'adresser à vous. Permettez-moi de vous dire que moi, j'ai des doutes. Je ne suis pas aussi persuadé que vous en effet que le Patrice

Alègre que vous connaissez et pour lequel vous êtes visiblement « tombée en amour », comme on dit au Canada, soit si « gentil », « attentionné » et « respectueux » que vous semblez l'affirmer. Je ne suis pas davantage certain qu'un quart de siècle lui suffise pour entrer en voie de rédemption. Je ne suis pas non plus convaincu que l'homme que vous aimez serait capable de faire abstinence s'il avait librement accès à ses produits dopants favoris : l'alcool et les produits stupéfiants.

Marie, écoutez-moi, je vous en prie. Vous ne connaissez que Patrice le charmeur, le charmant, celui qui a probablement été capable de vous envoyer des roses pour la Saint-Valentin. Vous ignorez Alègre, le sadique, le violeur, le tueur qui dépouille ses victimes après avoir abusé d'elles, sans pitié et même sans remords.

Marie, pardonnez-moi. Pardonnez-moi d'être inquiet. Probablement en effet que je tremblerais pour votre intégrité si j'apprenais demain que « votre Patrice » a recouvré le chemin de la liberté.

Marie, vous souvenez-vous ? Vous souvenez-vous d'Émilie, la seule que « votre Alègre » avait finalement consenti à gracier après l'avoir frappée, étranglée et violée ? Vous souvenez-vous d'elle, qui avait osé affronter le regard de son agresseur au procès ? Elle avait aussi croisé Patrice le charmant, un jour de fête, un jour de « teuf », comme elle aimait à dire. Le même soir, elle a découvert « Alègre la Bête ». Elle avait dompté la Bête et elle croyait avoir réchappé de son crime. Il n'en était rien. Après que le rideau fut tombé, après avoir encore lutté quelque temps, elle a mis fin à ses jours en 2006. Parce que le fantôme d'Alègre la suivait partout et la hantait jour et nuit.

Marie, m'autorisez-vous à vous parler de Laure ? Laure, je croyais que c'était la première qu'Alègre avait tuée ; sans doute étais-je encore trop innocent, c'était ma première enquête criminelle. Durant le procès, le papa de Laure disait à « vôtre Patrice » : « Ma femme et moi, on vous a condamné à mort. Quand vous sortirez, on va vous faire buter. » Eh bien non, la maman de Laure ne pourra jamais « faire buter votre Patrice ». Elle aussi, elle s'est donné la mort, après le procès. La douleur était trop insupportable.

Marie, sans doute dois-je être compréhensif envers vous. Probablement dois-je être très indulgent à votre égard, en effet, puisque vous n'avez pas encore lu mon ouvrage !

Marie, pardonnez-moi de terminer mon dialogue imaginaire en citant Nietzsche et, surtout, n'y voyez aucune condescendance de ma part : « Ce qui rend fou, ce ne sont pas les doutes, mais les certitudes. » Rejoignez-moi dans le monde du doute, s'il vous plaît.

Marie, prenez soin de vous.

25

TROIS ANS DE CLANDESTINITÉ

Quinze ans ont passé depuis que j'ai quitté la section de recherches de Toulouse pour rejoindre l'école des officiers de la gendarmerie nationale. Mes fonctions de commandement m'ont conduit, à raison d'une mutation tous les trois ou quatre ans, en divers points du territoire national, tant dans des postes de terrain que d'état-major. Un seul d'entre eux m'a remis dans le bain de la police judiciaire, de 2005 à 2008, à Strasbourg. J'y exerçais le suivi de l'activité de police judiciaire sous les ordres du général commandant la région de gendarmerie d'Alsace. Je devrais ensuite patienter jusqu'au 1er mars 2016, pour renouer avec l'atmosphère des enquêtes judiciaires. De retour à Toulouse, je prends les rênes du bureau de la police judiciaire, l'équivalent des fonctions déjà occupées dans l'est de la France, une sorte de poste de « conseiller pour la police judiciaire » auprès du commandant de région de gendarmerie, entouré de collaborateurs spécialisés. La fonction est passionnante, même s'il ne s'agit pas d'une unité d'investigations.

C'est dans ce contexte que, quelques jours après ma prise de service, je suis sollicité par un OPJ de la section de recherches. C'est un vétéran de l'unité, que j'avais moi-même côtoyé lorsque j'y exerçais, dans les années 1990. Il s'apprête à faire valoir ses droits à la retraite, ce qui a pour effet d'accentuer naturellement la décontraction que je lui ai toujours connue. À la faveur d'un entretien téléphonique, Michel m'interroge : « Une affaire de meurtre qui remonte à décembre 1986, est-ce que ça te dit quelque chose ? » Tout de go, je lui réponds qu'effectivement, il s'agit du meurtre de Martine Escadeillas, le 8 décembre 1986. Un brin espiègle, il m'apprend qu'une lettre évoquant cette affaire est parvenue à la section de recherches. Il l'a lue, mais son contenu lui étant apparu incompréhensible, il s'en est débarrassé. Je suis stupéfait. Prêt à le rabrouer, je l'invite à me rendre visite à mon bureau.

Je suis heureux de retrouver cette vieille connaissance, dont je n'ignore pas le sens de la plaisanterie. Je me demande un instant s'il n'a pas imaginé un bizutage de mauvais goût, alors que je viens d'accéder à mes nouvelles fonctions. En effet, il ne détient pas la fameuse lettre pardevers lui. Pourtant, au fil de la conversation, il me livre quelques indices, affaire de me mettre l'eau à la bouche. « Cette lettre a été écrite par une amie de Martine, elle était très décousue, il n'y avait rien qui présente un intérêt. » Le passé qu'il emploie me déroute. Il est 19 heures, nous partageons une bière. C'est à ce moment-là seulement qu'il m'invite à l'accompagner dans les locaux de la section de recherches, « au cas où il retrouverait la lettre ». Durant le trajet, je prie pour que les poubelles n'aient pas été vidées. Nous voilà enfin dans les locaux de la section de recherches. Michel fouille son bureau ainsi que les corbeilles de ses camarades et prend son visage des plus mauvais jours. Quel comédien !

Finalement, il tire le manuscrit d'un tiroir, comme s'il était soulagé que la perquisition se révèle positive. En réalité, le document n'avait subi aucun mauvais sort, si ce n'est celui de l'humour de mon camarade. Le récit s'éternise sur une quinzaine de pages, il est daté du 18 janvier 2016. Son contenu semble quelque peu décousu effectivement, mais le fil conducteur m'apparaît d'emblée parfaitement cohérent. Cette lettre porte la signature de Patricia, cette jeune femme amie de Martine que j'avais entendue près de vingt ans auparavant, alors qu'elle croyait avoir aperçu la victime à Paris, dans ce « coin du Vieux Montmartre » que chante Zaz, mais son témoignage n'avait pas pu être utilement retenu.

Je dévore aussitôt les mots de Patricia : « Je me permets de vous adresser ce courrier car les années défilent et nous ne pouvons pas faire le deuil d'une personne dont le corps n'a jamais été retrouvé… En 1986, Martine Escadeillas était ma belle-sœur… Je vais par cet écrit vous dire ce qui me pèse sur le cœur. » Puis, évoquant les parents de la victime : « Ils sont morts de chagrin… » Plus loin, elle rapproche la disparition de Martine et celle d'un autre proche : « Comment se fait-il que deux personnes qui m'étaient chères ont disparu, de causes douteuses… Et qu'un homme soit toujours présent dans les deux affaires : Joël Bourgeon ? »

Voilà qu'elle désigne celui qui, doué pour la menuiserie, avait fabriqué un meuble en pin à l'intention de Martine et Thierry, Joël. Celui-là même sur lequel je l'avais questionnée en 1997 et dont elle n'avait rien pu me dire. Patricia mentionne qu'elle a adressé des copies du document à l'Élysée, à M. Valls, Premier ministre, ainsi qu'à Mme Taubira, garde des Sceaux. Que sont devenus ces courriers, lancés comme autant de bouteilles à la mer, en espérant que l'une d'entre elles parvienne à bon port ? Je l'ignore. Heureusement, la lettre adressée à la gendarmerie a trouvé destinataire.

Je fais une copie du document, laissant l'original à la section de recherches. J'ai besoin de relire cette lettre à tête reposée. Je dormirai peu cette nuit-là, à la fois préoccupé par l'analyse du texte rédigé par Patricia et par les questions qui, déjà, en découlent. Quel était l'emploi du temps précis de l'individu le jour des faits ? Quelle était la nature de ses relations avec la victime ? Qu'est devenu ce jeune homme âgé de 24 ans en 1986 ? Pourquoi n'a-t-on pas traité cette piste plus tôt ? Et si Lucien, le papa de Martine, avait vu juste lorsqu'il disait à son gendre : « Je sentais que ce garçon allait partir avec Martine ! » ?

Pour la première fois, en tout cas, un individu est directement désigné par un témoin comme pouvant avoir une responsabilité dans le meurtre de Martine, trente ans après les faits commis le 8 décembre 1986. Je ne commande pas une unité d'investigations, il m'est donc impossible de prendre l'enquête à ma charge. Et j'imagine déjà la difficulté qui m'attend pour convaincre des enquêteurs qui ne connaissent rien de l'affaire de prendre connaissance du dossier. Je n'ose même pas envisager le scepticisme de la justice face à un tel rebondissement, s'il devait être étayé et confirmé. Enfin, ce qui me contrarie le plus est que je ne suis pas juridiquement en situation de pouvoir investiguer moi-même.

Une certitude me conforte : ma détermination reste intacte, similaire à celle qui m'avait poussé en 1995 et en 1996 à forcer un peu la main de la justice pour aboutir à la réouverture de l'enquête. Il faut que je trouve une solution ! J'ai entre mes mains la lettre de la dernière chance, même si je ne peux objectivement pas avoir de certitude à ce stade sur la fiabilité des éléments avancés par Patricia.

Une seule possibilité s'offre à moi s'agissant de mon rôle face à ce nouvel épisode inattendu : appuyer et conseiller dans l'ombre des enquêteurs éventuellement volontaires pour reprendre les investigations. J'explique par le détail l'affaire à mon camarade préretraité qui avait tenté de me faire marcher avec la lettre de Patricia. Je n'ai pas à forcer beaucoup pour le convaincre de l'intérêt de relancer les investigations, il a traité durant sa carrière de nombreuses affaires criminelles. Sachant ne pas pouvoir s'engager au-delà d'un trimestre durant, il me présente Éric, un officier de police judiciaire expérimenté de la section de recherches, rompu aux affaires criminelles les plus complexes. Je lui propose de rédiger un projet de procès-verbal dit « de renseignements judiciaires » qu'il aura tout loisir de reprendre à son nom avant de le soumettre au procureur de la République de Toulouse. Inutile dans un premier temps qu'Éric tente d'ingérer les milliers de pages de procédure rédigées en trente ans, il s'agit d'aller vite avant que la prescription empêche définitivement toute possibilité de relance de l'enquête. Je lui précise que cette manière de procéder devra être portée à la connaissance de la justice. Cela sera fait par Éric auprès de son interlocuteur au parquet et par moi-même lors d'un bref entretien avec le procureur adjoint chargé des affaires criminelles.

De tout cela, je ne dis rien à ma hiérarchie, prenant le pari que ma fonction n'aurait pas à souffrir de mes activités parallèles. Je ne suis pas davantage convaincu que les chefs du futur directeur d'enquête soient plus informés des modalités précises de cette relance d'enquête.

J'ai donc désormais une charge officielle de chef de bureau de la police judiciaire et une activité parallèle de « conseil » pour la nouvelle enquête sur le meurtre de Martine. C'est donc dans la clandestinité que je vais contribuer modestement à la relance, à la renaissance même, de l'enquête traitant du meurtre de Martine Escadeillas. Ce « travail dissimulé » allait durer plus de trois ans.

Dès le 27 février 2016, soit à peine plus d'un mois après que Patricia a daté sa lettre et quelques jours seulement après avoir pris connaissance du rapport d'Éric, le procureur adjoint ordonne par soit-transmis officiel de débuter de nouvelles investigations. Dans un premier temps, leur champ est limité, il s'agit « d'évaluer la fiabilité de la mise en cause de la personne dénoncée comme auteur potentiel ». C'est pour moi une première grande victoire.

En accord avec le parquet, le nouveau directeur d'enquête s'associe les services de Laetitia et Jérôme, deux analystes criminels fraîchement émoulus de leur formation. Ces deux-là réaliseront un travail considérable, dévorant les six tomes que représentent les enquêtes réalisées entre 1986 et 1989, puis après 1995 et jusqu'en 2008.

Pour ne pas donner à la famille de la jeune femme des espérances éphémères, je tais dans un premier temps l'existence de cette lettre. Depuis 2008 et le deuxième classement sans suite, les deux sœurs et le frère de la victime ainsi que René, son infatigable beau-frère, sont résignés. Ils vivent désormais avec la conviction que jamais ils ne sauront ce qu'il est advenu de Martine. Qui plus est, ils sont amers quant au manque d'engagement des enquêteurs sur « leur » dossier durant l'épisode saugrenu de « l'affaire Baudis ». Seule Simone, la cadette, tente de se réconforter comme elle le peut, en conservant un infime espoir que sa sœur soit encore de ce monde. Ils ne connaissent donc ni l'existence de la lettre miraculeuse, ni celle d'une enquête préliminaire déclenchée par la justice sur la base de faits nouveaux.

Au fil des années, j'ai tissé avec Nicole et René de véritables liens d'amitié, parfois bousculés par les différents aléas de l'affaire criminelle, mais inexorablement consolidés. Je fais cependant la part des choses et jamais je ne leur parlerai du rebondissement de l'affaire sans y être autorisé par le directeur d'enquête. Je parviens à conserver le secret jusqu'à ce que, en mai 2016, René m'appelle un soir très tard. Il a été contacté par Thierry, et il en est heureux parce que, le temps ayant fait son œuvre, la famille n'avait plus de nouvelles depuis quelque temps de celui qui était le concubin de Martine en 1986. Et René de me préciser que Thierry vient de lui apprendre qu'une lettre aurait été adressée par une proche à la justice, dénonçant un individu. Thierry se demande si cette missive n'est pas restée lettre morte. Je prétexte aussitôt un double appel pour interrompre la conversation, tout en promettant à René de le rappeler dans la soirée.

J'en profite évidemment pour prévenir Éric, le nouveau directeur d'enquête. Il me délivre du devoir de réserve et m'autorise à confirmer à la famille l'existence de la lettre et d'une nouvelle enquête préliminaire. Comme convenu, je rappelle René et le rassure : la lettre est bien tombée entre de « mains sûres ».

Je fis ce soir-là des heureux, même s'ils avaient compris qu'il leur faudrait, une fois encore, beaucoup de patience. J'étais moi-même comblé. C'était entre cette famille et moi le début d'une nouvelle page de ce parcours de vie que je partageais avec eux depuis déjà vingt ans à ce moment-là, autour du meurtre de Martine, leur sœur et belle-sœur.

La conversation se termina largement après minuit. Le lendemain, je poursuivrais mon autre vie, comme si de rien n'était. Mais désormais, ma clandestinité était plus confortable à vivre

26

LE BAISER DE TROP

Je partage désormais avec René et Nicole le secret de la « lettre du 18 janvier 2016 ». Peu nombreuses sont les personnes qui sont dans la confidence : quelques officiers de police judiciaire de la section de recherches et bien entendu les magistrats placés sous l'autorité du procureur de la République. Le 8 décembre 2016, trente ans jour pour jour après le meurtre de Martine, *La Dépêche du Midi* titre sobrement, *in memoriam* : « Agressée dans sa cage d'escalier entre 8 h 15 et 8 h 30 ».

Après avoir succinctement rappelé la supposée chronologie des faits, le journaliste revient sur les grandes étapes des investigations : la description donnée de l'agresseur par un médecin, les interrogations des différents services d'enquête qui se sont succédé, les vérifications jusque dans les bordels de Barcelone, la piste Patrice Alègre enfin. Pour conclure son article, le rédacteur cite une « source proche de l'imposant dossier » : « Ce dossier, c'est un vrai roman noir dont on ne connaît pas la fin, mais un petit détail suffit parfois à tout relancer. » L'auteur de cette phrase ne croit pas si bien dire !

Pendant ce temps et à bas bruit, les enquêteurs nouvellement désignés ont lancé la machine. Sur le tortillard, elle roule au pas mais quelque chose me dit que plus rien ne l'arrêtera. L'autrice de la lettre explique aux enquêteurs que

Bourgeon serait tombé follement amoureux de Martine, qui vit en couple sans anicroche depuis plusieurs années. Contrit, il se tourne alors vers Anne, une jeune Lyonnaise d'à peine 16 ans qui vient de temps en temps à Toulouse chez sa cousine Patricia.

Sur le plan professionnel, Joël est enfin stabilisé : le 1er janvier 1987, il est titularisé par son employeur, l'Éducation nationale, comme ouvrier d'entretien dans un lycée. Belle réussite. Pourtant, avant la fin de ce mois de janvier, il charge quelques affaires dans sa Renault 4L et quitte tout : sa mère souffrante, sa ville d'adoption et surtout il prend un congé sans solde pour rejoindre Lyon. Mais l'élue de son cœur est mineure et sa mère ne tolère pas l'incursion de ce jeune homme dont elle ignore tout. Il trouve donc un logement et un nouvel emploi. Voilà un homme qui a le goût de l'aventure !

Ce brusque changement de vie peut effectivement apparaître surprenant. Mais alors, pourquoi Patricia n'a-t-elle pas fait part de ses doutes plus tôt aux enquêteurs, en 1997 par exemple, lorsque je la sollicitais ? Aux nouveaux officiers de police judiciaire, elle explique que l'événement déclencheur serait la mort de son cousin, le frère d'Anne. Encore un mort dans l'entourage de Joël !

Seul problème, le jeune Éric a mis fin à ses jours en 1991 et Patricia a attendu janvier 2016 pour se manifester ! Aux enquêteurs qui la questionnent, elle apprend qu'elle se serait déplacée « voici une quinzaine d'années » jusqu'à la gendarmerie pour dévoiler ses suspicions, mais elle n'aurait pas été prise au sérieux.

Dès lors que René a eu connaissance de l'existence de la lettre du 18 janvier 2016, il a souhaité rencontrer Thierry, qu'il avait perdu de vue, comme je l'ai déjà indiqué. Je suis convié à ce déjeuner dans un bistro d'un quartier excentré de la Ville Rose. Séquence « émotion » pour les retrouvailles entre les « ex-beaux-frères », je constate qu'ils sont heureux de se revoir. Je découvre un homme très véhément à l'encontre de Bourgeon, dont il se dit, lui aussi, persuadé qu'il est l'auteur du meurtre de Martine.

Lorsque je lui demande pourquoi il ne nous a pas fait part de ses doutes dans les années 1997-1998, sa réponse fuse : « C'est le témoignage de la médecin qui nous a éloignés. » Et de poursuivre de manière assez virulente : « Et puis lorsqu'on a enfin compris, on a été pris pour des idiots par les gendarmes ! » Je feins d'ignorer le « déplacement » de Patricia à la gendarmerie pour y dénoncer Joël au début des années 2000 et je le laisse poursuivre. Après Patricia, il est donc la seconde personne à évoquer cette sollicitation avortée de la gendarmerie quinze ans plus tôt. Je suis à tel point navré que je tiens à lui préciser, à toutes fins utiles, que j'ai quitté la section de recherches en 1999.

Qui sont ces gendarmes qui auraient éconduit Patricia puis Thierry, ou les deux ensemble plus probablement ? Encore aujourd'hui, je l'ignore. Quinze ans plus tôt, voilà qui nous ramène au début des années 2000. L'orage des notables soi-disant complices d'Alègre grondait déjà sur Toulouse. Sans doute les gendarmes avaient-ils « autre chose à faire » que d'écouter les arguments de témoins un peu perdus, qui parlaient d'une affaire remontant au siècle précédent ! L'enquête retournait sous le tapis une deuxième fois, parce que des « bidasses » ne voulaient pas travailler. Affligeant !

Alors que je demande à Thierry quelle motivation aurait pu donner à Joël le courage de « supprimer » Martine, il dévoile un épisode qu'il n'avait jusque-là jamais évoqué. Deux jours avant le meurtre, Thierry et Joël sortent en discothèque et passent la soirée en compagnie d'une jeune fille. Le trio boit un verre, sûrement deux. Puis Joël propose de poursuivre la sortie au bord de la piscine, dans l'enceinte du lycée où il travaille. Le temps est clément malgré la saison, une sorte d'été indien tardif. Désinhibé par l'alcool, Joël drague la jeune fille. Mais elle n'a d'yeux que pour Thierry, dont la tentative de trouver une compagne à son compère célibataire fait *pschitt.*

Thierry complète son analyse : « Dépité, peut-être que Joël a raconté ça à Martine, en ajoutant que j'avais finalement couché avec cette fille. Je devenais alors un salaud, ce qui lui ouvrait la voie pour récupérer Martine. » Il pleure. Je suis interloqué par cette information jusque-là tenue secrète. En quelques phrases drapées d'émotions, il vient d'évoquer un possible mobile. Le nouveau directeur d'enquête nous rejoint pour boire le café. Je lui présente Thierry et je tente de résumer notre entretien. Quelques jours plus tard, le témoin confirmera officiellement les informations dont il vient de me faire part. Voilà qui donne à l'affaire une orientation nouvelle.

De nombreuses questions restent en suspens : Joël est-il l'homme « à l'allure déhanchée » aperçu près de l'interphone par la gérante du bar *Le Santa-Fé* le 8 décembre 1986 au matin, alors qu'un chien venait de renverser un conteneur poubelle ? Si tel était le cas, attendait-il que quelqu'un sorte de la résidence pour y pénétrer à son tour ? Joël connaissait-il les lieux ? Avait-il déjà confié à Martine une information « stressante » au point qu'elle sollicite un arrêt de travail et passe la semaine précédant sa disparition chez ses parents, loin de Toulouse ? Le meurtre de Martine expliquerait-il son départ de Toulouse pour la région lyonnaise, où il semble avoir organisé une nouvelle vie auprès d'Anne ?

Cette conversation improbable dans un bistro de la Ville Rose accélère mon analyse de l'affaire. Aux côtés de

Martine, il y avait deux hommes. Thierry était l'élu de son cœur et je comprends que trente ans plus tard, il est toujours épris de cet amour à tout jamais perdu.

Et puis il y avait Joël, qui frappait à la porte d'un amour impossible. Dans le triptyque, il était de trop. Joël avait probablement tenté d'utiliser cette soirée d'été indien comme artifice pour écarter « en finesse » son « ami » qui lui barrait la route. N'y parvenant pas, il a sans doute estimé qu'il valait mieux éliminer « l'objet » de ses désirs, de leurs désirs, de telle manière qu'aucun des deux, ni Thierry ni lui, ne puisse plus jamais en jouir. Ce serait donc, comme on le qualifie maladroitement, un « crime passionnel ».

Je mesure à cet instant la gravité du scénario qui me vient à l'esprit, mais après avoir écouté Thierry, je suis assez sûr de mon analyse. Reste à vérifier si, factuellement, cette hypothèse reste cohérente.

Pour y avoir bricolé avec son ami Thierry, le suspect connaissait parfaitement les lieux : l'emplacement de la cave attribuée au couple, l'existence d'un cadenas factice, la localisation du robinet d'eau dans le local à poubelles.

Le 6 mars 1987, au CHU de Lyon, Joël subit une intervention chirurgicale au ménisque gauche, qui le faisait souffrir depuis de nombreuses semaines, au point qu'il se déplaçait en claudiquant. Il pourrait donc être l'individu aperçu à proximité de l'interphone, à l'entrée de la résidence *Santa-Fé*, le 8 décembre 1986 au lever du jour, par la gérante du bar voisin. Joël est titularisé dans l'Éducation nationale le 1er janvier 1987. Aussitôt, il s'éloigne de cet emploi sûr, pour partir à l'aventure à six cents kilomètres de Toulouse. L'amour pour Anne explique-t-il à lui seul ce changement brutal de vie, cette rupture avec sa mère et ses amis ? Joël aurait-il intérieurement bouillonné un week-end durant, après avoir été témoin en bordure de cette piscine, sur « son terrain », d'un baiser donné à Thierry, qui ne demandait rien, par cette jeune femme ? Était-ce le « baiser de trop » ?

En quittant ce bistro ce jour de printemps 2016, bien des questions restent encore sans réponses, mais mon regard sur l'affaire a désormais pris une tournure nouvelle. En même temps, je mesure plus que jamais le temps perdu. Pourquoi ces doutes n'étaient-ils pas parvenus jusqu'à moi en 1997 ? Pourquoi des « frères d'armes », qui en réalité n'en étaient pas, avaient éconduit Patricia et Thierry quelques années plus tard, alors que ces deux-là venaient livrer le nom de celui qui pourrait être à l'origine de la mort de Martine ?

En somme, pourquoi ce que je viens d'obtenir clandestinement à la faveur d'un moment de convivialité, d'autres ont-ils refusé de l'entendre officiellement quelques années auparavant ? Subrepticement, je tenterai d'en savoir plus. En vain. Dans la « grande muette », l'omerta ne se sera pas brisée.

Je suis de retour dans mon bureau. Je dois tenter d'enfouir ce que je viens de vivre. Ma vie « officielle » reprend ses droits.

27

SUR LE CHEMIN DES AVEUX

En 1989, Anne a atteint l'âge de la majorité. Le moment est venu pour elle de s'installer avec Joël, dans le même appartement. Dans cette résidence paisible de la banlieue de Lyon, les relations entre voisins sont cordiales. Anne est devenue infirmière. Ce soir-là, alors qu'elle rentre de sa journée de travail, elle est accostée par une voisine, une jeune femme dont l'époux chauffeur routier est souvent absent.

Écoutant les propos de la voisine, Anne n'en croit pas ses oreilles : « Un jour, votre conjoint est venu me demander si je pouvais lui prêter du sel. Sous son peignoir entrouvert, il était nu, on voyait nettement son sexe ! » L'infortunée voisine avait rabroué l'intrus, mais elle demande maintenant à Anne de faire en sorte que ce désagrément ne se reproduise plus. Anne lui fait décrire le peignoir. Aussitôt demandé, aussitôt convaincue : le fameux vêtement disposait d'un liseré atypique. Il n'y a plus de doute, Joël était donc bien descendu chez la voisine en tenue d'Adam, apparemment en quête de sel !

Soumis à la question par sa jeune compagne, l'homme nie les faits, choisissant déjà le déni face à l'évidence, ce qui ne l'empêchait pourtant pas d'écouter les ébats amoureux de cette voisine, perceptibles à travers les cloisons du logement. Si peu de temps après le début de cette vie de couple, Anne est déjà dans la tourmente et s'interroge. Son compagnon aurait-il quelque chose d'un pervers ?

Il est arrivé que Joël parle de Martine. Il la trouvait très belle, disait-il à sa compagne. Anne a un défaut, elle se ronge les ongles. Alors Joël lui demande de les laisser pousser, pour les avoir « comme Martine ». Elle doit aussi se coiffer « au carré », en référence à la coiffure de la disparue. Joël sait se montrer attentionné. Il fait des cadeaux à sa compagne, notamment une petite montre au cadran rond entouré de métal argenté, avec un magnifique bracelet extensible décoré de pierres de couleur turquoise.

Mais au printemps 1991, nouveau coup de massue pour Anne. Son jeune frère disparaît. Des recherches sont aussitôt organisées : les gendarmes, les amis, tout le monde participe. Sauf Joël, qui reste désintéressé, de marbre ! Le 17 mai, un agriculteur découvre un corps. Éric est mort, une balle dans la tête. Pas d'écrit revendiquant le « suicide ». Rien. Anne va seule reconnaître le corps de son frère, Joël n'a pas le temps de l'accompagner, il est au travail. Anne décide de le quitter.

Pour elle, la disparition de Martine est un mystère qui peu à peu s'est enfoui dans ses souvenirs. Au milieu des années 1990, une émission de télévision réveille sa mémoire : on y évoque des *cold cases*. De manière distraite, elle regarde *Témoin n° 1*, on y parle de Martine Escadeillas. Mais cela lui rappelle des moments compliqués. Alors elle éteint la télé. Elle a raison, Martine est classée parmi les *cold cases*, ces affaires que l'on met sur les étagères, dans l'attente d'improbables rebondissements.

Coup de théâtre, le 22 janvier 2019, à Villette-d'Anthon, dans l'Isère ! Les gendarmes de la section de recherches de Toulouse débarquent dans le bureau du directeur des ressources humaines d'une entreprise de formation continue pour adultes. Le responsable doit faire appeler Joël, afin qu'il soit auditionné dans le cadre d'une commission rogatoire d'un juge d'instruction toulousain, pour une « affaire importante ». Il se présente dans le bureau du DRH. Les officiers de police judiciaire lui notifient son placement en garde à vue dans le cadre de l'enquête portant sur le meurtre de Martine le 8 décembre 1986. Lorsqu'il est menotté, il ne manifeste aucune émotion. À peine murmure-t-il : « C'est normal », comme s'il était soulagé que ce soit, enfin, la fin de l'histoire. Les enquêteurs ne réagissent pas. Aussitôt accomplies les formalités juridiques nécessaires, il embarque dans la voiture des gendarmes, pour un voyage de quelques heures en direction de la Ville Rose. Durant le trajet, il reste étrangement silencieux. Il sait pourtant qu'à la fin de la journée, il ne rentrera pas chez lui, qu'il ne reverra pas sa femme ni ses deux filles. Aucune émotion, la passivité la plus totale.

Les enquêteurs ne s'en doutent pas, mais je suis aujourd'hui persuadé qu'ils ont eu, comme nous lors du premier face-à-face avec Alègre, une réaction inadaptée. Joël les a « testés ». Lorsqu'il trouve « normal » d'être menotté, il est persuadé que les OPJ détiennent des éléments matériels incontestables, de « l'ADN » peut-être, ce qui n'est pas le cas ! Il adopte donc le comportement du vaincu.

Si les enquêteurs avaient engagé la conversation, peut-être que le mis en cause aurait immédiatement soulagé sa conscience. Ils ont vraisemblablement respecté un plan élaboré à l'avance. Mais leur silence lui donne progressivement espoir : et si en fait ils « n'avaient rien » ? Il l'ignore mais c'est à peu près le cas. Joël se met en position d'attente et d'observation, jusqu'à ce qu'au fil des auditions, il finisse par être certain qu'effectivement, ils n'ont pas d'élément matériel incontestable.

En somme, Joël a adopté la même attitude qu'Alègre, quelques années plus tôt, lorsque celui-ci avait joué son coup de poker : « Vous venez pour Martine ? » Lui se présente en homme soumis : « Ce que vous faites est normal. » Et ensuite, il analyse, il scrute, il joue la montre.

Arrivé à Toulouse, il est averti que son interrogatoire va faire l'objet d'un enregistrement audiovisuel, comme le prévoit désormais le Code de procédure pénale. Il est également informé que son audition sera supervisée par des gendarmes spécialisés du département des sciences du comportement de l'Institut de recherches criminelles de la gendarmerie nationale (IRCGN). Cela ne semble pas l'émouvoir davantage et, comme il ne semble pas inquiet, il refuse de se faire assister par un avocat.

Le meurtre de Martine ? Il l'a appris lorsque les gendarmes lui ont notifié le motif pour lequel ils le plaçaient en garde à vue. Jusque-là, il pensait qu'elle avait disparu : « À l'époque, il se disait qu'elle était partie avec son chef de service. Sacrée mise en scène, c'est pas cool ! » En somme, pour lui, « affaire classée ! ». Depuis longtemps.

Le 23 janvier en fin de journée, miracle tout de même. Après plus de vingt-quatre heures de garde à vue, Joël a semble-t-il retrouvé ses esprits et, surtout, une partie de ses souvenirs : « Je vais vous expliquer pour l'instant ce que je sais dans ma tête. » Ce qu'il explique, c'est qu'il avait « de l'attirance pour Martine ». Il ne se rend donc pas à son travail, ce matin du 8 décembre 1986, mais se dirige vers Ramonville. Il veut parler à la femme qu'il aime secrètement. Devant la porte de son appartement, Martine le rabroue vivement.

« Je ne sais plus si je l'ai bousculée ou frappée. Je vois des traces de sang, puis une mare de sang sur un plastique dans la cave. » Joël est confus, il transpire. Il demande à aller aux toilettes. Les aveux, c'est visiblement toujours un exercice compliqué, il faut même croire que ça perturbe le transit intestinal ! Le juge d'instruction chargé du dossier vient lui rendre visite et contrôler les conditions d'exécution de la garde à vue. Rien à signaler, Joël a été visité par un médecin. La garde à vue peut se poursuivre.

C'est le dimanche, lors de la promenade en commun avec le couple, qu'il aurait appris que Martine devait reprendre le travail le lendemain 8 décembre. Joël évoque la soirée en discothèque, puis la séquence de la piscine et cette fille attirée par Thierry, lui qui a déjà Martine. Au petit matin, que se passe-t-il réellement dans cette piscine chauffée ? Tous les détails sont-ils connus des enquêteurs ?

Quoi qu'il en soit, Joël vit ce moment comme une injustice. Il en souffre, parce qu'il est délaissé par cette jeune fille, réduit à aller récupérer des galets de chlore pour l'entretien de l'eau, abandonné dans un « second rôle » en quelque sorte. Il est hors de lui, il faut qu'il raconte à Martine. Il doit absolument aller la voir, lui parler !

« Martine essayait de fuir, elle était devant moi dans la cage d'escalier, je l'ai rattrapée à hauteur du hall d'accueil. Je l'ai à nouveau frappée. Martine est tombée et je l'ai retrouvée en bas de l'escalier, inanimée. » Indéniablement, Joël se libère progressivement d'un poids de plus de trente ans. « Pris de panique, j'ai pris le corps et je l'ai amené dans la cave, au fond. J'ai tiré sur le cadenas, très facile d'ouverture, puis j'ai mis le corps sur la bâche. » Il est lui-même couvert de sang. Vite, il faut nettoyer, il y a du sang partout. Il tente d'essuyer les marches de l'escalier. Ensuite, dit-il, « connerie supplémentaire », il ne se constitue pas prisonnier mais va se laver les mains à ce lavabo invisible que seul un initié peut situer. Puis il dérobe le sac à main et les clés de Martine. Il les lui faut pour ouvrir la grille et entrer un véhicule à l'arrière de la résidence. « Je me suis présenté “à cul” à hauteur de la porte donnant accès au local à vélos. »

Sur la destination donnée au corps, il distille quelques éléments, mais en se maintenant volontairement dans l'imprécision : « Je pense que je l'ai enterrée quelque part. » Il situe la sépulture « sur les coteaux de Pech-David, en empruntant le chemin des Étroits ». Il est minuit. Il n'en dira pas plus. Il sait que le lendemain, il sera présenté au juge d'instruction. Pour l'instant, il a bien « joué la montre » et livré des aveux *a minima*. Alors qu'il se croyait définitivement « dans la nasse » lorsqu'il avait été interpellé, il a finalement un peu « sauvé les meubles », conservant le mystère sur une bonne partie du scénario criminel !

C'est le moment choisi par un enquêteur malicieux pour lui demander s'il se souvient de « la voisine » qu'il avait en région lyonnaise lorsqu'il était en couple avec Anne. Sa réponse ne manque pas de sel, si j'ose dire ! « Je me souviens bien de cette voisine. Son mari était routier. Je sais qu'elle s'envoyait avec d'autres mecs. Je suis allé la brancher en peignoir. » Fermez le ban.

Le 24 janvier 2019, Bourgeon est mis en examen pour meurtre par le juge d'instruction puis placé en détention provisoire. Évidemment, il revient ensuite sur ses aveux, expliquant qu'ils ont été extorqués par les gendarmes. Un grand classique !

C'est peut-être oublier un peu vite que son interrogatoire a été filmé et que ce film est enregistré. Le moment venu, il sera donc aisé, pour le président de la cour d'assises, de le faire visionner par les jurés. Ils se feront eux-mêmes une idée sur la question.

Je suis très reconnaissant au directeur d'enquête, ainsi qu'au juge d'instruction, de m'avoir formellement autorisé à informer officiellement la famille des aveux recueillis par les enquêteurs, me sortant l'espace d'un instant de ma clandestinité. Ils me manifestaient ainsi à leur manière leur reconnaissance de ne jamais avoir abandonné, depuis près de vingt-cinq ans, malgré les mutations et les aléas de la carrière.

Encore un moment d'une intensité rare. Face à moi, René pleurait, puis ce fut le tour de Nicole, lorsque je lui appris par téléphone que le visage du meurtrier de sa sœur prenait forme. Désormais, nous allions tous, famille, témoins et enquêteurs, magistrats, avocats et accusé, devoir nous préparer à un procès criminel devant une cour d'assises.

28

MON DERNIER PROCÈS D'ASSISES

« L'année 1986 se termine. En l'espace de onze mois, la France vient d'enterrer Daniel Balavoine, Coluche, Thierry Le Luron et Simone de Beauvoir. Fin avril, le nuage radioactif de Tchernobyl s'est, comme par magie, arrêté aux frontières de l'Hexagone. À Toulouse, en cette fin d'année, le temps est froid et gris. » C'est par ces phrases morbides que *La Dépêche du Midi* interpelle ses lecteurs, sous la plume de Jean Cohadon, à l'approche du procès de Joël Bourgeon devant la cour d'assises de la Haute-Garonne.

Le 12 mai 2022 m'est adressée la classique citation à comparaître. Près de quatre décennies de carrière n'auront pas suffi à apaiser l'émotion systématiquement ressentie à la lecture de ce document officiel, dont les termes résonnent avec toujours autant de solennité : « Le procureur général près la cour d'appel de Toulouse mande et ordonne au premier huissier de justice requis de citer d'urgence en qualité de témoin M. Soucaze Daniel, directeur d'enquête, à comparaître devant la cour d'assises de la Haute-Garonne pour l'audience du 1er au 6 juillet 2022, où sera jugée l'affaire suivie contre Bourgeon Joël, accusé de meurtre. » La justice sait user du poids des mots ; à la lecture de cette phrase, un profane pourrait se demander qui, de Soucaze ou de Bourgeon, est l'accusé !

Même si, comme tous les acteurs concernés, je me prépare depuis de nombreux mois, cette convocation scelle le début de la partie. L'heure du dernier échauffement est arrivée. Le 1er juillet, il faudra être prêt. Prêt à exposer ces enquêtes interrompues, puis contre toute attente, relancées. Prêt à regarder dans les yeux les magistrats et jurés qui composent la cour. Prêt à découvrir le regard de l'accusé, à lui parler éventuellement. Prêt à répondre aux questions, celles des avocats de la défense notamment, qui vendront cher la peau de leur client !

Mais déjà, quelques éléments relatifs à l'ordonnancement du procès m'apparaissent étranges.

La session est censée durer six jours. En réalité, le 1er juillet tombe un vendredi. Le procès, sitôt débuté, sera donc interrompu durant le week-end. Finalement, plusieurs décennies d'échecs et de rebondissements seront évoquées en seulement cinq jours, entrecoupées d'une interruption de quarante-huit heures !

Usant de son pouvoir discrétionnaire, le président désigné de la cour d'assises a convoqué pas moins de huit enquêteurs de la gendarmerie. J'apprends rapidement que je serai le dernier à intervenir. En quelque sorte, on m'a réservé le « baroud d'honneur », comme si j'allais devoir rendre compte des trente-cinq ans de l'histoire de cette affaire hors normes, alors que je n'ai dirigé l'enquête que durant quatre années, entre 1995 et 1999.

Je ne comprends pas la stratégie du magistrat. Convoquer autant d'enquêteurs risque de semer le trouble dans l'esprit des jurés non professionnels. Intervenant en huitième position, il me sera impossible, malgré moi, d'éviter de répéter des éléments déjà énoncés. Et puis, sur la forme, il va falloir trouver les mots et la bonne intonation, pour maintenir l'attention de la cour ! Aujourd'hui encore, à l'heure où je rédige ces lignes, je suis dans l'incompréhension, face à une telle organisation du procès qui pourrait, si nous n'avions affaire à des professionnels de la justice, relever d'un étrange amateurisme.

Le 1er juillet 2022 à 14 heures, je tente cependant de faire fi de ces éléments d'ambiance pour me réfugier dans une bulle, avant d'entrer dans l'arène. On me fait patienter une demi-journée à l'écart du prétoire, pour finalement m'annoncer à 19 heures que je ne serai entendu que le lundi 4 juillet 2022 à 9 heures. Tout le monde, à commencer par l'accusé, aura alors bénéficié de quarante-huit heures de repos. Sauf moi, qui passerai le week-end à « réviser mes notes » !

Le 4 juillet 2022 à 9 heures, une sonnerie semblable à celle qui signifie la fin de la récréation dans les cours d'école se fait entendre. Depuis la salle où sont regroupés les témoins – je suis le seul ce matin-là –, je perçois le silence qui suit l'installation de la cour. La porte s'ouvre. Une jeune femme élégante, l'huissier audiencier, m'invite à pénétrer dans le prétoire. Je m'avance alors vers le « saint des saints » de l'organisation judiciaire française, cette salle dite « des assises », d'où jadis on envoyait les têtes à l'échafaud. Plus de destinée de ce type désormais pour les accusés, mais le silence qui se dégage de cette cathédrale conserve effectivement quelque chose de mortuaire. Seuls mes pas troublent désormais cette atmosphère envoûtante jusqu'à mon installation à « la barre ».

L'accusé se tient sur ma gauche, dans son box. Je le regarde brièvement, comme pour le jauger. Il semble impassible, presque décontracté. Une image traverse furtivement mon esprit. C'était voici vingt ans. C'était au même endroit. Un jeune homme élancé portant une houppette à la Tintin était assis là, attendant le couperet qui devait le condamner pour toujours pour avoir commis six viols et cinq meurtres. Mais lui regardait ses chaussures. Bourgeon, lui, semble regarder une scène de théâtre !

Très vite, je me sens à l'aise, suivant sans frétiller le cours que j'ai envisagé de faire suivre à mon récit. Pourtant, le président de la cour m'interrompt à plusieurs reprises, peut-être pour donner le change, au moins en apparence, à la défense : interrompre sans arrêt un directeur d'enquête peut sans doute montrer aux défenseurs de l'accusé que l'on cherche par tous les moyens à faire preuve de la plus grande objectivité. Malgré tout, je sens que je parviens à maintenir intacte l'attention des jurés. Je tente d'y mettre du cœur. Je me permets même un écart par rapport au formalisme judiciaire, en conclusion de mon intervention, sans que le président ose m'interrompre :

Je ne peux pas terminer mon témoignage dans ce prétoire, sans m'évader un peu du formalisme judiciaire. Officiellement, j'ai lâché les rênes de cette enquête en 1999. À contrecœur, vous l'aurez compris. En réalité, je n'ai jamais abandonné la famille de Martine, notamment sa sœur Nicole et son beau-frère René. J'ajoute que cette famille est devenue éminemment importante pour la conduite de ma propre vie. J'ai, en cet instant, une pensée pour Martine, que je n'ai pas connue, mais que je crois connaître, un peu… Figurez-vous que Nicole, sa sœur, a conservé intact le cadeau que Martine avait acheté en prévision du Noël de Pascal, son petit-neveu âgé de 6 ans à l'époque. C'était il y a trente-six ans. À cause du meurtrier qu'elle a croisé, elle n'a jamais pu le lui remettre. Pascal, le petit-neveu de Martine, était devenu policier, un signe du destin sans doute. Il ne pensait plus au Docteur Maboul, *le célèbre jeu de société que Martine avait acheté pour lui. Non, le « cadeau » qu'il attendait comme un enfant qu'il n'était pourtant plus, c'était ce procès.*

Hélas, Pascal n'assistera pas au procès. Le 8 décembre 1986, Nicole a perdu sa sœur. Le 9 mars dernier, elle a perdu son fils. Quelle injustice !

Devant moi, adossé à la cour, l'huissier d'audience, une femme qui en a pourtant vu d'autres, pleure. La cour s'accorde une pause bienvenue. On me demande de revenir à la barre à l'issue, pour le deuxième round en quelque sorte.

Débute alors la partie la plus difficile du match. Je suis, une heure et demie durant, soumis « à la question », ou plutôt à l'interrogatoire. Tour à tour, les deux avocats de l'accusé y vont de leurs exposés interrogatifs, parfois quelque peu sarcastiques. Me Mouton, l'un des deux avocats de l'accusé, avait prévenu par voie de presse : « Il existe dans les enquêtes antérieures des pistes avec des éléments importants. Ces pistes ont été laissées de côté sur la base d'un témoignage, celui de la voisine du quatrième étage, dont on nous dit aujourd'hui qu'il ne compte pas ! Pourquoi n'a-t-on pas repris ces hypothèses ? » Tous les moyens sont bons pour tenter de jeter le doute dans l'esprit des accusés ! C'est le jeu. Mais tout de même, le président de la cour était-il tenu de laisser ces deux avocats se défouler à ce point ? Pendant ce temps, l'accusé se repose.

Avec ce témoignage qui s'achève, mon « combat » se termine. Désormais, je vais pouvoir suivre la suite du procès, ou ce qu'il en reste ! Dans la salle, comme tout un chacun, presque en spectateur. Cette deuxième journée tient du marathon : onze heures d'audience ! De quoi, pour les jurés, oublier mes affirmations matinales : « L'agresseur connaissait les lieux, la cave de Martine, le cadenas qui ne fermait pas… C'était le cas de Joël Bourgeon. » Le deuxième jour du procès est clos à une heure improbable. Joël Bourgeon, lui, n'a toujours pas ouvert la bouche. Nouvelle journée de repos, pour lui.

En fait, Joël Bourgeon a enfilé le seul costume qui, finalement, lui va bien, celui de l'homme apparemment posé, qui depuis trente-six ans a appris à vivre avec ses secrets. Il plonge même dans l'autosatisfaction : « J'ai obtenu avec brio un CAP de… » C'en est fini du Bourgeon de la garde à vue, celui qui vacillait parce qu'il venait de lâcher aux enquêteurs une infime partie de la vérité, celle qui fait mal parce qu'elle est criminelle, qui tord les viscères abdominaux au point qu'il demanda à aller aux toilettes en urgence !

Bourgeon s'est convaincu qu'il n'est plus un meurtrier, qu'il ne l'a jamais été. 1986-2022, près de trente-six ans de dissimulation. Sa femme, invitée à s'exprimer, le soutient : « Joël est un mari attentionné. » Ses filles crient leur amour pour leur père « injustement mis en cause ». Il savoure, il jubile sans doute. Rien n'y fait, même pas les chaudes larmes de Nicole, la sœur de la victime, dévastée par la perte récente de son fils Pascal et affaiblie par des soucis de santé. Elle apparaît à la barre telle une fragile libellule. Elle a prévu de crier son désespoir, ses convictions aussi. Mais elle n'en peut plus, Nicole : « Dites-nous ce que vous avez fait du corps de Martine ! » Elle est déjà convaincue qu'il est coupable. Et elle voudrait tant qu'il « délivre » enfin ce corps prisonnier depuis trente-six ans. Elle fait pleurer l'assistance, Nicole. Bourgeon, lui, est étranger à tout cela, puisqu'il est innocent !

Bientôt, Me David vient à la rescousse de la famille de la victime. D'une voix tantôt tonitruante, tantôt apaisée, il tente le tout pour le tout :

On dit que mentir, c'est faire mourir. Ici, on dira alors que c'est faire mourir deux fois ! Oui, à mon sens, cette audience, plus que toutes les autres, où j'ai pu être confronté à M. Bourgeon, a permis de dire qu'il avait tenu à la tuer. Il lui était pourtant facile d'expliquer par des mots simples le jeune homme qu'il était en 1986 au matin de ce 8 décembre, lorsqu'il s'engagea dans cet escalier pour gagner le palier de Martine Escadeillas, au moment où elle quittait son appartement pour reprendre le travail. Tout aurait été si simple pour tout le monde. Mais Joël Bourgeon a préféré nous affirmer qu'il est le même, malgré les trente-six années écoulées, à la faveur de l'équilibre et de la stabilité d'un foyer au sein duquel il s'est lové, que dis-je, barricadé. Loin de tout et de tous, il n'aurait rien à voir ni à faire avec ce fracas de vies abîmées, ni avant ni maintenant.

De toute évidence, Joël Bourgeon a passé trente-six ans à tuer le temps, blessant ainsi l'éternité qui s'est retournée un matin, le confrontant alors à son pire ennemi, à savoir lui-même. Oh, au fond, ce sera juste que de dire que prises indépendamment les unes des autres, ces choses (faisant ici référence aux éléments factuels d'enquête) n'ont aucune force. Elles sont coïncidences, curiosités, détails, vous diront certains. La difficulté viendra seulement du fait que mises chacune bout à bout des autres, elles convergeront toutes et sans exception dans le même sens, et j'insiste non pas dans un sens préalablement choisi, mais dans un sens que seuls la logique et le bon sens dirigent et qui nourrissent une conviction jusqu'à en faire une certitude.

Ai-je une fois parlé de cette garde à vue et de son contexte ? Non, car je crois pour ma part qu'indépendamment de ces aveux, votre culpabilité est assise sans discussion possible.

Puis, évoquant les proches de Martine, il ajoute :

Oui, après ? On continue à oublier ces gens, dont pourtant l'âme est devenue brumeuse et qui sentent chaque jour un peu plus les plis amers autour de leur bouche. Oh, pas le fruit de la bave aux lèvres, ils n'en ont jamais eu. Mais celui de la sécheresse du temps qui passe et de cet impossible deuil.

Je veux que vous sachiez que ce sont tous des gens perdus, presque fous, prêtant l'oreille à la terre comme répondant à l'appel désespéré d'un blessé dans une fosse. Une voix d'outre-tombe arrachée aux entrailles de l'enfer. Une voix hélas inaudible qui les pousse à se relever ponctuellement depuis trente-six ans pour scruter l'horizon.

Mais qu'y a-t-il d'autre à voir sinon ce silence ? Et aujourd'hui la laideur du mensonge et de la lâcheté. Leur conviction est faite depuis longtemps : « Si on ne trouve pas le corps, c'est comme un crime qui s'achève par un non-lieu. »

Même les soldats déchiquetés et non identifiables de la guerre de 1914 ont droit à une sépulture, au moins symbolique, poursuit l'avocat après avoir reposé sa voix. Je repense ici à Rudyard Kipling, devenu fou à chercher par tous les moyens les membres de son fils John, déchiqueté par un obus autour de Loos-en-Gohelle, dans le département du Nord. Il ne le trouvera pas. Il rédigera un poème célèbre en 1915 : My boy Jack. *Et puis aussi à cette inscription qui figure sur la tombe de ces soldats devenus inconnus : «* Known unto God *», « Connu de Dieu seul ».*

Saviez-vous, M. Bourgeon, que même les pigeons voyageurs ont eu droit à une sépulture symbolique, via *une stèle ?*

Enfin, l'avocat, solennel, tonne :

Alors, par la force de cette tranche de destin commun que nous vivons là ensemble de façon si forte, souvenons-nous de ces faits de souffrance, de ce crime odieux, de ce sang à profusion, de ces larmes, de ces parents partis sans connaître la vérité, de ce fils perdu comme un acharnement du sort (Pascal, le fils unique de René et Nicole) et de cet homme qui, trente-six ans plus tard, vient prendre notre douleur en otage au travers de celle de ses enfants, dont il est là encore, le seul et unique façonnier.

Lui est là, bien vivant. Elles (ses deux filles) le touchent, l'embrassent, lui parlent et pourront toujours, toujours, lui dire qu'elles l'aiment.

Eux, c'est le noir, le noir du drapeau définitivement en berne sur l'espoir, qui se souvient des anniversaires, des Noëls et autres réunions de famille, avec des parents désespérément tristes, mais surtout tentant de faire bonne figure, pour faire comme si… ça n'avait jamais existé. Et puis, et puis. Il y a la douleur qui frappe à la porte de l'âme et sort par la bouche en un seul mot : Martine.

Sur son siège, les jambes toujours croisées comme le spectateur qu'il semble être, l'accusé est blême. Mais il reste stoïque. Il est 10 h 30. C'est au tour de l'avocat général de prendre la parole. L'avocat général, dans un procès d'assises, c'est le magistrat qui accuse. C'est souvent celui dont les fonctions se prêtent à l'utilisation d'une voix forte, à l'emploi de mots accusateurs. Celui-là surprend tout le monde. Sa voix est à peine audible. On dirait la voix d'un enfant. Pourtant, d'emblée, il capte définitivement l'attention du prétoire : « J'avais 2 ans quand Martine est morte. » Puis, après un silence pesant, il susurre : « Il n'y a pas de doute raisonnable dans ce dossier… » Il enchaîne : « Pour qu'il y ait un meurtre, il faut qu'il y ait un mort, pas nécessairement un corps… » Ses mots sont choisis, son réquisitoire « patiné à la cire ancienne » : « J'espère qu'un jour, on retrouvera une dent, un petit bout d'os… Dans ce dossier, il y a les faits… Pour qu'il y ait un meurtre, il faut qu'il y ait intention… Ce qu'il dit (Joël Bourgeon) s'apparente à des violences mortelles. Pourtant, il y a intention homicide :

— tout débute au troisième étage ;

— une personne morte ne saigne plus !

— elle est donc dissimulée agonisante ;

— c'est la fin d'un mauvais roman policier ;

— l'auteur connaissait les lieux ;

— le cadenas, c'est le seul et le premier à l'évoquer en 1986.

— M. Soucaze vous l'a expliqué, on place la victime dans sa propre cave… Vous n'êtes pas chauve… J'en arrive au témoin n° 1, la médecin du quatrième étage. » Puis, sortant à peine d'un long silence : « La calvitie frontale… Compliqué de la voir, puisque l'auteur se penche sur la victime ! » En réponse à l'un des avocats de la défense qui soulignait que son client « ne s'était pas enfui au Venezuela » : « Vous ne fuyez pas la police mais vous fuyez votre propre "tribunal intérieur". Vous fuyez le regard de la famille. Je pense que l'on peut tuer… Et être triste de l'avoir fait ! Vous n'êtes pas un monstre… Quand vous avez tué, il vous fallait fuir ces regards tristes… Ça devait être dur de mentir ! Vous partez, vous abandonnez votre meilleur ami (le conjoint de la victime) au moment où il a le plus besoin de vous ! »

Puis, par petites touches feutrées mais implacables, la voix d'enfant de l'avocat général continue de s'interroger :

Les bijoux (allusion à la montre et à la bague offertes à son amie, après la disparition de Martine) ? Je ne sais pas, M. Bourgeon, si vous êtes un « détrousseur de cadavres »…

Les aveux. Les faux aveux existent-ils ?

— Oui, les aveux de soumission, ça existe ! Patrick Dills, Marc Machin, etc. Mais vous n'avez pas 16 ans. Vous êtes un grand garçon de 58 ans. Vous êtes un délégué syndical.

— Vous décrivez des tortionnaires (les enquêteurs). Ça n'arrange personne que vous n'ayez pas souhaité un avocat pendant la garde à vue, sauf que vous n'en avez jamais demandé !

— Vous dites que vous priez, dans la voiture qui vous ramène à Toulouse (depuis le lieu d'interpellation). En fait, vous dormiez, vous étiez serein !

— Les taches essuyées. Ce qui me fait peur, M. Bourgeon, c'est la « négation », « Je l'ai pas découpée, etc. ». Ne pas tout dire, c'est se protéger. Non, M. Bourgeon, le juge d'instruction n'est pas un juge stalinien !

Enfin, s'adressant directement à la cour :

Je vous demande d'entrer en voie de condamnation. On ne pensait pas vous voir devant une cour d'assises. Ici, une seule fonction, la sanction !

Cet homme de 58 ans n'arrive pas à avouer. Il continue de faire souffrir la famille. Pourtant, l'audience était l'occasion d'atténuer les souffrances des deux familles ! Puis, citant Honoré de Balzac : « L'espoir est une mémoire qui désire. » J'avais espoir que vous vous souveniez de l'endroit où se trouve Martine. Vous avez bel et bien tué Martine. Je requiers vingt ans de réclusion criminelle.

Incontestablement, la voix juvénile de l'avocat général a fait mal. Pas seulement aux deux jeunes majeures, filles de l'accusé. Elles pleurent à chaudes larmes au pied du box où leur père accuse le coup.

Après la pause déjeuner interviennent tour à tour les deux avocats de l'accusé. Deux interventions techniques, qui visent à démolir les affirmations des enquêteurs et de l'accusation. Trop techniques !

C'est à l'accusé que reviennent les mots de la fin, avant que la cour ne se retire pour délibérer : « Je suis choqué. Martine, j'avais beaucoup de peine pour elle. Elle était trompée ! J'ai pas pour habitude de mentir. Les gendarmes m'ont dicté le scénario. Vous ne vous imaginez pas ce que j'ai vécu ! » Mais ces mots-là sonnent faux.

À 20 h 30, en ce 4 juillet 2022, la cour d'assises de la Haute-Garonne reconnaît Joël Bourgeon coupable du meurtre de Martine Escadeillas commis le 8 décembre 1986, et le condamne à vingt ans de réclusion criminelle.

Dans les jours qui suivent, le condamné fait appel, comme l'y autorise la loi. Il sera donc jugé une seconde fois, par une nouvelle cour d'assises. Encore un espoir de l'entendre dire ce qu'il a fait du corps de Martine. Hélas, le 24 janvier 2024, Joël Bourgeon met fin à ses jours dans sa cellule de la maison d'arrêt de Bourg-en-Bresse. La sidération s'empare de tous. Ce procès était donc le dernier. Pour lui. Pour la famille et les proches de Martine. Pour moi, aussi, qui me suis battu à leurs côtés depuis 1995.

« Même les pigeons voyageurs de 1914 ont eu droit à une stèle symbolique. » Ces mots criés par Me David durant le procès résonnent pour l'éternité. Tout ce que l'on sait finalement de Martine, c'est qu'elle a disparu à jamais dans des « mares de sang dégueulasses ». Avec le suicide de Bourgeon, elle est morte une seconde fois !

29

PIERROT LE FOU ET LES ENFANTS

Nous sommes le 1er juillet 2005. Je prends mes fonctions à l'état-major de la région de gendarmerie d'Alsace, à Strasbourg. Je n'ai pas encore eu le temps de découvrir les charmes de la capitale alsacienne, encore moins ceux de cette région merveilleuse. Il paraît même que je ne suis pas là pour ça !

Rapidement, je suis chargé d'une mission qui n'est pas pour me déplaire : procéder à une analyse détaillée de l'enquête menée par la section de recherches de Strasbourg pour une série de viols et d'assassinats commis en 2004. Les investigations ont conduit à l'interpellation de plusieurs membres d'un clan de vanniers de la région. Parmi eux, un repris de justice particulièrement dangereux. Leur procès d'assises est imminent et mon patron souhaite connaître le dossier dans tous ses méandres. Mon parcours sur les routes du sang et des larmes étant déjà bien fourni, je pensais être blasé. Pourtant, ce que je vais découvrir au fil des pages dépasse l'entendement.

Jeanne-Marie Kégelin est une enfant de 10 ans. Le vendredi 18 juin 2004 vers 12 h 30, elle s'éloigne à vélo du domicile familial, à Rhinau, une magnifique bourgade bordant le Rhin, au sud de la capitale alsacienne. Elle a l'habitude de se rendre régulièrement aux abords des courts de tennis de la commune pour y ramasser les balles égarées par les joueurs. Un peu avant 14 heures, l'un de ses frères découvre sa bicyclette. Jeanne-Marie a disparu. Ses parents alertent la gendarmerie.

Vers 17 heures, à Artolsheim, une commune voisine, Clément et ses deux copains, tous trois âgés de 9 ans, passent devant le domicile d'une famille de vanniers peu fréquentables, les Remetter. Clément aperçoit une voiturette grise garée sous la grange. Dans le coffre démuni de porte, « un corps immobile, de la taille d'un enfant, son t-shirt est taché de rouge ». Les enfants n'en croient pas leurs yeux. Ils passent une deuxième fois au même endroit. La fillette ne s'y trouve plus. Faut-il qu'ils en parlent tout de suite à leurs parents ? Discussion entre les trois garçons : « On va garder le secret. » Ce n'est finalement que le 21 juin, trois jours plus tard, que ces observations sont signalées à la gendarmerie.

Edwige Vallée est âgée de 38 ans. Elle est maman d'une enfant de 5 ans qu'elle élève seule. Dans la nuit du 21 au 22 juin 2004, c'est la fête de la musique à Obernai. Edwige profite du temps déjà estival pour sortir un peu. Son corps mutilé est retrouvé le lendemain matin dans un cours d'eau. Visiblement, elle a été blessée à l'arme blanche aux niveaux génital et anal. Ses vêtements, qui ont été découpés à l'aide d'un objet tranchant, sont éparpillés en bordure du ruisseau.

Julie Scharsch est une adolescente de 14 ans. Le 25 juin 2004 vers 17 heures, elle circule à vélo pour rejoindre son domicile à Schirmeck, au pied des Vosges, à l'ouest de Strasbourg. Deux témoins l'aperçoivent, alors qu'elle discute avec le conducteur d'une Ford Escort blanche. Puis, plus rien. Depuis la disparition de la petite Jeanne-Marie une semaine auparavant, les enquêteurs sont sur la brèche. Aussitôt, ils font un rapprochement avec un certain Pierre Bodein, propriétaire de ce type de voiture. Bodein a un lourd passé judiciaire. Le lendemain, il est interpellé et placé en garde à vue.

Certes, il présente une blessure à la main droite ainsi qu'à un œil, mais chez les Bodein, on ne parle pas, même lorsque l'on est pris la main dans le sac. Il nie toute implication dans la disparition de Julie. Après une trentaine d'heures d'audition, il est remis en liberté. Sa voiture est toutefois conservée par les enquêteurs pour une expertise approfondie.

Le 28 juin 2004, un vélo est découvert dans le lit d'une rivière à Barembach, à cinq kilomètres de Schirmeck. C'est bien celui de Julie. Il présente des traces de sang. À proximité, on découvre un morceau de catadioptre de voiture.

Le 29 juin 2004, les évènements s'accélèrent. Des enfants, encore, découvrent le corps sans vie de Jeanne-Marie dans un cours d'eau. Elle ne ramènera plus de balles de tennis. Elle a été dépouillée de ses vêtements et martyrisée : son vagin et une partie de l'anus ont été découpés à l'arme blanche et arrachés…

Le 30 juin 2004, c'en est fini pour Pierre Bodein, les experts ont parlé : le morceau de phare découvert près du vélo de Julie provient de l'optique arrière gauche de sa Ford, et le sang prélevé sur une chaussette trouvée dans l'un des vide-poches de la voiture correspond au profil génétique de Julie. Bodein est de nouveau placé en garde à vue. Sans surprise, il nie tout en bloc. On ne sait donc toujours pas avec certitude qui a tué la petite Julie, mais on a acquis la certitude qu'elle a fait un passage dans la voiture du suspect. Le 1er juillet, il est mis en examen pour enlèvement et séquestration de mineur de 15 ans et incarcéré.

Le 3 juillet 2004, le cadavre de Julie est à son tour découvert dans un cours d'eau. Elle a subi le même sort que Jeanne-Marie et présente de nombreuses lésions au bas-ventre ainsi que sur la partie génito-anale.

Au fond de sa cellule, Bodein se tait. Mais l'ADN parle à sa place. Celui de Jeanne-Marie est retrouvé à deux endroits dans la voiture du suspect, ainsi que sur une couette saisie dans une chambre, chez les Remetter. Celui d'Edwige est isolé sur un cheveu découvert dans la Ford.

Bodein emportera-t-il avec lui les secrets abominables concernant les supplices infligés à Julie et Edwige ? Il a probablement agi seul pour ces deux crimes. S'agissant de Jeanne-Marie, sa première victime, Clément et ses copains avaient vu juste, c'était bien le corps de cette enfant qu'ils ont aperçu dans une voiturette, chez les Remetter. Toute cette famille, proche de Bodein, sera placée en garde à vue. Ce sont des illettrés qui trouvent leur seul plaisir dans l'alcool. Étaient-ils tous ivres ce 18 juin 2004 dans l'après-midi, lorsque la petite Jeanne-Marie s'est retrouvée dans une chambre de la demeure ? Probablement. Ce qu'ils déclarent aux enquêteurs donne la nausée. Gertrude Remetter : « Ils ont fermé la porte à clé, la fillette pleurait. » Joséphine Remetter : « Marie-Thérèse, Auguste et François étaient dans la chambre, ils étaient ivres. Georges a mis la fille sur le lit. Marie-Thérèse est sortie. Pierre Bodein a coupé le pantalon de la fille pendant que Georges la tenait. La petite fille criait. Ils ont ensuite fermé le verrou derrière eux. Tout le temps où elle était dans la chambre, de 14 à 16 heures, la fillette a crié. »

Pour la première fois depuis le début de cet ouvrage, je me refuse à restituer la suite du drame, ce serait aller au-delà de l'indécence…

Le 11 avril 2007, je me retrouvais dans la salle d'audience de la cour d'assises du Bas-Rhin réunie pour juger cette bande de sauvages. J'étais parmi les anonymes, dans le public, chargé par mon patron de suivre les débats. Les accusés faisaient profil bas, sauf Pierre Bodein qui fanfaronnait.

Sa carrière avait débuté près de quarante ans plus tôt, en 1970. À la fin d'un bal, il avait suivi une jeune femme, puis avait tenté de l'étrangler avant de la jeter à terre et de la violer à deux reprises. La victime avait prononcé des propos désespérés, qui allaient finalement la sauver d'une mort certaine : « Mon Dieu, Mon Dieu, aidez-moi, je ne veux pas mourir. » Bodein s'était ressaisi : « Ne t'inquiète pas, tu ne vas pas mourir, moi aussi je crois en Dieu. » Avant de la libérer, il lui avait demandé une photographie. Terrorisée, elle la lui avait remise.

En 1976, des experts jugent son état de santé incompatible avec le maintien en détention. Il est figé, s'enferme dans le mutisme, se déplace en fauteuil roulant et avale même ses excréments. Il obtient une carte d'invalidité à 80 %, avant d'être libéré en 1980. Il reprend aussitôt son activité principale : le braquage. De nouveau arrêté en 1989, il finit par convaincre encore les psychiatres qu'il est fou. C'est l'hôpital psychiatrique qui l'accueille de nouveau, jusqu'à ce qu'en décembre 1992, il retrouve la pleine possession de ses moyens, pour s'évader par un vasistas resté ouvert. Pendant sa cavale, il prend deux femmes en otage, puis séquestre et viole l'une d'elles.

Durant la traque, il force plusieurs barrages de gendarmerie et ouvre le feu sur deux policiers. L'un d'eux est grièvement blessé. Bodein est finalement de nouveau interpellé. Le 9 février 1996, il est condamné à vingt ans de réclusion criminelle pour cette série de faits et « évasion d'un détenu hospitalisé ».

Le 15 mars 2004, douze ans après son incarcération, Pierre Bodein retrouve la liberté. La justice vient de lui accorder une mesure de libération conditionnelle. Trois mois plus tard, il s'en prend à Jeanne-Marie, dans les conditions que l'on sait. Puis il poursuit son macabre dessein en ôtant Edwige et Julie à la vie.

Interrogé par la presse sur les motivations de la mesure de libération conditionnelle accordée à Bodein, le procureur général près la cour d'appel de Colmar assène, cinglant : « Les magistrats appliquent la loi, ils ne la font pas. »

Pierre Bodein est condamné à la réclusion criminelle à perpétuité « réelle », ce qui lui vaudra un emprisonnement effectif d'au moins trente ans.

Pendant la session d'assises, sa famille distribue en mémoire de Jeanne-Marie des petits portraits de l'enfant. Je conserve ce souvenir encore aujourd'hui. Sous la photo apparaissent les mentions : « In memoriam – Jeanne-Marie Thérèse Kegelin, née le 28 juillet 1993, disparue et rappelée à Dieu le 18 juin 2004 ».

La famille de Jeanne-Marie est très pieuse. Puisse cette foi lui donner la force de poursuivre son combat.

30

BELLES RENCONTRES

Un jour d'été 1997, je me trouve avec Cécile, la compagne de Patrice Alègre, dans mon bureau de la section de recherches de Toulouse. Elle est de plus en plus stressée à l'idée que son ex-compagnon ne soit pas encore localisé. Ne pouvant faire autrement, elle n'est pas venue seule. Une petite fille espiègle l'accompagne, ses cheveux mi-longs foncés contrastent avec ses yeux bleu acier et, comme tous les enfants de son âge, elle a besoin de s'occuper. Des crayons de couleur tirés de je ne sais où et quelques feuilles blanches feront l'affaire.

Désormais accaparée par sa tâche, Anaïs, jusque-là préoccupée, devient silencieuse et semble insouciante. Que se passe-t-il à ce moment-là dans cette tête d'enfant de 8 ans ? Quelle histoire lui a raconté sa maman pour justifier ce déplacement « chez les gendarmes » ? Je ne cherche pas à le savoir, cela ne regarde qu'elles. Et surtout, je me sens un peu maladroit devant cette enfant dont je sais de quoi le père est capable ! Alors je m'évade et je pense aux mots d'Antoine de Saint-Exupéry dans *Le Petit Prince* : « Je ne savais pas trop quoi dire. Je me sentais très maladroit. Je ne savais comment l'atteindre, où le rejoindre. C'est tellement mystérieux, le pays des larmes. » Je suis trop préoccupé par la recherche du papa de cette petite fille enjouée. Je n'ai d'autre choix que de la laisser à ses songes, devant son dessin.

Au procès de son papa, quelques années plus tard, je ne verrai pas Anaïs. À 13 ans, elle est trop jeune encore pour y assister. Pourtant, elle veut tout savoir. Alors on lui dit que son père a répandu le mal. Souvenez-vous, pour l'exhorter à parler, elle écrit à ce père dont elle ne porte pas le nom, parce que le jour de la naissance de sa fille, il a oublié de se lever pour aller la reconnaître en mairie ! « Tu dis que tu m'aimes, alors parle... Il ne te reste plus que moi... Je t'en supplie papa, fais-le pour moi. Malgré tout le mal que tu as fait, je ne sais pas pourquoi, mais je t'aime. » Hélas, pendant tout le procès, son père gardera le silence. Or, ce « silence à perpétuité », il lui pèse à cette jeune ado, au point qu'il devient insupportable. N'ayant pas de père véritable, elle sent qu'elle peut aimer son géniteur, cherchant ainsi à combler le vide, l'absence.

À l'école, puis au collège, elle ne supporte plus d'entendre chuchoter « C'est la fille d'Alègre ». Parce que tout se sait, même si elle ne porte pas le nom de son tueur de père ! Cela la révolte. Elle se rebelle. Pas contre son père, puisqu'elle ne le voit pas, alors elle s'en prend à sa mère ! Comme si Cécile avait besoin de ça !

Anaïs a désormais atteint la majorité. Mais ses tourments ne sont pas apaisés. C'est décidé, elle va écrire de nouveau à son père, sans aide aucune désormais. Il lui répond, bien sûr. Alors elle croit que ce père qu'elle ne connaît pas l'aime. Elle va le visiter en prison. Elle pense ainsi obtenir des réponses à toutes ces questions accumulées depuis aussi loin qu'elle se souvienne. Enfin. Sauf que son père, c'est Patrice Alègre, avec sa cohorte de vices.

« Ma fille chérie, l'enfermement, c'est dur ! Tu pourrais pas me ramener un peu de shit, ça m'aiderait à tuer le temps ? » Qu'à cela ne tienne, à 18 ans, ça aide à grandir, d'aller chercher du « shit » et de le ramener incognito à son père, en « taule ». Alors Anaïs se met en quête de « produit ». Et elle en trouve, bien entendu. Et comme elle est courageuse et qu'elle veut le prouver à son père, elle relève le défi. Anaïs est en ébullition, c'est un volcan. Que ne ferait-elle pas encore, pour ce père qu'elle ne connaît pas et qu'elle croit aimer ?

Au fond de sa cellule, Patrice Alègre jubile. Il fume bien des « pétards », confectionnés avec le shit ramené par sa fille. Peu importe qu'il ait manqué de peu d'en faire une délinquante. Heureusement, Cécile veille, encore une fois. Les gendarmes feront un petit tour par là et Anaïs en sera quitte pour une belle « frousse ». Et comme c'est une fille intelligente, elle apprendra vite de ses erreurs ou, plutôt, de celles que lui a fait commettre son père. Ce père « gentil, attentionné », comme disait son « amour du Canada » ! Chacun appréciera.

Au prix de la volonté d'Anaïs, de la patience et de la vigilance de sa mère Cécile, la jeune femme retrouve rapidement ses esprits. Entre le bien et le mal, elle choisit son camp, le bon. Elle a grandi et sait désormais à peu près qui est réellement ce père qu'elle croyait avoir trouvé. Elle sait le mal qu'il a fait, avant qu'elle ne vienne au monde et quand elle était une enfant. Mais sans doute a-t-elle encore conservé quelques questions restées sans réponses.

Cécile avait sans doute expliqué à sa fille qu'un jour d'été 1997, un gendarme lui avait fourni les crayons de couleur qui lui avaient permis de faire un dessin, pendant que sa maman s'entretenait avec lui. Alors, devenue adulte, Anaïs veut aussi le connaître, ce gendarme.

En cet été 2015, la question n'est plus « Maman, aurais-tu des crayons de couleur ? », mais « Maman, aurais-tu conservé le numéro de téléphone du gendarme qui avait mis mon père en prison ? ».

À son tour, Anaïs est devenue maman. Comme tous les enfants, elle sait mieux que quiconque que les siens poseront un jour plein de questions. Et elle veut pouvoir, le moment venu, disposer des éléments nécessaires. Elle sait trop ce que sont les questions sans réponses quand on est enfant. C'est ce qui l'avait probablement encouragée à m'appeler quand, dans les alpages, je m'éloignais de tout. Quelques semaines plus tard, à la faveur d'un moment de convivialité, je découvrais Anaïs en même temps que je retrouvais sa maman Cécile. Le temps avait fait son œuvre, le dessin réalisé avec mes crayons de couleur avait un peu vieilli. Je constatais rapidement que les deux femmes restaient très touchées par leur passé douloureux. Il y eut beaucoup d'émotions et aussi de questions, de part et d'autre.

Hélas, pour l'instant, je ne peux que conserver cet échange sous un voile de pudeur. En dévoiler la teneur ferait courir le risque de le livrer un jour à la lecture de Patrice Alègre. Or, ces deux femmes méritent, encore aujourd'hui, d'être protégées.

C'est au gré de ce moment de découverte qu'Anaïs apprenait que notre conversation téléphonique, celle qui avait scellé ces improbables retrouvailles, avait interrompu le moment d'intimité que la nature m'avait accordé avec ce si discret lagopède alpin. Sans le savoir, ce petit être avait assisté au début d'une nouvelle aventure. Il fut en réalité le premier témoin de cette histoire, de ce récit qui touche à sa fin.

Cette aventure m'a aidé à mieux me connaître. A-t-elle permis à la « jeune inconnue » qui l'a déclenchée de mieux savoir qui elle est ? Aujourd'hui, je l'ignore encore. Sans doute Anaïs me le dira-t-elle un jour, quand elle y sera prête.

31

LE COMBAT D'UNE VIE

Le 20 février 1995, je regarde l'émission *Témoin n° 1* où je découvre les images tournées lors du réveillon de Noël 1985, le dernier que Martine a passé avec sa famille. On y voit une jeune fille très belle, entourée de ses deux sœurs, Nicole et Simone. Des sourires illuminent ces visages pleins de jeunesse et de joie de vivre. Sur la table de la salle à manger, quelques bouteilles vides témoignent de la fin proche de ce bon moment. La séquence est brève, comme si le bonheur avait été créé pour n'être qu'éphémère.

Le 20 février 2021, vingt-six ans après, jour pour jour, je suis de nouveau devant le petit écran. J'attends l'apparition de Marie Drucker, la présentatrice d'*Au bout de l'enquête*. Surprise, c'est René qui surgit, plein écran. Pour préserver l'authenticité, le réalisateur a banni toute *voix off*, c'est donc René qui, à la faveur de ses premiers mots, s'empare de l'auditoire, près de deux millions de téléspectateurs : « Mon horloge biologique s'est arrêtée le 8 décembre 1986. Je ferais n'importe quoi pour retrouver Martine. » C'est son cœur qui parle. Ses mots sont forts, authentiques. Marie Drucker enchaîne sobrement : « Voici trente-cinq ans que la famille Escadeillas se demande ce qui est arrivé à cette ravissante jeune fille de 24 ans. » Puis elle s'efface, pour laisser place à des images de Martine et aux témoignages des proches de la victime. Jean, le frère aîné, ne s'est pas prêté au jeu. Trop difficile. Thierry, le conjoint, fait face avec dignité.

Pour les besoins du documentaire, Nicole et Simone sont présentées assises côte à côte. Lors du repas de Noël 1985, Martine était intercalée entre ses deux sœurs. Aujourd'hui, elle est absente, mais la juxtaposition des images est saisissante. Le temps a fait son œuvre, façonnant inexorablement les visages. Martine, elle, n'a pas vieilli. C'est étrange, elle est à la fois absente et omniprésente, par la magie de l'image enregistrée pour la postérité, savamment distillée par le journaliste.

Comme au premier jour, Nicole pleure sa sœur disparue : « Elle était généreuse, douce, coquette, toujours prête à rendre service aux autres. C'était la petite dernière, le rayon de soleil de tout le monde. »

Voici plus d'un quart de siècle que j'ai fait la connaissance de Nicole et de René. Aujourd'hui, pour la première fois, je suis dominé par l'émotion. Ils sont la sœur et le beau-frère de Martine, mais à la force du combat mené ensemble depuis tant d'années en quête de vérité, ils sont devenus des amis. Les visages attristés qui contrastent avec le sourire de Martine, les voix qui reviennent sur cette longue lutte dont je connais les moindres détails, tout cela me touche.

Soudain, je repense aux mots prononcés le 29 mai 2019, lorsque j'ai tiré ma révérence. Ce jour-là, je quittais avant l'heure l'institution que j'avais servie durant trente-sept ans. Nicole et René étaient là, anonymes parmi mes invités. Ils ignoraient évidemment que ces vingt-six ans de combat seraient au cœur de mon discours. Ils n'avaient « rien vu venir » de ce qui était pour moi une manière de rendre hommage à la dignité de leur combat. J'avais choisi comme thème : « La puissance de la rumeur ».

Lorsque Martine avait disparu, Ramonville était l'une des communes les mieux sécurisées de France. En 2019, le contexte était aux antipodes, très dégradé et l'autorité de l'État, là comme ailleurs, était fragilisée. C'est par ce constat que je débutais : « Paris brûle-t-il ? Ou bien est-ce une rumeur ? » Le 16 mars 2019, après avoir été saccagé, *Le Fouquet's* est incendié. Comme chaque week-end depuis plusieurs mois, ce nouvel « acte » de l'aventure des gilets jaunes a mal tourné. Sur les réseaux sociaux, des internautes « bienveillants » défendent une autre thèse, celle d'un incendie provoqué… par la police elle-même : des lacrymogènes jetées par les forces de sécurité auraient déclenché le sinistre. C'est une certitude, puisque des témoins prétendent avoir vu la scène. Ils n'ont en revanche pas observé les « actes de bravoure » des *black blocs*. Il doit être difficile de veiller à la fois sur le comportement des forces de l'ordre et sur celui des casseurs ! Quoi qu'il en soit, Paris brûle et c'est la faute des forces de sécurité !

Le 15 avril, alors même que Notre-Dame de Paris est encore rongée par les flammes qui la détruisent, les chasseurs de complots s'en donnent déjà à cœur joie : il s'agirait d'un attentat !… La rumeur, encore.

Ainsi va la vie, en ce début 2019, à Paris et ailleurs… au rythme de la rumeur ! Une partie de la nation voit la vie en jaune, ne lorgnant sur la violence que lorsqu'elle émane des forces de sécurité. Le mal me semble profond et la force de la rumeur décuplée par la toile et les médias !

Je rappelais ensuite une autre rumeur, plus ancienne et aux conséquences plus désastreuses :

« Toulouse aussi a eu ses rumeurs. Toulouse aussi a connu ses bûchers. » Je me souviens de ces deux journalistes proposant « un voyage sidérant au cœur même d'une enquête judiciaire avec, dans les rôles principaux : une poignée de prostituées égarées ; quelques gendarmes en perdition, fascinés par un tueur en série ; un ou deux magistrats revanchards et, pour bien garantir la déflagration, des médias aveuglés[1] ». C'était au début des années 2000, c'était hier.

Accessoirement, la rumeur venait de reléguer au rang de « fait divers classique » le procès d'un certain Patrice Alègre, condamné à la réclusion criminelle à perpétuité pour les crimes abominables que l'on sait. Aujourd'hui, qui se souvient des victimes ? Des aveux ? Du procès ? De la compagne malheureuse qui découvrait qu'elle avait partagé la vie d'un tueur multirécidiviste ?

La rumeur a fait son œuvre. La mémoire collective se souvient de deux prostituées manipulatrices, pourtant transformées en héroïnes. Elle retient le nom d'un directeur d'enquête devenu superstar, qu'importe si ses conclusions sont contestables, elle a aussi probablement enregistré à jamais le nom du magistrat injustement sali, alors qu'elle a banni les noms de ses confrères dépourvus de discernement. Enfin, la calomnie court toujours, s'agissant des mœurs de l'ancien maire de Toulouse. En somme, tant d'années après, la mémoire n'a retenu que la rumeur. Parfois cependant, la rumeur aurait raison : il existerait bien des crimes parfaits.

Jusque-là, René et Nicole, dont je surveillais le regard tout en m'exprimant, écoutaient avec intérêt mais sans émotion particulière. Soudain, leur attention allait se transformer en concentration :

C'est une histoire qui s'étale sur trente-deux ans. Elle se calque donc quasi intégralement sur ma carrière en gendarmerie. En cela, elle devient presque l'histoire de ma carrière.

1. Marie-France Etchegoin et Matthieu Aron, *Le Bûcher de Toulouse*, Grasset, 2005.

Le 8 décembre 1986, à 8 h 30, Martine, une ravissante jeune fille de 24 ans, s'apprête à quitter son domicile, aux portes de Toulouse, pour rejoindre son lieu de travail. Soudain, un témoin entend des cris stridents, qui remontent la cage d'escalier. Ce médecin jette un œil distrait par-dessus la balustrade et aperçoit furtivement une scène violente. Une « dispute de couple », pense-t-elle, en refermant la porte de l'appartement derrière elle avant de retrouver ses patients ! C'est un jour normal, de décembre 1986, sauf pour Martine qui vient de disparaître à jamais, sous les yeux d'un témoin lymphatique.

Je ne découvrirai l'affaire que dix ans plus tard. Depuis, la scène que je viens de relater me hante. Pour autant, je ne saurais imaginer à quel point elle doit anéantir les nuits de Nicole, la sœur aînée de Martine. Elle a eu la gentillesse de répondre à mon invitation. Elle est donc présente aujourd'hui parmi nous, avec son mari René. Je crois que nous pouvons les soutenir, ils se battent depuis trente-deux ans pour la recherche de la vérité (applaudissements). Cette scène, disais-je, me hante d'autant plus que deux informations judiciaires successives n'ont pas permis de venir à bout de l'énigme. La rumeur aurait donc parfois raison : il existerait bien des crimes parfaits.

Pourtant, en 2016, clandestinement, il m'était donné de prendre connaissance d'une information concernant les faits. Information ou rumeur ? Mes fonctions du moment ne me permettaient pas d'exploiter moi-même la piste. Mon camarade Éric prenait alors le relais. Il est aujourd'hui le directeur de cette enquête débutée par d'autres, voici trois décennies. Je le remercie chaleureusement, ainsi que le juge d'instruction chargé du dossier, de m'avoir autorisé, en janvier 2019, à informer la famille de l'arrestation d'un suspect et des aveux qu'il venait de concéder. Cet accord me donnait le privilège d'apprendre à Nicole que le meurtrier présumé de sa petite sœur portait désormais un nom.

Ce fut l'un de ces moments d'une rare intensité émotionnelle, qu'il n'est donné de vivre que très exceptionnellement au cours d'une carrière. L'un de ces instants furtifs où s'entrelacent idéal professionnel et idéal personnel, dans une sorte d'amalgame étrange entre « épreuve redoutable » et « grandeur éphémère ».

Cette annonce-là avait une saveur supplémentaire, parce que vécue en coulisse, presque clandestinement et parce qu'elle concerne directement des êtres meurtris qui sont devenus des amis. Cela aurait pu être la fin du film, un film dramatique. Cela reste, encore aujourd'hui, un mauvais film inachevé, puisque le corps de Martine n'a pas été retrouvé !

À cet instant, Nicole versa une larme, tandis que René fit mine d'enregistrer mon intervention. Ces réactions me prouvaient que j'avais fait mouche : ils étaient touchés par cet hommage public, rendu devant les plus hautes autorités régionales, eux qui avaient mené l'essentiel de leur combat dans l'ombre, depuis tant d'années.

Voilà comment mon général de patron, un aréopage d'officiers supérieurs, de sous-officiers et surtout d'amis découvraient le 29 mai 2019 l'affaire Martine Escadeillas. C'est aussi à la faveur de ce discours que mon chef apprenait l'existence de la « double vie professionnelle » que j'avais menée à son insu durant trois ans. Il ne pouvait pas m'en tenir rigueur, je n'avais pas failli dans la tâche officielle qu'il m'avait confiée.

En ce 20 février 2021, Marie Drucker vient de remettre le voile sur le reportage *Au bout de l'enquête* consacré à Martine. René m'appelle, désespéré. Sur le petit écran, il s'est trouvé vieilli. Je souris, puis de mon mieux, je tente de le rassurer.

Leur vie, Nicole et René l'ont bien remplie. Leur nature a horreur du vide et l'absence de Martine leur est insupportable. L'injustice les guide et les motive, presque jusqu'à l'impossible, l'inimaginable. Comme ce jour où Nicole, se souvenant de cette montre que Martine avait achetée quelques jours avant sa disparition, demande aux enquêteurs de vérifier si cette « petite montre au cadran rond entouré de métal argenté, avec un magnifique bracelet extensible décoré de pierres de couleur turquoise » n'a pas un jour été offerte par le mis en cause à l'une de ses compagnes.

Nombre d'enquêteurs chevronnés auraient considéré l'hypothèse comme improbable. Et pourtant, lorsque les officiers de police judiciaire de la section de recherches sollicitent Anne, bingo ! Pour les meurtriers, rien ne se perd. Celui-ci n'échappe pas à l'adage. Après avoir fui la région toulousaine, il a bien offert un tel présent à sa nouvelle compagne, un cadeau dérobé sur un cadavre, celui de Martine. L'instinct de Nicole a payé.

Grâce à René, qui avait osé « aller taper à la télé en 1995 », comme dit son avocat, et, grâce à Nicole, la vie paisible d'un meurtrier a été interrompue. Reste à rendre à Martine l'hommage qu'elle mérite, en la sortant de sa sépulture d'infortune : « On veut que Martine repose à côté de nos parents », dit l'une des sœurs de la victime. Martine est morte depuis plus de trente-cinq ans. Sa disparition me préoccupe depuis un quart de siècle déjà. C'est étrange, mais son sort funeste a permis de sceller de belles aventures humaines, dont mon amitié avec Nicole et René.

À un jour près, j'avais le même âge que Martine. Nous aurions pu nous rencontrer un jour, qui sait ? J'ai l'impression de la connaître. « Comprenne qui voudra ! Moi, mon remords, c'est la malheureuse qui resta sur le pavé, la victime raisonnable à la robe déchirée, au regard d'enfant perdue, découronnée, défigurée, celle qui ressemble aux morts qui sont morts pour être aimés, une fille faite pour un bouquet et couverte du noir crachat des ténèbres[1]. »

1. Paul Éluard, *Au rendez-vous allemand*, recueil de poèmes, 1944.

32

UNIS POUR L'ÉTERNITÉ

Ce 8 décembre 1986, Martine leur a échappé. Alors, pour retrouver la force de poursuivre leur chemin, Nicole et René se tournent vers leur enfant de 6 ans. Privé à Noël 1986 du *Docteur Maboul*, le jeu de société que sa tante à jamais disparue avait acheté pour lui, Pascal va désormais se trouver au centre de toutes les attentions. En plus de l'amour parental, il va recevoir celui que René et Nicole ne pouvaient plus donner à Martine. Il grandit et se construit, bercé dans cette intrigue sans fin que constitue l'enquête concernant le meurtre de Martine. Sans doute cela contribue-t-il à lui donner le goût pour les énigmes de la vie. Hasard ou pas, Pascal devient policier et se spécialise dans la fraude documentaire, domaine dans lequel il devient un expert de renommée internationale. Pour autant, il ne se départit pas de son faible pour l'humour. Il exerce son métier avec sérieux, tout en refusant de se prendre au sérieux. S'il n'avait pas été policier, Pascal aurait sans doute été saltimbanque.

En ce 11 mars 2022, il nous fait une dernière facétie. Mais celle-ci manque cruellement d'esprit, puisqu'il nous a réunis, pour lui dire un dernier adieu. Il y a foule dans la petite église de son village natal.

Il est désormais écrit que Pascal n'assistera pas au procès du meurtrier présumé de sa tante Martine, qui doit se tenir trois mois plus tard. Anonyme parmi tous ces visages attristés et dominés par l'émotion, je me souviens que j'avais connu Pascal alors qu'il était adolescent. Dix ans s'étaient déjà écoulés depuis la disparition de Martine. Avec l'aval de la famille et l'accord du célébrant, je m'avance jusqu'au catafalque et m'incline. Puis, je m'adresse directement à Pascal.

Mon cher Pascal, voici quelque temps, il m'était donné de visionner un vieux film de famille, de ta famille. Tu y apparaissais, encore très jeune enfant. Tu faisais le clown. Des adultes t'entouraient, se régalant de tes facéties. Près de toi, on voyait une jeune fille, très gracieuse. Elle aurait pu être ta grande sœur, elle était ta tante. Elle s'appelait Martine. La séquence était brève. Comme si le bonheur avait été créé pour n'être qu'éphémère. Ces images avaient été enregistrées en 1985, pour Noël, le dernier de Martine. Presque un an plus tard, un matin de décembre 1986, on l'avait assassinée. Puis on avait dissimulé son corps.

Elle ne caresserait plus ton visage. Elle ne pourrait plus laisser glisser sa main sur les cheveux doux de son petit-neveu chéri. Elle avait disparu à jamais et le petit garçon que tu étais alors ne comprenait pas pourquoi.

Tu souhaitais tant être présent au procès de l'assassin présumé ! C'était sans compter sur la mort qui rôde et dont on ne sait jamais à l'avance quand elle va nous plonger dans les ténèbres.

Pascal, tu avais 6 ans lorsque ta tante a disparu. Mais tu as grandi avec elle. Tu as grandi avec elle parce que, depuis ce matin de décembre 1986, ton papa et ta maman se battent sans relâche, pour tenter de prouver que le crime parfait n'existe pas.

Que de nuits anéanties. Que de temps consacré à la recherche de la vérité depuis plus de trente-cinq ans. Quelle épreuve subie par ta famille, mais aussi quelle grandeur d'âme démontrée ! De ta maman et de ton papa, tu peux être très fier.

Jean-Jacques Rousseau écrivait : « La jeunesse est le temps d'étudier la sagesse ; la vieillesse le temps de la pratiquer. »

Pascal, tu n'auras hélas pas le temps de pratiquer la sagesse. Mais au fond, je suis sûr que tu ne regrettes rien. Parce que la sagesse, ça ne t'allait pas bien. Tu avais trop besoin de faire le pitre. Pourtant, ta dernière facétie ne fait rire personne.

Hier, tandis que je me recueillais devant toi alors que tu reposais déjà sur ton lit de mort, je me suis surpris à passer délicatement ma main sur tes cheveux. Et j'ai été étonné. Ils étaient doux comme des cheveux d'ange. Soudain, j'ai compris que derrière le rude que tu pouvais être parfois se dissimulait encore un enfant.

J'ai de nouveau pensé à Martine. Et je me suis dit qu'elle sera certainement très heureuse lorsque, là-haut, elle pourra, elle aussi, de nouveau, laisser glisser sa main. Elle retrouvera enfin les cheveux doux de l'enfant de 6 ans dont on l'avait éloignée en ce matin de décembre 1986. Et je suis sûr que dans cet au-delà mystérieux, vous serez enfin heureux de vous retrouver, tous les deux. Alors, tu pourras lui dire : « Martine, tu n'es pas vraiment morte, puisque pour ceux qui t'aiment, tu as toujours 24 ans. » Et elle te répondra sans doute : « Pascal, tu n'es pas vraiment mort, puisque pour ceux qui t'aiment tu auras 42 ans pour toujours. »

Vos vies furent éphémères. Pas tant que ça, finalement. Puisque, par-delà la mort, nous conserverons le souvenir de vos frimousses d'anges.

Alors, non, vous n'êtes pas morts vraiment, puisqu'il paraît que l'on n'est vraiment mort que lorsque l'on est oublié !

Ensemble, reposez en paix. Ciao *Pascal.*

Sitôt terminée la lecture de ce bref hommage posthume, je rejoins mon siège. Je n'entends plus rien, si ce n'est, dehors, « la pluie qui fait des claquettes ». Dans mon songe pourtant, de Pascal je crois encore percevoir le timbre de sa voix, un mélange de boxe et de *bel canto*, si proche de celui du chanteur-poète.

Le célébrant reprend les rênes de la cérémonie. Je m'évade encore pour penser à ce texto que Pascal m'avait adressé alors que je venais de lui souhaiter un bon anniversaire, quelques semaines auparavant. Il le concluait ainsi : « À très bientôt, je t'embrasse. » Pascal ne m'embrassera plus. Il est parti, au mitan de sa vie.

Le papa Noël de 1986 et son *Docteur Maboul* en pleurent encore !

33

TROIS DÉCENNIES DE DÉSESPÉRANCE

31 mars 2021. Le printemps est sur le point de s'imposer. À Saint-Geniès-Bellevue, où je me trouve, il a revêtu ses plus beaux atours. Une légère brise contribue à adoucir l'atmosphère. Ambiance idéale pour la promenade familiale du dimanche. Mais voilà, je ne suis pas en week-end et je ne suis pas venu visiter le château du XVIe siècle qui surplombe le village.

C'est le cimetière que j'arpente. Les pâquerettes ont déjà envahi le peu d'espace que les morts ont bien voulu leur céder. Les quelques arbres épargnés par les édifices mortuaires ont ajusté leurs habits verts, il ne fait aucun doute que la belle saison s'annonce. Les chants des oiseaux confirment l'éveil de ce site paisible. Pourtant, malgré cette atmosphère apaisée, je suis préoccupé. Je cherche une tombe, celle de Laure.

Jean-Michel, son papa que je n'ai pas revu depuis le procès de l'assassin de sa fille et que je vais retrouver tout à l'heure, ignore que je me trouve au cimetière. Alors que nous ne nous étions pas parlé depuis 2002, je l'ai appelé hier. Il était manifestement heureux de ma démarche, il avait lui-même cherché à me retrouver, sans succès. « Vous venez quand vous voulez, vous êtes un ami, vous avez souffert avec nous ! » Les mots de cet homme m'ont touché.

Comme vingt-cinq ans plus tôt, nous avons peu bavardé par téléphone, l'émotion sans doute. Alors je lui ai dit que j'allais lui rendre visite, le plus tôt possible. Je ne pouvais plus attendre, c'est pour aujourd'hui.

Depuis une demi-heure, je parcours ce cimetière dans tous les sens. Impossible de trouver la dernière demeure de Laure. J'ai un doute : repose-t-elle ici ? Soudain, mon regard est attiré par un magnifique visage de bronze, apposé sur une plaque partiellement dissimulée par d'autres pierres funéraires. Je me penche pour mieux voir et je peine à lire l'épitaphe : « Lau e Mart net – À notre amie regrettée ». Le bronze a fait face sans difficulté aux épreuves du temps, mais le patronyme gravé sur la plaque de marbre s'est partiellement effacé.

Laure repose là, emprisonnée pour toujours dans l'anonymat d'un caveau familial. Je ne sais pas pourquoi, mais je cherchais une magnifique tombe blanche, des fleurs, des photos de Laure, comme si elle venait de s'effacer. En fait, j'avais au fond de moi oublié, peut-être même refusé, le postulat du temps qui passe. Or, voici trente et un ans qu'elle a disparu. Même son nom s'étiole sur sa sépulture ! Je reste là un moment, seul. Le fantôme de l'assassin me traverse furtivement l'esprit. C'est lui qui est à l'origine de ce gâchis. C'est par sa faute qu'il ne reste de Laure que ce visage de bronze, figé à jamais sur un morceau de pierre. Mais je ne peux pas me laisser perturber plus longuement par ce bourreau, pas là, pas à cet instant !

Sitôt évacué le fantôme, ce que je ressens est difficile à définir, cela relève certainement de l'intime. Entre l'anonyme que je suis parmi les vivants et l'inconnue que Laure est devenue parmi les défunts, c'est finalement un étrange face-à-face silencieux. Sans doute pour m'aider à recouvrir d'un voile de pudeur cet instant discret, je réfléchis soudainement à cette belle phrase de Pierre de Villiers : « J'arrive à l'âge où les vanités s'effacent peu à peu devant la vérité, peut-être à l'aube du grand voyage où il faudra rendre des comptes[1]. »

Jean-Michel m'accueille devant sa maison. Il porte merveilleusement ses 75 printemps, comme si les épreuves n'avaient pas eu de prise sur lui. Je suis heureux de le retrouver. Il ne dissimule pas sa satisfaction, raillant au passage mon irrémédiable calvitie.

D'emblée, je retrouve l'homme de combat que j'avais quitté presque vingt ans plus tôt, devant la porte de la cour d'assises. Le scénario est immuable, comme autrefois lorsque nous évoquions les pistes de l'enquête, il m'invite à monter à l'étage, ce qui nous oblige à passer devant ce qui fut jadis la chambre de Laure. Il me précise immédiatement que cette pièce était ensuite devenue le dernier refuge de son épouse, avant qu'elle ne décide de rejoindre sa fille.

La maman de Laure avait sombré dans un chagrin permanent et souhaité passer ses nuits dans cette pièce encore hantée par le fantôme de sa fille disparue. Afin d'éviter toute tentative de fugue désespérée, que l'état de santé de son épouse lui permettait de redouter, Jean-Michel s'assurait tous les soirs que la porte d'entrée de l'habitation soit bien verrouillée.

Ce 25 mars 2012, il oublie de se soumettre au rituel. Le lendemain matin, alors qu'il pousse la porte de cette chambre devenue funeste, pour inviter son épouse à partager le petit-déjeuner avec lui, trop tard ! La chambre est vide.

Comme Laure vingt-deux ans plus tôt, sa maman a « fait le mur », depuis cette antichambre de l'au-delà. Elle n'en

1. *L'Équilibre est un courage*, Fayard, 2020.

pouvait plus d'être enfermée dans la douleur et le chagrin, dans la désespérance absolue. Jean-Michel ne tarde pas à découvrir un mot d'adieu. Sa fille avait été assassinée, sa femme est morte de chagrin, à 62 ans. Elle a choisi la même porte de sortie que Laure, pour un voyage vers l'inconnu.

Nous voilà assis dans le salon. Jean-Michel me tend une feuille, sans accompagner son geste d'un quelconque commentaire. C'est la copie d'une lettre qu'il me dit avoir envoyée récemment à Me Pierre Alfort. Elle a été écrite en réaction à une interview de l'avocat de Patrice Alègre, au cours de laquelle il évoquait la « désespérance » du détenu, incarcéré depuis un quart de siècle. C'en est trop pour Jean-Michel, qui recadre sèchement l'auxiliaire de justice : « Maître, vous avez l'audace d'employer le terme désespérance en parlant de ce sinistre assassin, de cet immonde tortionnaire… nous, la désespérance, nous la mesurons depuis trente et un ans… » D'emblée, je comprends que plus de trois décennies après la mort de sa fille, la plaie est toujours ouverte dans le cœur de cet homme. « Au cimetière, je ne peux pas y aller… Il m'a pris ma fille, pour toujours… C'est fini. » L'expression même d'une douleur immense !

Progressivement, au fil de la conversation, la tension s'apaise. Nous nous éloignons de la mort, de l'assassin, pour évoquer la vie, nos vies respectives, nos parcours depuis le procès. Les échanges sont intenses et chaleureux.

Pourtant, rien n'y fait. Je suis « chez Laure » et son fantôme me hante. D'elle, ce que je connais finalement le mieux, c'est sa mort. Lorsque jadis je rencontrais Jean-Michel avant l'interpellation de l'assassin de sa fille, nous évoquions les aléas de l'enquête et très peu le passé de Laure. C'eût été remuer le couteau dans la plaie que de trop revenir vers les temps heureux à jamais révolus. À la faveur de l'enquête, j'ai pu la découvrir un peu.

Aujourd'hui, paradoxalement, je souhaiterais mieux connaître l'enfant qu'elle a été, je voudrais avoir accès à ses facéties d'adolescente, à ces instants de bonheur qui ont précédé le drame. C'est ce qui me manque, dans l'histoire de Laure, un accès à elle vivante, vraisemblablement rayonnante. Finalement, en cet instant si particulier, Laure me manque, tout simplement. C'est troublant !

J'explique à Jean-Michel que je rédige un témoignage, dans lequel j'ai déjà beaucoup parlé de sa fille disparue. Alors que commence à poindre le terme de ce récit, je voudrais que Laure soit de nouveau illuminée de rayons de soleil, ceux de son enfance, ceux de sa jeunesse. Mais pour cela, j'ai besoin de lui. J'ai besoin de ce père bâti comme un roc, qui a traversé tant d'épreuves et qui en sort non pas indemne, mais encore plus fort : « Dans ma vie, si je n'avais pas regardé devant, je me serais mis une balle dans la tête ! » Jean-Michel reste silencieux. Trop de douleurs. Ce n'est certainement pas le moment de raconter des jours heureux, après plus de trente ans de désespérance. Et puis soudain, il me surprend : « Toi aussi, tu vas devoir regarder devant. Alors, tu finis ton bouquin et, ensuite, tu passes à autre chose. Alors, on pourra parler de la vie ! » Pour la première fois depuis trente et un ans, cet homme me tutoie. J'y vois un nouveau signe d'estime.

Mon épouse nous a rejoints. Nous partageons un vrai moment de convivialité devant des douceurs sucrées, comme des amis. Jean-Michel devient intarissable, lorsqu'il nous guide dans son jardin, un petit bijou élaboré, orné de plantes méditerranéennes. Sans doute un pied de nez à son premier traumatisme. Il avait 17 ans lorsque les événements l'arrachèrent à sa terre natale, l'Algérie.

Le soir même, je reçois un cliché de Laure, surprise parmi les plantes méditerranéennes, alors qu'elle était encore un peu une enfant. Cela me touche évidemment beaucoup. Mais en réalité, cette photo ne parvient pas à apaiser ma soif de vérité sur la vie de Laure.

Qui est le mieux placé pour me parler de la jeunesse de Laure, si ce n'est son père ? Pour éviter à cet homme traumatisé de raconter les jours heureux de sa fille, ce qui doit être impossible alors qu'il a définitivement sombré dans le malheur voici trente et un ans, je lui propose de s'appuyer sur des témoignages matériels. Je pense aux livrets scolaires de Laure, par exemple. Au-delà des notes et des bilans, des difficultés et des acquis des élèves, les enseignants y livrent souvent des éléments sur le comportement de l'enfant dans la vie scolaire : traits de caractère, attitude individuelle et en collectivité. Finalement, ce type de support pourrait m'aider dans ma quête. Le plus délicatement possible, je fais part de cette perspective à Jean-Michel. Approchant moi-même lentement de « l'âge où les vanités s'effacent peu à peu devant la vérité », j'ai besoin de comprendre pourquoi Laure n'est plus que cette morte abstraite et anonyme, que l'on imagine derrière ce visage de bronze abandonné sur une plaque de granit.

Quelques jours s'écoulent. J'imagine Jean-Michel fouillant dans ses souvenirs et notant quelques anecdotes sur un carnet, ou bien relisant avec mélancolie quelques bulletins scolaires de son enfant. Peut-être même, avec un peu de chance, a-t-il mis la main sur un « journal secret de Laure ». Je me surprends même à être impatient de connaître le dénouement de l'intrigue, comme si tout à coup « l'enquêteur » était Jean-Michel alors que je serais relégué à une attitude passive d'attente de la vérité.

La phrase que je découvre finalement sur ma messagerie me ramène à une tout autre vérité : plus de trente ans après qu'un tortionnaire a assassiné une enfant, la douleur, pour un papa, reste aussi intense qu'au premier jour. C'est parce que je prends conscience de ce qui m'apparaît tout à coup comme une évidence que je suis ému à la lecture de ces mots de Jean-Michel : « Daniel, je ne peux pas fouiller dans les papiers de Laure, je viens d'essayer et ça ne va pas. »

Cet homme que je n'ai jamais vu verser une larme, que je n'ai même jamais entendu se plaindre, cet homme courageux qui me relançait quand je ne savais plus quelle piste emprunter pour identifier l'auteur de l'indicible, cet homme qui avait affronté l'assassin de sa fille en le regardant droit dans les yeux durant le procès, cet homme solide comme un roc vient de mettre un genou à terre : « Ça ne va pas », me dit-il.

Pour moi, ces quatre mots sont lourds de sens. Même lorsqu'en 1997, après avoir fait le rapprochement avec le calvaire subi par Émilie Espès, je lui avais enfin annoncé l'identification de l'assassin de Laure, il n'avait pas vacillé, m'affublant juste d'une réaction sèche : « Soucaze, si j'ai bien compris, il y a du nouveau ! » Et lorsque je l'avais rencontré dès le lendemain matin, il avait redressé la tête puis m'avait regardé en renouvelant son serment : « Un jour, je le buterai ! » La carapace de Jean-Michel restait solide, il n'y avait pas de place pour l'émotion, du moins en apparence. Tout au plus pouvais-je percevoir chez cet homme de la haine envers l'assassin de sa fille. Et voici qu'un quart de siècle plus tard, confronté aux bulletins scolaires de sa fille, le même homme fend l'armure. Les trois couches de la carapace qu'il s'est forgée à la faveur des drames qui ont émaillé sa vie étaient malgré tout perfectibles. Après l'abandon de sa terre natale à 17 ans, l'enlèvement, le viol et le meurtre de sa fille, et enfin la disparition de son épouse, la digue vient de céder. Je demande aussitôt à Jean-Michel de ne pas insister.

Je comprends que parler de sa fille est au-dessus de ses forces. Il pensait certainement laisser s'exprimer à sa place les enseignants qu'elle avait côtoyés. Mais même ce subterfuge relève pour lui de l'impossible.

Je comprends tout à coup cette haine qu'il avait exprimée violemment au procès à l'encontre de l'assassin : « Ma femme et moi, on t'a condamné à mort. »

Je comprends qu'il lui soit insoutenable d'imaginer qu'aujourd'hui, ces mains qui ont étranglé sa fille et tant d'autres voici trois décennies puissent caresser comme si de rien n'était le visage de cette visiteuse qui a traversé un océan pour rejoindre cet assassin dont elle est éprise.

Je comprends que la chambre de Laure était devenue un refuge pour cette maman éplorée.

Je comprends qu'il est impossible à Jean-Michel d'en franchir aujourd'hui le pas, c'est là qu'il a vu sa fille, puis sa femme, vivantes pour la dernière fois. C'est de là qu'elles se sont enfuies.

Je comprends enfin cette épitaphe, usée par le temps : « Lau e Mart net – À notre amie regrettée ». Elle émane des amis de Laure, pas de son père.

Je comprends pourquoi Laure n'a pas une tombe « pour elle toute seule ». Parce qu'aux yeux de cet homme, Laure est toujours vivante. Les épitaphes, les tombes, les cimetières, c'est fait pour les morts. Il a droit à un peu de paix, dans l'intimité, avec sa fille. Jean-Michel ne me parlera pas d'elle ! Pas tout de suite.

CONCLUSION

En 2015, lorsqu'un jour d'été à deux mille mètres d'altitude, j'ai commencé à imaginer cet ouvrage, je m'étais promis de livrer un témoignage fidèle. À la manière d'une autopsie, il ne pouvait pas déroger à la réalité. Je le devais à cette jeune femme en quête de ses racines, qui cherchait à me connaître, pour mieux cerner les actes commis par son père. Mais je le devais avant tout aux victimes, *in memoriam*, et à leurs proches toujours dans la souffrance.

Au cœur de cette histoire, un itinéraire de près de quatre décennies, le mien, parcouru aux côtés des victimes, de leur sang et des larmes de leurs proches. J'espère l'avoir restitué fidèlement, sans sous-estimer ni mes interrogations, ni mes hésitations, ni mes faiblesses.

Le besoin de vérité

« L'Homme n'a pas besoin d'espoir, il a simplement besoin de vérité », disait Albert Camus. Pour celles et ceux qui recherchaient la vérité, pour mes proches aussi, il m'était impossible de laisser le curseur de la certitude là où avaient parfois souhaité le placer quelques écrivains opportunistes, ceux dont la plume devient agile dès lors qu'une affaire criminelle inhabituelle occupe le devant de la scène médiatique. Qu'ils soient enquêteurs, avocats ou journalistes, j'avais pu constater au gré de mes lectures qu'ils avaient ici ou là pris quelques libertés avec les faits. Egos surdimensionnés ou tout simplement objectifs mercantiles ne font pas toujours ménage heureux avec la narration des faits. Or, il se trouve que le hasard de ma vie professionnelle, de la vie tout simplement, m'a donné l'occasion de connaître de l'intérieur quelques enquêtes criminelles peu banales, celles-là même qui engendrent la convoitise des plumes réactives. Mes statuts successifs de sous-officier puis d'officier de gendarmerie m'empêchaient de fait de rectifier certaines affirmations erronées, qu'elles fussent volontairement exprimées ou pas d'ailleurs. Désormais, il m'était possible de le faire. Mais surtout, le 5 septembre 2019 est passé par là. Un cap est alors franchi : Patrice Alègre est en prison depuis vingt-deux ans, il vient d'en finir avec la partie « peine de sûreté » de sa condamnation. La loi l'autorise donc à former une première demande de libération conditionnelle, ce qu'il fait aussitôt. Chacun sait qu'elle n'a évidemment aucune chance d'aboutir. Mais pour moi, cet épisode n'est pas banal dans le parcours pénal du tueur. Je pense aussitôt à toutes les victimes à jamais disparues, à ce qu'elles ont subi, à la souffrance endurée par leurs familles. Et je ne peux pas me résoudre à imaginer que cet homme puisse un jour rejoindre la société. Il n'y a tout simplement pas sa place. Il est trop dangereux.

C'est à cette date que finit de mûrir en moi l'idée née en 2015 de cet appel mystérieux recueilli dans les alpages : faire partager une partie de mon parcours professionnel, de mes rencontres, un segment de ma vie. Cet itinéraire au cœur des enquêtes criminelles a débuté voici près de quarante ans. Jeune gendarme, je les observais de l'extérieur, fasciné et déjà passionné. Dès le début des années 1990, j'abandonnais le statut d'observateur pour celui d'acteur.

Je ne l'ai plus jamais quitté. D'ailleurs, ne suis-je pas, encore aujourd'hui, toujours un peu dans l'action ?

Il n'était pas envisageable d'évoquer exhaustivement ce cheminement jonché de sang et de larmes, l'autopsie des parcours criminels que j'ai côtoyés n'est donc pas complète. J'ai retenu les affaires qui m'apparaissaient les plus marquantes, qu'elles aient ou pas attiré longuement les observateurs, en ne perdant pas de vue qu'un meurtre est toujours une tragédie. En mon for intérieur, je n'oublie donc pas les victimes que je n'ai pas évoquées dans ce témoignage. Deux jeunes femmes occupent une place particulière dans cet ouvrage. Laure, parce qu'elle fut au cœur de ma première enquête criminelle, précisément celle qui allait me mener à l'interpellation de Patrice Alègre et me faire pénétrer dans le monde des tueurs multirécidivistes. Martine ensuite, parce que sa mort reste encore aujourd'hui partiellement un mystère, alors que les investigations s'étalent sur une période de plus de trente-cinq ans, couvrant ainsi l'essentiel de mon parcours professionnel.

Par respect pour les victimes, parce que certains faits sont difficiles à relater tant on frôle l'indicible, j'aurais pu n'évoquer que par allusions les actes les plus barbares des assassins. À l'inverse, j'ai pris le risque de livrer toutes les atrocités qu'elles ont subies (sauf lorsqu'il s'agissait d'enfants). Cela m'apparaissait plus juste envers la mémoire de ces femmes tombées aux mains de la barbarie. Et puis, mettre un voile sur ces actes sordides, c'eût été protéger ceux qui les ont commis. C'est exactement l'inverse que je souhaitais. Mon choix était fait. Il s'imposait naturellement à moi ! J'ai donc délaissé la pudeur généralement de mise lorsque l'on évoque ces « victimes raisonnables » que décrit si bien Paul Éluard.

Alors tant pis, si, en écrivant ce récit, j'ai fait une dernière « soucazerie » à l'assassin de Laure Martinet, de Martine Matias, de Valérie Tariote, d'Isabelle Chicherie, de Mireille Normand et, indirectement, d'Émilie Espès. Cette dernière n'en pouvait plus de survivre avec le fantôme de son agresseur, elle a mis fin à ses jours. Sans oublier la maman de Laure, qui a également décidé, un jour, de rejoindre prématurément sa fille. Patrice Alègre est donc directement ou indirectement responsable de la mort de sept personnes. Au moins !

Peu importe, si je n'ai pas épargné l'agresseur de Martine. C'est un lâche. Après avoir livré des aveux pour le moins précis, il s'est rétracté mais surtout il a refusé de faire connaître aux proches de Martine Escadeillas la destination qu'il lui a donnée, les empêchant par là même de débuter un quelconque deuil. C'est ce qui faisait dire à l'avocat des parties civiles : « Où est le corps ? On se demande si ce n'est pas plus important que de savoir qui a tué Martine ! »

Lorsque je regarde aujourd'hui dans le rétroviseur, je me rends compte que cet itinéraire n'avait rien d'un long fleuve tranquille pour le directeur d'enquête que j'étais et les camarades qui me suivaient dans cette aventure. Il comportait des risques : l'erreur de jugement, le possible écueil de la lassitude, l'exposition à la critique pour avoir fait le choix de méthodes sortant des sentiers battus. Finalement, cette longue aventure m'a également permis de faire de très belles rencontres, parfois très inattendues.

L'erreur de jugement

Dans l'affaire du meurtre de Martine Escadeillas, le témoignage de la médecin a eu des incidences déterminantes. Sur les faits d'abord, puisqu'il aurait sans doute suffi qu'elle menace l'agresseur d'appeler la gendarmerie pour qu'il interrompe vraisemblablement son entreprise criminelle. Le comportement de ce témoin aurait pu lui valoir des poursuites pénales.

Sur les investigations ensuite : durant la première enquête, clôturée en 1989, les gendarmes cherchent d'après ses indications un policier ou ancien policier présentant une calvitie ; dans l'enquête que j'ai dirigée de 1996 à 1999, je n'ai pas pu non plus me départir totalement des éléments issus des déclarations de cette personne. Je les avais toutefois contournés puisque je citais Joël Bourgeon parmi les hypothèses de travail dans un procès-verbal de synthèse. Malheureusement, après mon départ, cette proposition est restée lettre morte.

Dans le cas du meurtre de Laure aussi, un témoin a failli. Parce qu'elle ne répond pas aux appels nocturnes de Laure, Mme Royat ne lui offre pas son aide. Et lorsqu'elle se trouve face aux enquêteurs, plutôt que de livrer une déclaration spontanée, elle distille peu à peu des éléments nouveaux. Rien de tel pour affaiblir sa crédibilité. À tel point que son témoignage devient clivant, le juge d'instruction était persuadé que l'agresseur (Alègre) n'était pas seul, je continue de penser l'inverse. Lequel de nous deux a commis une erreur d'appréciation ? Nul ne le saura jamais.

Sans persévérance, rien n'eût été possible…

Toutes ces années au cœur du crime m'ont appris, au-delà même de ce que je pouvais imaginer, qu'il ne faut jamais désespérer. René, le beau-frère de Martine Escadeillas, raconte souvent cette anecdote : un jour, alors qu'il se trouvait parmi des enquêteurs qui ignoraient qui il était, il entendit l'un d'entre eux dire : « Cette affaire Martine Escadeillas, c'est une casserole dont on ne tirera jamais rien. » Dans le jargon de la police judiciaire, une « casserole » est une vieille affaire que l'on traîne tel un boulet.

Cet écart de langage est significatif de l'agacement et de la lassitude qui peuvent s'emparer des enquêteurs après plusieurs années d'investigations infructueuses.

Malgré les aléas de mon parcours professionnel, les mutations, les préoccupations personnelles, je crois pouvoir dire, au risque d'apparaître immodeste, que je n'ai jamais renoncé. Je dois aussi à l'honnêteté d'ajouter que mon mérite reste dérisoire, tant j'étais encouragé par les familles des victimes. Je pense à Jean-Michel, le papa de Laure Martinet, dont je peux témoigner de la lutte acharnée pour la vérité, mais aussi du courage sans limites, tant les autres épreuves qu'il a traversées après la perte de sa fille ont également été rudes.

De cet acharnement, Nicole et René sont les exemples les plus déterminés, parce que leur combat s'étale sur plusieurs décennies. C'est pourquoi je partageais totalement leur émotion lorsque, après trois ans de « clandestinité », je quittais la gendarmerie (finalement avec le grade de lieutenant-colonel), après avoir eu l'honneur de leur livrer le nom de celui qui reste soupçonné d'avoir arraché Martine à la vie. Je pourrais évidemment citer d'autres familles de victimes, exemplaires d'abnégation.

... Sans liberté non plus

Le moment est aussi venu de souligner l'importance de ceux qui m'ont accordé leur confiance : mes chefs successifs, au premier rang desquels Kouider, pour lequel j'ai aujourd'hui une pensée émue de frère d'armes, alors qu'il vient de nous quitter ; les magistrats et bien entendu les proches des victimes. Tous m'ont laissé la liberté de manœuvre sans laquelle j'aurais peut-être renoncé. N'y voyez aucun narcissisme, mais je ne peux pas m'empêcher de citer une formule du général de Gaulle, que j'affichais toujours en bonne place dans mon bureau : « Un homme de caractère entend qu'on lui donne une tâche et qu'on le laisse maître à son bord, impératif insupportable à beaucoup de chefs qui, faute de maîtriser les ensembles, cultivent les détails et se nourrissent de formalités[1]. »

En effet, durant mes années de police judiciaire, j'ai eu la chance de n'avoir que très peu de chefs qui se nourrissaient de détails et de formalités. Cela m'a permis, lorsque j'estimais qu'il m'était impossible d'agir autrement, de bousculer parfois les règles établies.

… *Jusqu'à bousculer les règles établies*

Chacun pensera immédiatement à l'anecdote de la coupe de champagne, qui a défrayé la chronique, mais qui a surtout permis à la famille de Valérie Tariote de connaître le nom de l'assassin de leur proche. Je pense encore au piège tendu à Patrice Alègre pendant sa cavale meurtrière. « Il a terminé son parcours comme une bête traquée, loin de l'impunité tranquille dont ont pu bénéficier certains de ses prédécesseurs. » Ces mots ne sont pas de moi mais de Frédéric Vézard.[2]

Je pense à ces informations communiquées de manière décalée, qui ont permis à la gendarmerie d'interpeller le

1. Charles de Gaulle, *Le Fil de l'épée.*
2. *La France des tueurs en série*, Flammarion, 2002.

tueur en série, pourtant traqué par les forces de police parisiennes.

Je pense à cette enfant devenue jeune femme. Adulte curieuse de mieux savoir d'où elle venait, elle n'a pas hésité à pousser une lourde porte, celle qui la séparait de l'enquêteur qui, presque vingt ans auparavant, avait traqué son propre père avant de le conduire vers l'enfermement. Je crois m'être montré disponible à son égard, parfois aux confins du Code de procédure pénale.

Je pense à Cécile, à qui j'ai un jour pris le risque de faire confiance. J'ai eu raison, elle ne m'a jamais trahi. Cette mère courageuse a tout mon respect.

Je pense enfin, non sans une certaine émotion, au travail réalisé dans la clandestinité pour Martine durant les trois dernières années de mon parcours professionnel.

Que ceux que j'ai pu surprendre, voire contrarier, en choisissant de bousculer les règles établies me pardonnent. Mes choix n'avaient pas d'autre objectif que d'aider de la manière la plus efficace possible les familles dans la détresse et de servir de mon mieux la gendarmerie nationale.

Ne les laissez pas sortir

Marie, la psychologue canadienne « tombée en amour » pour Patrice Alègre, disait de lui : « Il est très gentil, très attentionné… Je l'aime parce que c'est lui, cela n'aurait pas pu être un autre. » Mais vous avez parfaitement raison madame : Patrice Alègre peut être « très gentil ». J'ai eu moi-même l'occasion de percevoir cette partie de sa personnalité, cette once d'humanité, comme dirait son défenseur Me Pierre Alfort. Mais voyez-vous, cette once d'humanité ne suffit pas à me faire oublier l'indicible attirail qui lui servait de jouets pour souiller ses victimes agonisantes : ampoules électriques incandescentes, batte de base-ball ou carotte en guise de godemiché. Cette humanité ne parvient pas davantage à dissimuler le voleur qui détrousse ses victimes martyrisées pour ensuite aller revendre un bracelet, une bague, des disques ou un appareil photo.

Que serait-il advenu si Patrice Alègre n'était pas tombé dans le piège le 5 septembre 1997 ? Évidemment, il aurait fait d'autres victimes. Il se trouve par ailleurs que le verdict des experts psychiatres qui l'ont examiné ne laisse guère de place à l'espoir : « Patrice Alègre apparaît singulièrement dépourvu d'affects dépressifs et, étant donné l'importance des aménagements pervers et narcissiques, le pronostic évolutif nous apparaît très défavorable. » Si je me fie à ce bon sens paysan dont je ne cherche pas à me départir, il me semble que cela signifie qu'il est « irrécupérable » ! Je ne suis ni psychologue ni psychiatre, mais c'est aussi ma conviction.

À l'heure où je rédige ces lignes, il n'est âgé que de 55 ans. Vous prendriez le risque que la « liste d'Alègre » s'allonge ? Pas moi.

La vérité, c'est qu'à l'identique de ses contemporains du crime en série que sont les Pierre Bodein, Michel Fourniret, Guy Georges, Francis Heaulme ou encore Émile Louis, Patrice Alègre n'a rien à envier aux tristement légendaires Petiot et Landru. Je suis, comme Frédéric Vézard, convaincu que « l'enfermement pur et simple reste la seule manière efficace de protéger la société des prédateurs humains ».

Pour les autres, comme les meurtriers « occasionnels » évoqués au fil de cet ouvrage, la question ne se pose pas, une fois leur peine effectuée, ils ont vocation à se réinsérer dans la société. Parmi ceux-ci, certains ont déjà retrouvé la liberté, en application de la loi.

Ne les oublions jamais

Le 18 novembre 2020, le général Fonbonne, qui a fait l'essentiel de son parcours en gendarmerie dans la police judiciaire, commentait le procès de Jonathann Daval pour une chaîne d'informations. Évoquant les rapports enquêteurs-familles, il disait : « Pour les enquêteurs, habitués à faire face à la pègre, il est parfois très difficile d'avoir de l'empathie pour les victimes, pour leurs familles. » Dans les enquêtes qu'il m'a été donné de conduire, j'espère avoir été à la hauteur avec les proches des victimes.

À ces familles, celles dont j'ai parlé dans cet ouvrage, mais aussi les autres, qui ne connaissent pas encore le nom du meurtrier de leur proche, à toutes ces familles dont la douleur indicible ne disparaîtra jamais, j'adresse mes pensées respectueuses et sincères.

Je me tourne enfin vers la famille de Martine Escadeillas, pour lui faire part de toute mon affection. Martine m'a accompagné durant l'essentiel de ma carrière en gendarmerie. Je me devais de terminer avec elle mon récit.

¿Porqué te vas?

Il fallait que j'écrive, avant de courir le risque que « tout me file entre les doigts, les êtres, les souvenirs, l'amour, l'ambition, les racines », pour reprendre la magnifique formule d'un journaliste célèbre. Cette aventure, nouvelle pour moi, se termine. Elle m'a subjugué. En réalisant cet ouvrage, j'ai souvent écouté la mélodie introductive de *¿Porqué te vas?*, de la pianiste classique vénézuélienne

Gabriela Montero. À chaque fois, cette variation musicale me ressourçait et me relançait.

C'est avec elle que je vous quitte, sur la pointe des pieds, dédiant cette mélodie à toutes celles évoquées dans ce récit, qui sont parties sans pouvoir dire adieu : « *¿Porqué te vas sin decir adios?* ».

POSTFACE

Je m'amuse à dire à mes proches que depuis le Baron Larrey, chirurgien en chef de la grande armée de Napoléon, je suis le premier fils de Beaudéan, notre village natal commun, à pratiquer une autopsie ! Celle que je viens de mener au fil des pages de ce récit n'a *a priori* aucun point commun avec l'autopsie au sens médico-légal, acte médical ayant pour objectif de reconstituer les circonstances qui ont précédé et entraîné le décès, et si possible d'en déterminer les causes.

Pourtant, à y regarder de plus près, si mon autopsie de quarante ans de parcours criminels n'a rien de médical, mon récit fait apparaître, me semble-t-il, ce que l'on pourrait appeler des « pathologies d'enquête ».

La première d'entre elles est directement tirée des investigations portant sur le meurtre de Laure, qui débouchent sur l'identification et l'arrestation d'un tueur en série et me semblent mettre en évidence des faiblesses chroniques dans la détection par les institutions de ce type de criminels multirécidivistes.

L'autre héroïne malheureuse de mon récit, Martine, disparue en 1986, est au cœur d'une enquête au long cours, un *cold case* qui s'étale sur près de quatre décennies, sans doute en partie en raison de la fragilité des témoignages et même de la défaillance humaine, deuxième pathologie majeure détectée.

Les deux pathologies détectées engendrent des enjeux considérables. S'ils n'avaient pas été défaillants, certains témoignages auraient permis aux enquêteurs de gagner du temps. Quant à la détection précoce d'un meurtrier, elle limite *de facto* les risques de réitération des faits. Dans le premier cas, on limite les risques de transformer le dossier en *cold case*, dans le deuxième, on neutralise dans l'œuf un potentiel tueur en série et surtout on épargne des vies humaines.

Du témoignage déroutant au cold case, il n'y a qu'un pas

Souvent, dans les affaires criminelles, des témoignages font progresser les investigations sur le chemin de la vérité. Parfois, des témoins donnent le tournis aux enquêteurs, c'est sur ces cas de figure vécus que je vais m'attarder.

Peu de temps après la découverte du corps de Laure Martinet, les enquêteurs interrogent la maman de la meilleure amie de la victime, Isabelle. Mme Royat révèle que vers 1 heure le 25 janvier 1990, elle croit avoir entendu un appel émanant de la rue et disant : « Mme Royat, c'est Laure. » Son témoignage initial s'arrête là. Il n'apprend aux officiers de police judiciaire qu'un élément somme toute banal sur l'itinéraire emprunté par la victime avant sa mort.

À l'initiative des enquêteurs, Mme Royat est entendue une deuxième fois quelques semaines plus tard. De « Mme Royat, c'est Laure », le témoignage évolue vers : « Ils sont déchaînés, si vous ouvrez, ils mettront le feu à votre maison », puis « Papa, maman, ils m'emmènent… ce sont les voisins ». Ces phrases supposément prononcées par la victime impliquent désormais qu'au moins deux personnes accompagnaient Laure.

Cette superposition d'éléments, à quelque temps d'intervalle, place alors les enquêteurs dans l'embarras, plus qu'elle ne leur permet de progresser :

— de quels « voisins » Laure peut-elle avoir parlé ? Des voisins de son compagnon, cité des Izards à Toulouse ? Des voisins de Mme Royat à L'Union ? Ou encore des voisins de Laure à Saint-Geniès-Bellevue, domicile de ses parents ?

— si Laure était déjà en situation de péril imminent, pourquoi Mme Royat n'a-t-elle pas fait immédiatement appel à la gendarmerie, ce qui aurait peut-être permis de sauver la jeune fille ?

Au demeurant, cette ambiguïté allait me mettre en difficulté sept ans plus tard, lorsque le sujet serait évoqué avec le juge d'instruction sitôt après l'arrestation de Patrice Alègre. Le magistrat était convaincu que le tueur n'avait pas agi seul, alors que je ne détenais dans le dossier aucun élément de nature à étayer cette thèse.

Le mannequin était un cadavre (témoins visuels)

En cette fin d'après-midi du samedi 27 janvier 1990, deux promeneurs signalent à la gendarmerie la découverte du cadavre dénudé d'une jeune femme dans un fossé. Lorsqu'ils sont entendus par les enquêteurs, les infortunés passants précisent qu'ils avaient déjà aperçu le corps le jeudi 25 janvier 1990 dans l'après-midi ! Convaincus qu'il s'agissait d'un « mannequin », ils n'avaient pas jugé bon d'alerter les forces de l'ordre. Ce n'est donc que quarante-huit heures après qu'ils appellent la gendarmerie ! Comment ces braves gens ont-ils pu prendre le corps de Laure pour une poupée désarticulée ? Cette méprise sera sans conséquence majeure pour l'enquête, mais elle illustre parfaitement les possibles erreurs d'appréciation des témoins.

Témoin, réveillez-vous

« Je me permets de vous adresser ce courrier car les années défilent et nous ne pouvons pas faire le deuil d'une personne dont le corps n'a jamais été retrouvé… En 1986, Martine Escadeillas était ma belle-sœur… Je vais par cet écrit vous dire ce qui me pèse sur le cœur. »

C'est par ces mots, rédigés trente ans après le meurtre de Martine, que Patricia Théophin débute la mise en cause de celui qui a écopé de vingt ans de réclusion criminelle devant la cour d'assises. Joël Bourgeon, cet homme concernant lequel je l'avais questionnée en 1997 et dont elle n'avait rien pu me dire. Ayant formé appel de la condamnation, il était toujours présumé innocent. Il a finalement préféré le suicide à l'épreuve d'un procès en appel.

De quand date réellement cette « remise à jour » de la mémoire ? Comment l'expliquer ? J'obtiendrai un début de réponse quelque temps plus tard de la bouche du conjoint de Martine : « C'est le témoignage de la médecin qui nous a éloignés. »

Un témoignage en apparence au-dessus de tout soupçon

Plus de vingt-quatre heures après que Martine s'est volatilisée, aucun témoin visuel des faits ne s'est manifesté au cours de la première enquête d'environnement menée par les gendarmes. Pourtant, il n'était pas encore 9 heures en ce

8 décembre 1986, quand elle a été agressée. Tous ses voisins n'étaient pas encore partis travailler. Il n'est pas possible que personne n'ait rien vu. Ce n'est que quarante-huit heures après que les enquêteurs vont découvrir que « quelqu'un a vu » !

« Le lundi 8 décembre 1986, vers 8 h 30, alors que je me trouvais à mon domicile, j'ai entendu des cris, très nettement. »

Ce témoin visuel, qui venait de garder le silence durant quarante-huit heures, livre désormais un témoignage déterminant, pense-t-on. Décisif par les détails qu'il mentionne, indiscutable du fait de la personnalité qui le distille, une médecin. Inconsciemment sans doute, les intervenants se rassurent : quoi de plus fiable, en somme, que l'analyse apportée par un notable ?

Ce 8 décembre 1986 au petit matin, cette médecin perçoit des cris provenant de la cage d'escalier de la résidence. Elle sort de son domicile et aperçoit, un étage plus bas, un « homme accroupi » sur une femme. La fille s'exprime : « Je savais que vous étiez de la police. » Intrigué, l'enfant du témoin vient voir ce qu'il se passe et se met aussitôt à tousser. Une odeur inhabituelle l'incommode.

Lorsque les enquêteurs interrogent cette femme sur les initiatives qu'elle aurait prises, la réponse est stupéfiante : elle finit de préparer ses enfants et les conduit à l'école, comme si de rien n'était. C'est ce qui lui vaudra d'être qualifiée de « doctoresse en non-assistance à personne en danger » lors du procès de Joël Bourgeon !

Sollicitée sur la description de « l'homme », elle va dans le détail : « Cet homme présentait une calvitie centrale, mais ses cheveux étaient mi-longs. Il m'a paru petit et pas très costaud, je lui donne environ 45 à 50 ans. »

Quelques jours après les faits, les enquêteurs disposent donc d'une ébauche de signalement de l'agresseur de Martine et recherchent un homme de 40-45 ans, présentant une calvitie et pouvant avoir un rapport avec la police. Un portrait-robot est établi.

En réalité, cette déposition va tromper les enquêteurs et les guider vers de fausses pistes durant plusieurs décennies. Pire même, ce témoignage émanant d'une doctoresse en médecine, *a priori* imparable donc, aurait pu les amener à se fourvoyer dans l'erreur judiciaire !

Jusqu'au risque d'erreur judiciaire

Rappelons que les gendarmes cherchaient un « flic » présentant une calvitie, qui aurait pu être en contact avec Martine. Ils n'allaient pas tarder à en trouver un. Alain Vic est l'un des amis du directeur de la société qui emploie Martine. Il a donc eu l'occasion de faire connaissance avec la jeune femme, au cours d'une soirée. Dans sa voiture, les enquêteurs découvrent le roman de Michel Lebrun, *Caveau de famille – Un crime parfait, parfaitement impuni*, ainsi que des faux billets de banque.

Ses ex-compagnes décrivent un homme instable et colérique, mais accumulant les liaisons.

Ancien policier, il présente une calvitie et donc, si j'ose dire, tous les critères pour devenir un « coupable idéal », selon les références avancées par la témoin.

Fort heureusement pour lui, la doctoresse en médecine ne peut pas être catégorique lorsque le suspect lui est présenté : le crâne qui lui est désigné est certes partiellement dégarni, mais cette calvitie est quelque peu en forme de

« V », alors que celle de l'agresseur était plus « arrondie » ! Alain V. vient donc de sauver sa tête et il ne s'en est fallu que d'un cheveu ! Après quarante-huit heures de garde à vue, aucune charge n'est retenue contre lui dans l'enquête sur l'assassinat de Martine. En la circonstance, la justice a heureusement fait montre de la sagesse nécessaire.

Dès 1996, nous avions organisé une « mise en situation » sur place, hors la présence de cette témoin et ainsi démontré qu'elle ne pouvait avoir perçu, au mieux, qu'une silhouette. Mais il aura finalement fallu attendre 2021 pour qu'un « transport de justice » (magistrats, mis en examen et défenseurs des parties) soit organisé sur site. Cet acte d'instruction allait confirmer que la médecin n'avait pas pu, près de trente-cinq ans plus tôt, observer la scène qu'elle avait décrite, pourtant avec moult détails !

Comment jauger la pertinence d'un témoignage ?

Fussent-elles d'une évidente bonne foi, les dépositions des témoins nécessitent chez l'enquêteur la plus grande prudence. Cette circonspection doit-elle aller parfois jusqu'à l'ignorance ou la remise en cause des éléments versés au dossier ?

Dans cette enquête, que j'ai eu à diriger, mes camarades et moi-même étions convaincus, parce que nous en avions fait la quasi-démonstration, que ce témoignage était peu crédible. Mais un élément important manquait probablement à notre analyse : le mécanisme psychologique qui avait conduit cette femme à « encoder » de manière erronée l'événement originel dont elle avait été témoin. Pour résumer, là où il s'agissait d'une agression, elle voyait une « simple dispute de couple ». Sa profession même nous rendait vraisemblablement plus complexes l'acceptation et l'assimilation de son erreur. Finalement, nous étions parvenus à remettre en cause sa perception des choses, mais pas à l'ignorer totalement.

Dans ce processus, l'essentiel du chemin était fait cependant, puisque dès 1997, c'est-à-dire un an après avoir repris l'enquête, je proposais dans une synthèse adressée à la justice que l'on s'intéressât à celui qui en 2022 allait être condamné par la cour d'assises pour cette affaire. Or, il n'est ni « flic » ni « chauve » et n'avait pas encore 25 ans au moment du meurtre de Martine.

Criminels en série : il est temps que la peur change de camp

Le hasard de mon parcours professionnel m'a amené, à dix ans d'intervalle, à croiser le regard de deux tueurs multirécidivistes, Patrice Alègre à Toulouse et plus furtivement Pierre Bodein à Strasbourg. Au-delà de la barbarie de leurs crimes, ces deux hommes m'ont intrigué à d'autres titres.

Patrice Alègre avait une capacité insolente à se fondre dans la société, doublée d'une aptitude avérée pour l'attraction et même la séduction. À l'inverse, lorsqu'il s'est transformé en fauve, Pierre Bodein avait un tel pedigree judiciaire qu'il lui fut impossible de rester très longtemps un prédateur invisible, suffisamment malheureusement pour assassiner trois victimes, dont deux enfants, dans des circonstances abominables.

Un retard technique considérable dans la détection des tueurs multirécidivistes

Outre ces deux postulats, je me suis beaucoup interrogé sur ces prédateurs. Aurait-il été possible de les détecter plus tôt, de les empêcher de passer à l'acte ? Comment peut-on expliquer que de tels êtres puissent soudainement susciter tant d'intérêt chez certains enquêteurs, les mêmes qui parfois détournaient le regard, tant que ces affaires criminelles étaient non élucidées ? Nos capacités de lutte contre de tels criminels se sont-elles adaptées au fil du temps ? Telles sont les questions qui me taraudent encore.

C'est en 2002 que Patrice Alègre est condamné par la cour d'assises de la Haute-Garonne. La même année, Frédéric Vézard, grand reporter au journal *Le Parisien-Aujourd'hui* en France, publie chez Flammarion une enquête minutieuse intitulée *La France des tueurs en série*. Dès les premières feuilles de son ouvrage, il interpelle sur ce qu'il considère comme une spécificité hexagonale : « Le retard technique criant et persistant des services d'enquête en matière de lutte contre les assassins multirécidivistes. »

S'appuyant sur l'affaire des disparues de l'Yonne, qui allait finalement aboutir à la mise en examen d'Émile Louis, le grand reporter se félicite de la mise en place début 2001 au sein de la direction générale de la gendarmerie nationale d'un groupe de travail dont « l'objectif est de doter l'institution d'outils pour lutter contre les tueurs en série ».

Plus loin, le journaliste aborde le suivi des profils psychologiques de ces « citoyens » dangereux pour la société. Son constat est affligeant : « Le sang devra encore couler en abondance avant que les institutions ne se décident à réagir. » Son analyse sans concession rejoint celle du très expérimenté Pr Michel Bénézech, longtemps chef du service médico-pénitentiaire régional de la prison de Bordeaux-Gradignan, qui fut le premier en France à évoquer la notion de tueur en série : « Un effort considérable doit être accompli pour doter notre pays d'une méthode et d'un outil d'observation et d'évaluation permettant, à la fois en milieu libre et carcéral, la prévention de la violence et la mise en place de programmes correctionnels efficaces. »

Jusqu'à une loi du 31 août 1832, les délinquants étaient marqués au fer rouge, ce qui permettait sans doute d'identifier aisément les récidivistes ! À la fin du XIXe siècle, Alphonse Bertillon invente l'anthropométrie, c'est-à-dire l'analyse et la comparaison des mesures et des proportions du corps humain. Au début du XXe siècle, Francis Galton approfondit la notion d'empreintes digitales. Mais c'est Edmond Locart qui, dans les années 1910, consacre les fondements de la police technique et scientifique moderne : « Lorsqu'un acte criminel se produit, l'individu responsable laisse des traces de son passage et emporte avec lui des traces des lieux où il se trouvait. »

Il faut attendre 1998 pour connaître une nouvelle avancée majeure, avec la création du fichier national automatisé des empreintes génétiques (FNAEG). Il contient deux types de signatures biologiques : celles associées à une personne physique et celles découvertes sur des scènes de crime. Avec près de quatre millions de profils de personnes enregistrés aujourd'hui, contre quatre mille au moment du procès de Patrice Alègre en 2002, il est devenu un outil incontournable, une version moderne du « marquage au fer rouge » en quelque sorte.

Dans la grande majorité des cas, les gendarmes ou les policiers qui passent les menottes à un individu soupçonné de meurtre n'imaginent pas qu'il puisse s'agir d'un tueur multirécidiviste. Certes, l'arrestation de Patrice Alègre en est le contre-exemple, puisqu'il était déjà soupçonné à ce moment-là de trois homicides volontaires et d'une tentative de meurtre. Alègre a donc été traité d'emblée comme tel, même si tout n'a pas été parfait, loin s'en faut. C'est ce qui fait dire à Frédéric Vézard : « S'il a pu profiter à ses débuts de la maladresse de quelques policiers, Alègre n'a pas bénéficié des largesses institutionnelles qui ont entretenu l'impunité des tueurs en série des années 1980. »

Plus récemment, on peut paradoxalement s'interroger sur l'allusion formulée par la courageuse Patricia Théophin dans sa lettre adressée aux autorités début 2016, dans le cadre du meurtre de Martine Escadeillas : « Comment se fait-il que deux personnes qui m'étaient chères ont disparu, de causes douteuses… et qu'un homme soit toujours présent dans les deux affaires : Joël Bourgeon ? »

Sans même s'en rendre compte, Patricia abordait l'éventualité de la réitération de faits criminels par celui qu'elle présentait comme suspect à ses yeux. Peut-être imprudemment, elle élargissait son angle de vue, ce que parfois les enquêteurs eux-mêmes hésitent à faire. Pourtant, dans le cas présent, l'équation mérite sans doute d'être posée : un personnage ombrageux et deux personnes décédées dans son entourage, est-ce simplement une coïncidence ?

Comme toujours en pareil cas de figure, la justice a d'abord raisonné en droit. En l'espèce, le deuxième décès (après celui de Martine), auquel fait référence Patricia, était intervenu le 17 mai 1991. Il était donc, presque trente ans après, juridiquement difficile de déclencher une nouvelle enquête, les faits étant trop anciens. Un principe général du droit français rend en effet inenvisageable, au-delà d'une certaine durée, toute action en justice, sauf si des actes d'enquête ont été régulièrement accomplis (ce qui est *a contrario* le cas pour Martine). À supposer que l'on parvienne à démontrer que ce deuxième décès serait la conséquence d'une entreprise criminelle, le droit ne permettrait théoriquement donc plus de poursuivre l'auteur. En cela, le droit a anéanti toute possibilité d'offensive judiciaire, mais laissé intacts les doutes de Patricia.

Et si la justice aussi avait eu des doutes ? En 2019, après l'arrestation de Joël Bourgeon, soupçonné du meurtre de Martine, je fus sollicité par des magistrats du parquet, qui s'interrogeaient de nouveau sur les homicides volontaires non solutionnés commis en Haute-Garonne. Sans trop de surprises, je compris immédiatement que le tribunal ne disposait d'aucun état des crimes non élucidés de son ressort. Que s'était-il passé entre le meurtre de Martine et l'interpellation d'un suspect trente-trois ans après les faits ? Il n'était donc pas interdit de penser que la justice aussi se posait les mêmes questions que Patricia Théophin, au point de vouloir scruter le passé, *a posteriori*, puisqu'il n'y avait pas d'autre solution !

Il y a donc des marges de progression en matière de technicité. Mais, s'agissant des logiciels idoines, s'ils auraient effectivement pu permettre de garder trace des crimes de sang commis en Haute-Garonne et ainsi éviter des recherches *a posteriori* quelque peu artisanales, il ne faut pas surestimer leurs capacités actuelles. Ils viennent comme un appui à l'enquête et non comme les artisans majeurs de sa réussite. D'ailleurs, malgré la mise en œuvre en France du logiciel Salvac (système d'analyse des liens de la violence associée aux crimes) développé par les autorités canadiennes sur le modèle du logiciel américain Vicap (Violent Crime Analysis Program) créé par le FBI, l'essentiel des réussites survenues ces dernières années sur le thème des tueurs multirécidivistes résulte sans aucun doute de l'engagement individuel de tel ou tel enquêteur. Rien, jamais, ne remplacera l'engagement et les capacités d'analyse de l'homme. En police judiciaire, l'humain garde la main.

Dans l'affaire Maëlys, cette fillette de 8 ans disparue de manière inexpliquée le 27 août 2017 lors des festivités d'un mariage à Pont-de-Beauvoisin en Isère, un suspect a été interpellé. Nordahl Lelandais est aujourd'hui condamné définitivement pour ces faits, ainsi que dans d'autres affaires criminelles, dont l'assassinat du caporal Arthur Noyer, disparu le 12 avril 2017. Il endosse donc, lui aussi, le statut de tueur en série. Lui non plus n'a pas été détecté.

Il a donc fallu attendre début 2018 pour qu'en réaction à ces évènements, la gendarmerie nationale mette en place la cellule Ariane, chargée de « centraliser et d'analyser toutes les informations concernant le suspect » du meurtre de la fillette, et de recenser des affaires non élucidées « susceptibles de lui être imputées ».

Plusieurs centaines de dossiers seraient actuellement passés au crible par les officiers de police judiciaire de cette structure, qui ressemble à s'y méprendre à une « division *cold cases* ». Inaugurée en octobre 2020, elle porte désormais l'appellation Diane (division des affaires non élucidées) et réunit au sein d'une même équipe toutes les compétences nécessaires à la résolution de dossiers complexes. La gendarmerie a donc bien fait le constat que nul logiciel ne remplace l'investissement humain. Enfin, serais-je tenté de soupirer !

Pour autant, sommes-nous aujourd'hui capables, à partir de faits constatés et non pas uniquement de mis en cause interpellés, de faire des rapprochements entre affaires criminelles de cet ordre, en dépassant les vieux cloisonnements police/gendarmerie/justice ? J'en doute encore.

Je reviens à Patrice Alègre. Il agit comme une machine à tuer, utilisant toujours le même mode opératoire. Il y a quelque chose de systématique dans son comportement, comme s'il « faisait le métier » ! Or, si les services d'enquête et de justice avaient été décloisonnés, sans doute aurait-il été possible de définir plus précocement les caractéristiques communes des scenarii criminels, puis de partager informations et moyens pour agir au plus vite. Chacun sait que cela n'a pas été le cas.

Un quart de siècle plus tard, on continue d'aller au combat en ordre dispersé : la police nationale a créé son office central de lutte contre les violences faites aux personnes, la gendarmerie nationale sa division des *cold cases*. Et au plan local, on fonctionne encore sur de vieux principes géographiques et on ne se parle guère entre voisins, qu'il s'agisse des juridictions ou des services d'enquête.

Nous sommes sans doute encore loin d'avoir satisfait aux aspirations du Pr Bénézech : « Doter notre pays d'une méthode et d'un outil d'observation et d'évaluation permettant, à la fois en milieu libre et carcéral, la prévention de la violence et la mise en place de programmes correctionnels efficaces. »

Les propos de Frédéric Vézard étaient hélas tristement prémonitoires lorsqu'il annonçait en 2002 que « du sang allait encore couler en abondance avant que les institutions ne se décident à réagir ». Du sang a coulé, en effet.

Je pense à Edwige, Jeanne-Marie et Julie, ces trois Alsaciennes dont j'ai évoqué les supplices, les deux dernières étant des enfants. Leur bourreau avait été laissé dans la nature en 2004 sans aucun contrôle digne de ce nom, après une « carrière » criminelle de près de quarante ans et une dizaine de condamnations, dont trois en cour d'assises. La justice avait probablement estimé qu'il était à la hauteur de la confiance qu'elle lui accordait. On a vu ce qu'on a vu : trois mois à peine après sa libération conditionnelle, il violait et tuait à trois reprises en une semaine seulement ! C'était en 2004. Serait-on plus clairvoyant aujourd'hui ?

En 2018, toujours en Alsace, Sophie Le Tan était victime de Jean-Marc Reizer, un homme aujourd'hui sexagénaire, condamné pour viols en 2001. Il avait été soupçonné après la disparition d'une femme dans les années 1980, puis renvoyé devant la cour d'assises, qui l'avait acquitté au bénéfice du doute, le corps n'ayant jamais été retrouvé.

Le 19 janvier 2021, il reconnaît le meurtre de Sophie, après que son cadavre a été retrouvé, dépecé, dans un bois aux alentours de Strasbourg. Depuis, les policiers de l'office central cavalent après le temps perdu, pour tenter de retracer le parcours du tueur, qui a vraisemblablement débuté très tôt. Lui non plus n'avait pas été détecté.

Pour l'instant, c'est toujours la même chose : lorsque l'on est enfin convaincu que l'on a affaire à un tueur en série, on tente désespérément *a posteriori* de recoller les éléments du puzzle. Dans l'affaire Nordahl Lelandais, la situation est identique, on est dans la réaction. Indéniablement, du chemin reste donc à faire pour doter notre pays d'une véritable méthode de détection et d'observation des tueurs multirécidivistes.

Une lueur d'espoir

Fin mars 2021, un rapport dont le contenu vise à faire des propositions pour améliorer le traitement des affaires criminelles non résolues est remis au garde des Sceaux. Parmi les rédacteurs figure Me Didier Seban, par ailleurs défenseur du père d'Estelle Mouzin, qui avait 9 ans lorsqu'elle disparut le 9 janvier 2003 en Seine-et-Marne. Quinze années se sont écoulées avant que l'enquête se focalise sur Michel Fourniret, pourtant déjà « estampillé » tueur en série et condamné à la réclusion criminelle à perpétuité dans d'autres affaires.

L'avocat se montre impitoyable sur l'action de la justice en matière d'affaires criminelles non résolues. Sur France-Info, il déplore le 28 mars 2021 : « Quand un crime a lieu et que l'affaire est classée, les parquets et les tribunaux n'en gardent pas la mémoire et ne sont pas capables de vous donner la liste des crimes non élucidés... après un non-lieu, on détruit les scellés criminels... nos tribunaux fonctionnent en tuyaux d'orgue, les juges ne se parlent pas... des tueurs en série, il y en a dans notre pays comme dans tous les pays du monde, on ne sait pas les arrêter. » Puis vient le coup de grâce : « En France, la justice fonctionne encore avec les méthodes du XIXe siècle. »

L'avocat évoque ensuite quelques pistes d'amélioration : tenue dans chaque tribunal d'une liste des crimes non élucidés, obligation de conserver les scellés criminels dans les affaires non résolues (je rappelle que lorsque j'ai repris l'enquête sur le meurtre de Martine Escadeillas, dix ans après les faits, les scellés constitués en 1986 avaient été détruits !), augmentation de la prescription à trente ans pour les crimes de sang, création dans chaque cour d'appel d'un bureau des enquêtes criminelles non élucidées. Des propositions de bon sens. Nous verrons bien quel sort leur sera réservé par l'État.

Quoi qu'il en soit, dix-huit années se sont écoulées depuis l'enlèvement d'Estelle Mouzin, c'est bien évidemment trop. D'autant qu'une pathologie a définitivement éliminé Michel Fourniret. Il ne sera donc jamais jugé pour les faits ayant coûté la vie à la petite fille. De la même manière, il est permis de s'interroger sur la maîtrise des investigations dès lors que les criminels sont identifiés et interpellés.

La nécessaire maîtrise des investigations et de la communication

Dans une affaire de meurtre, l'enquêteur a deux mystères à percer. Il s'agit d'abord de venir à bout de l'énigme. Ensuite, il faut parvenir à décoder le langage de l'auteur du crime, qui mélange quasi systématiquement des faits exacts et inexacts, transforme d'autres éléments et dissimule les plus gênants à ses yeux. C'est pourquoi je conviais systématiquement un technicien en identification criminelle à participer aux interrogatoires. Leur approche technique et scientifique m'a sans aucun doute évité quelques écueils, notamment avec Patrice Alègre. J'avais personnellement trouvé cette solution, certes, quelque peu artisanale. En effet, lorsqu'il s'agit d'un tueur multirécidiviste, l'enquêteur se trouve face à un narcissique pétri d'orgueil. Il est donc nécessaire de jouer de l'empathie pour capter son ego, sans tomber sous son emprise. Par nature, l'exercice est périlleux. D'autant que dans les années 1990, la gendarmerie ne disposait pas encore d'analystes comportementaux en mesure de suivre en direct l'interrogatoire dans une pièce annexe et de déceler éventuellement les pièges du tueur.

Je n'imaginais pas, en revanche, lorsque j'ai débuté ma première enquête criminelle de sang, à quel point un tueur multirécidiviste peut fasciner ! Un tel personnage captive les commentateurs de tout poil, qui se plaisent notamment toujours à raconter, sans y avoir assisté, la première rencontre entre « le tueur et son confident ». Or, je considère que dans les affaires criminelles, le tueur et l'enquêteur se font face, ils ne sont pas côte à côte ! Dans le cas de Patrice Alègre, j'ai toujours pensé que nous étions dans l'univers de la ruse, jamais dans celui de la complicité. Il l'avait lui-même compris et même verbalisé à sa manière, lorsqu'il parlait de « soucazeries ». Ce mot, né de l'imagination du tueur, présente une apparence quasi-ludique. En réalité, c'est une manière pour Alègre de reconnaître implicitement qu'il s'est fait piéger. On pourrait penser qu'il adhère à une sorte de « jeu », empreint de confiance, voire d'une certaine complicité, au terme duquel il livrerait une version simpliste de ses actes criminels. Erreur !

Prenons le cas de Valérie Tariote et de la désormais célèbre « coupe de champagne ». Dans l'échange que j'eus à ce moment précis avec le criminel, seul l'intéressait son bien-être personnel : la double perspective de différer son retour en maison d'arrêt et de jouir d'un moment convivial. Je ne vois là aucun lien privilégié entre tueur et enquêteur, aucune confiance ni complicité. Penser l'inverse, pour un enquêteur, serait s'ouvrir au risque de la manipulation par le criminel.

Il arrive même qu'un tueur multirécidiviste suscite de soudaines vocations chez certains enquêteurs, qui sortent tout à coup de l'anonymat, n'hésitant pas parfois à s'approprier habilement (ou maladroitement) les acquis de leurs prédécesseurs ; en tout cas dans les médias, car devant la justice, c'est plus périlleux ! Un exemple me semble significatif.

En 2013, dans une émission télévisée de grande écoute, *Faites entrer l'accusé*, la présentatrice Frédérique Lantieri interroge Michel Roussel sur la supposée relation privilégiée qu'il aurait établie avec Patrice Alègre. La réponse de l'ancien officier de police judiciaire fuse avec aplomb : « C'est lui qui, très tôt, me désigne comme son confident, son interlocuteur privilégié, tout simplement parce que, faisant l'analyse criminelle de ce garçon, je connais tout de lui… » Et lorsque la journaliste évoque l'apport de la morphoanalyse dans ce type d'audition, l'ancien gendarme y va encore de sa science : « Quand il avoue, il adopte la position du fœtus… »

Il faut croire que lorsqu'il m'est arrivé de recueillir les aveux de Patrice Alègre, j'avais les yeux rivés sur le clavier, ou alors je regardais ailleurs ! Cette propension du tueur à se placer en position fœtale m'avait en effet totalement échappé !

Il faut également croire que lorsque j'ai été invité en 2002 à répondre devant la cour d'assises de la Haute-Garonne de mon rôle de directeur d'enquête dans le cadre des meurtres de Laure Martinet et de Valérie Tariote, je devais manquer de concentration. J'y ai en effet croisé mes camarades Francis Hébrard et Roland Chartier, cités comme témoins dans le cadre du meurtre de Mireille Normand. À aucun moment en revanche, je n'ai entendu Michel Roussel s'exprimer devant la cour. Or, s'il avait recueilli les aveux dont il fait si souvent état dans les médias, la justice n'aurait pas manqué de le convoquer, lors de ce procès, ou à l'occasion d'une session ultérieure. Mais voilà, Patrice Alègre n'a été renvoyé qu'une seule fois devant la cour d'assises.

En fait, pendant que Francis, Roland et moi-même mouillions la chemise devant les jurés et magistrats, notre camarade devenu soi-disant confesseur de tueur en série était à l'abri des regards, dans le « poulailler ». Ne voyez dans ce terme ni ironie ni mépris, encore moins une attaque *ad hominem*. Dans un théâtre, le « paradis », également appelé « poulailler », est le dernier étage de la salle, au-dessus des loges et des balcons. Or, il se trouve que la salle d'assises à Toulouse dispose du même type d'infrastructures qu'une salle de théâtre, avec une sorte de loge discrète au-dessus de la cour d'assises elle-même. C'est de cet endroit que Michel Roussel a suivi l'unique procès de Patrice Alègre. Car de procès Alègre, il n'y en a pas eu d'autre. Les débordements de l'affaire Baudis ont enterré, peut-être à jamais, l'affaire Alègre. Probablement parce que le travail avait été trop bien fait, après notre départ de la section de recherches !

Dans l'émission *Au bout de l'enquête* diffusée sur France 2 en septembre 2022, Michel Roussel s'indigne : « C'est dégueulasse pour les familles de victimes. » Oui, c'est « dégueulasse », mais à qui la faute, serais-je tenté de dire ! Ces extraits choisis démontrent, *a minima*, qu'Alègre n'a pas le monopole du narcissisme exacerbé ! Sans doute est-ce jubilatoire d'exposer face caméra que l'on a été « désigné » comme « confident de tueur ». Cet épisode n'est pas sans rappeler les perspectives avancées un jour par le même enquêteur sur les possibles mises en cause de MM. Baudis, Labarrère et Sarkozy. Excusez du peu ! Tout cela pourrait apparaître dérisoire, si le sujet n'était pas aussi grave. N'est-on pas, ici, tombé dans le piège de la manipulation, par le criminel d'abord, par les médias ensuite ? Hélas, la suite des événements n'allait pas démentir cette analyse, au contraire. Un jour, une jeune femme, prostituée choyée par les médias, annonçait également qu'elle « n'accepterait de parler qu'à Roussel ». Chacun sait aujourd'hui à quel désastre a conduit cette « exclusivité », pour la gendarmerie, la justice et les médias, mais surtout pour quelques innocents. « L'orgueil est le principal ennemi de l'enquêteur et du magistrat, avec ses deux facettes, l'ambition et la présomption[1]. » Belle leçon de sagesse.

Un quart de siècle après la mise hors d'état de nuire du tueur, les auteurs de ces maladresses, parfois de ces contre-vérités, pourraient bénéficier du droit à l'oubli. Malheureusement, par le jeu des rediffusions de documentaires, des assertions réitérées continuent de semer le trouble dans l'esprit des gens. Pire même, elles prennent des airs de calomnie : « Je sais faire mais avant moi, on n'a pas su. » Comme lorsque le même ex-enquêteur, s'exprimant dans un documentaire diffusé par une chaîne de télévision cryptée début 2021, affirme que les enquêteurs, se livrant à des prélèvements d'ADN massifs sur la population masculine de Saint-Geniès-Bellevue dans le cadre du meurtre de Laure, seraient malencontreusement passés à côté de Patrice Alègre. Or, il faut ici rappeler qu'à l'époque, nous n'en étions encore qu'aux prélèvements au cas par cas, en fonction des orientations de l'enquête, bien loin des prélèvements en série.

Ce qui est avancé en l'espèce pourrait n'être qu'une rumeur. Dans la bouche d'un ancien officier de police judiciaire censé être au fait des développements des investigations et interrogé ès qualités par les journalistes, cela

1. Jean Volf, *Un procureur général dans la tourmente*, L'Harmattan, 2006.

devient une contre-vérité. Et celle-ci prend des airs calomnieux, parce qu'elle sous-entend que les enquêteurs de l'époque ont été « en dessous de tout » ! Or, l'on sait que la calomnie, on a beau la « prendre à la gorge », il en reste toujours quelque chose. C'est pour le moins gênant.

Comment ces dévoiements peuvent-ils se produire, émanant de supposés professionnels ? Ne serait-il pas temps, pour les limiter, de confier les investigations relatives à ces criminels si particuliers à des équipes d'enquêteurs réellement spécialisés, rompus à ce type de criminalité ? Quoi qu'en diront des observateurs sur la défensive, ce n'est pas encore tout à fait le cas.

Des évolutions significatives

Force est de reconnaître que ces derniers mois, l'organisation de nos institutions a connu quelques évolutions favorables. Comme je l'ai déjà évoqué, la gendarmerie a mis en place au niveau central la division Diane. Il sera intéressant de suivre la déclinaison régionale de cette structure, ce qui me semble être une urgence désormais.

Le 28 janvier 2022, Hugo Robert évoque dans *Les Échos* les initiatives encourageantes de l'université Cergy-Paris, élaborées en partenariat avec le pôle judiciaire de la gendarmerie nationale (PJGN) : « Des chercheurs, des industriels et des gendarmes travaillant ensemble à de nouvelles méthodes de résolution de crimes. C'est l'ambition du tout nouvel institut des sciences de la sécurité créé par CY Cergy Paris Université, en partenariat avec le pôle judiciaire de la gendarmerie nationale (PJGN). Il doit permettre à des chercheurs de plancher sur les nouveaux outils technologiques dont les enquêteurs ont besoin. Ces programmes de recherche doivent notamment déboucher sur de nouvelles solutions opérationnelles dans la résolution des *cold cases.* »

Quelques semaines plus tard, le 1er mars 2022, l'État ouvre enfin la voie de l'espoir à tant de familles de victimes, en installant à Nanterre le nouveau pôle judiciaire dédié aux crimes en série et aux affaires non élucidées. Cette juridiction a pour vocation de permettre aux *cold cases* de « rester vivants judiciairement et d'offrir une réponse aux victimes », selon les mots du ministre de la Justice, Éric Dupond-Moretti, qui poursuit : « Le temps qui passe est le plus mauvais ennemi de l'élucidation d'une affaire, parce que parfois les témoins vont vivre ailleurs, parce que la mémoire s'estompe, pour mille raisons. » Voilà qui va dans le bon sens.

Seule réserve cependant : l'organisation initiale de ce pôle ne compterait que trois juges d'instruction, un magistrat du parquet, trois greffiers et deux juristes assistants. Sera-ce suffisant au regard du plan de charges qui attend, selon la présidente du tribunal de Nanterre Catherine Pautrat, la nouvelle juridiction : « meurtres, empoisonnements, actes de torture et de barbarie, viols, enlèvements et séquestrations présentant une complexité particulière » ?

Outre ces critères, les crimes devront être « sériels et/ou leur auteur pas encore identifié, dix-huit mois après la commission des faits. Mais les affaires aux enjeux nationaux ou internationaux, ou "nécessitant un haut niveau de technicité et d'expertise" seront également éligibles ». Le chantier s'annonce donc gigantesque. D'autant que les dossiers susceptibles d'échoir à ce tout nouveau pôle ont pour appellations « Assassinat du petit Grégory », « Tuerie de Chevaline », et autres enquêtes de ce niveau de « simplicité » ! Les moyens sont-ils à la hauteur de l'ambition ?

On prête à Edmond Locard cette citation : « Dans l'enquête criminelle, le temps qui passe, c'est la vérité qui s'enfuit. » Après s'être souvent retourné dans sa tombe durant ces dernières décennies, feu le professeur doit désormais reposer plus paisiblement. En effet, les initiatives prises récemment, qu'il s'agisse côté justice de la création du pôle chargé des affaires de crimes en série ou côté gendarmerie nationale de la division Diane, sont évidemment de nature à mieux considérer les dossiers criminels jusqu'ici laissés de côté.

Il est finalement heureux de voir l'État, au plus haut niveau, impulser une nouvelle organisation des services d'enquête et de la justice, visant à leur permettre de fonctionner, à terme, « comme au XXIe siècle ».

Sans doute cela rendra-t-il le chemin du crime plus risqué pour les criminels ! Le crépuscule des assassins ne devrait donc plus, désormais, résulter seulement de la pugnacité de quelques individualités, enquêteurs ou magistrats. Enfin !

Sabine Khéris, qui avait réussi à faire endosser au tueur Michel Fourniret ses responsabilités dans la mort en 2003 de la petite Estelle Mouzin, est désormais l'une des juges d'instruction qui arment le nouveau pôle judiciaire national sur les crimes non élucidés. Toujours pugnace et enthousiaste, elle résume ainsi les évolutions récentes : « Le champ des possibles est extraordinaire. »

REMERCIEMENTS

À Romain, mon fils. Il n'était pas encore né lorsque Laure, Martine et les autres ont succombé, enserrées dans les griffes de leurs assassins. Il était encore un enfant lorsque, à Strasbourg, j'ai croisé « Pierrot le fou ». Rien de ce que je relate dans ce livre n'a jamais été évoqué devant lui. Aujourd'hui jeune adulte, il découvrira tout à travers ces lignes s'il a le courage de les lire un jour. Écrire, n'est-ce pas également, pour un père en quête de son fils, une manière de se réfugier dans un face-à-face avec soi-même, une sorte de clandestinité qui vous empêche de devenir fou, à force de chercher votre enfant ?

À Françoise, sa maman. Nous nous sommes rencontrés au moment où la traque de Patrice Alègre battait son plein. Elle a donc partagé avec moi l'essentiel des épisodes relatés dans ce récit. Sans être « au cœur de l'action », elle se retrouvait malgré elle « au cœur de sa gestion émotionnelle ». Merci à toi, Françoise, pour ton soutien de tous les instants.

À Francis, Laurence, Françoise Roy-Breuzard, Nathalie Mongin, mes courageux premiers lecteurs. En vieux frère d'armes, Francis ne m'a jamais épargné lorsque mes écrits lui semblaient inaboutis. Chapitre après chapitre, il a su me remettre sur la bonne voie lorsque j'avais tendance à m'égarer, n'hésitant pas à user de quelques expressions peu amènes dont il a le secret, comme « Ton truc, tu peux le mettre à la poubelle, c'est de la m… ». Il avait souvent raison.

Laurence était « l'extraterrestre » de l'équipe. Habituellement toute dévouée à ses patients, elle trouvait toujours un peu de temps, souvent nuitamment, pour lire puis me donner son avis. Merci à elle.

Françoise Roy-Breuzard, championne toutes catégories de la syntaxe, elle a su se montrer exigeante et bienveillante à la fois. Quel qu'il soit, son avis me rassurait toujours.

Nathalie Mongin, inconnue de moi lorsqu'elle accepta de lire la version initiale de mon manuscrit, elle sut trouver les mots justes pour m'encourager à poursuivre l'aventure. Depuis, son soutien m'a été précieux. Aujourd'hui, il est indispensable. J'ose écrire que ce parcours nous a rapprochés.

À Robert Maumus et Serge Lemoine, trop tôt disparus. Robert avait « défriché le terrain » lors de l'enquête initiale consécutive à la disparition de Martine Escadeillas. Il était contrit de ne pas avoir débusqué l'auteur des faits. J'aurais tant aimé partager avec lui les émotions liées à l'épilogue de cette enquête criminelle. Hélas, une saleté de maladie l'a fauché à l'âge de 50 ans.

Serge Lemoine, juge d'instruction expérimenté. Il avait su me manifester son soutien face à ces énigmes qui me semblaient parfois insurmontables, alors que j'étais encore jeune enquêteur. Bien qu'ayant remplacé les cigarettes roulées par des bâtonnets de réglisse à l'automne de son parcours, il avait vraisemblablement trop soumis son corps à rude épreuve. Lui non plus n'a pas connu l'épilogue de l'affaire Martine Escadeillas, qui pourtant lui tenait particulièrement à cœur.

À Laure, Martine et les autres « victimes innocentes ». C'est certainement par amour pour elles que j'ai écrit, elles qui sont parties sans pouvoir dire adieu. « *¿Porqué te vas sin decir adios?* »

À Louis de Mareuil enfin, mon éditeur. Sans la confiance qu'il m'a immédiatement accordée, rien n'eût été possible. Qu'il me permette de le remercier chaleureusement.

Je n'oublie pas Alain Bauer que je remercie pour la préface qu'il a bien voulu rédiger à cet ouvrage.

TABLE DES MATIÈRES

Parus chez Mareuil Éditions

Mon témoignage sur l'affaire Conty, Henri Klinz, 2018

Arnaud Beltrame, L'héroïsme pour servir, Pierre-Marie Giraud, 2018

Cold cases, un magistrat enquête, Jacques Dallest, 2023

L'écho des ombres, Jean-Yves Labrousse, Camille Labrousse, Constance Bostoen, 2023, coll. Jacques Dallest

Ma rencontre avec le mal, Michel Fourniret – Monique Olivier, Francis Nachbar, 2023, coll. Jacques Dallest

Le GIGN, par ceux qui l'ont commandé, Pierre-Marie Giraud et les commandants du GIGN, 2023

Règlements de comptes à Marseille, Denis Trossero, 2024, coll. Jacques Dallest

Pardonner, Anaïs Gletty et Nathalie Mazier, 2024, coll. Jacques Dallest

Composition et mise en pages
Nord Compo à Villeneuve-d'Ascq

Imprimé en France par
CPI Bussière
en mai 2024
N° d'impression : 2078566
Dépôt légal : mai 2024